上海市教科院课题
"基于专业发展视角的教师家校合作能力提升的实践研究"
（课题编号：1302201）

上海市2014年度教育信息技术应用研究项目
"家校共育机制下，运用新媒体技术提高教师家庭教育指导能力的实践研究"

上海市浦江人才计划项目
"义务教育阶段学生领导力培养与评价研究"
（项目编号：14PJC029）

上海市哲社规划教育学课题
"学生在班级生活中是如何学习的"
（课题编号：A1306）

The Manual
for School-Family Partnerships

家校合作指导手册

李家成 王培颖 主编

北京大学出版社
PEKING UNIVERSITY PRESS

图书在版编目(CIP)数据

家校合作指导手册/李家成,王培颖主编. —北京:北京大学出版社,2016.1
ISBN 978-7-301-26778-3

Ⅰ.①家… Ⅱ.①李… ②王… Ⅲ.①中小学—学校教育—合作—家庭教育—手册 Ⅳ.①G636-62

中国版本图书馆 CIP 数据核字(2016)第 009903 号

书　　名	家校合作指导手册
	Jia-Xiao Hezuo Zhidao Shouce
著作责任者	李家成　王培颖　主编
责 任 编 辑	杨丽明
标 准 书 号	ISBN 978-7-301-26778-3
出 版 发 行	北京大学出版社
地　　　址	北京市海淀区成府路 205 号　100871
网　　　址	http://www.pup.cn
电 子 邮 箱	zpup@pup.cn
新 浪 微 博	@北京大学出版社
电　　　话	邮购部 62752015　发行部 62750672　编辑部 021-62071998
印 刷 者	三河市北燕印装有限公司
经 销 者	新华书店
	787 毫米×1092 毫米　16 开本　18.75 印张　357 千字
	2016 年 1 月第 1 版　2025 年 2 月第 7 次印刷
定　　　价	68.00 元

未经许可,不得以任何方式复制或抄袭本书之部分或全部内容。
版权所有,侵权必究
举报电话: 010-62752024　电子邮箱: fd@pup.cn
图书如有印装质量问题,请与出版部联系,电话: 010-62756370

导言

身为教育工作者,这一岗位、工作、角色的存在依据之一,在于有学生、有家长;教师在工作中,也能直接体验到家长支持的重要性;当前学校的变革与发展,以及教育政策的更新,也迫切要求加强家校合作。

然而,长期以来,教师与家长间的关系远未达到"合作"状态。

21世纪的家长,已经在基础素养、教育期待、教育意识与能力、教育权利与责任等方面,出现了质变。他们有着参与学校教育的强烈意愿,也同样期待着学校教育工作者对其家庭教育的专业性影响。

21世纪的学校,已经不能再关门办学了。学校教育工作者不仅仅要把家长视为学生的第一任教师、学校相关工作的支持者,而且必须将家长引入学校办学的全领域,以极为丰富的家校关系,充实学校教育的内涵,同时引领家庭、社区的发展。

21世纪的学生,已经需要更综合的教育力量与环境了。他们有着新的发展基础;面对更具挑战性的环境与发展需要,也有着更为复杂的发展机制。唯有家校间的高质量合作,才是对孩子负责!为了孩子,是所有家长的心愿,亦是所有教师之追求。

基于上述朴素的认识、切身的体验、真实的思考,我们相信,家校合作是创造未来的智慧——新的学校教育、家庭教育,新的学生发展生态,将在家校合作中诞生。对于学校来说,家校合作就是学校教育得以重生的力量;对于家庭来说,家校合作就是家庭生活教育品质提升的重要前提。

本指导手册就是在我们开展的改革实践基础上编写而成。所依托的改革成果,主要集中在小学段,在公办学校和民办学校两类系统中尝试。其中,针对外来务工随迁子女家长的研究项目,直接得到了国际救助儿童会的资助。本指导手册的编写,也得到救助儿童会的帮助。同时,相关实验研究也在两位主编的主持下,在其他省市同步进行。编写组也参考了大量的国内外家校合作研究成果。本指导手册也是上海市教科院课题"基于专业发展视角的教师家校合作能力提升的实践研究"(课题编号:1302201)、上海市2014年度教育信息技术应用研究项目"家校共育机制下,运用新媒体技术提高教师家庭教育指导能力的实践研究"、上海市浦江人才计划项目"义务教育阶段学生领导力培养与评价研究"(项目编号：14PJC029)、上海市哲社规划教育学课题"学生在班级生活中是如何学习的"(课题编号：A1306)的成果。

全书共十三章，另有两份附录材料。第一章整体介绍家校合作的当代内涵；第二、三、四、五、六、七、八章集中于学校场域中的家校合作，内容涉及学校生活的各个维度；第九、十、十一、十二、十三章集中于家庭场域中的家校合作，内容涉及家庭生活及家长发展的诸多方面；两份附录材料则提供国际对话的背景和本土创新的基础。

我们在书中努力呈现家校合作开展的方向、路径、方法、评估，以期为中小学教师、管理干部提供直接的参照。期望读者在阅读本手册的过程中，结合自己的学校实际，创造性地转化，形成属于自己学校的家校合作研究成果。

本手册编写人员分别来自在上海市闵行区汽轮小学和育苗小学内直接创生家校合作新实践的教育工作者，以及主要从事理论研究的华东师范大学基础教育改革与发展研究所的研究人员。感谢研究生李艳、姚琳和李燕的参与，尤其是李艳在后期统稿和修改中的贡献；感谢由华东师范大学基础教育改革与发展研究所、闵行区教育局和国际救助儿童会合作开展的"春雨计划"项目组成员的关心和支持，感谢国际救助儿童会秦艳女士的大力支持和帮助。本指导手册的编写，也就是合作的产物。

生命的力量，将在合作中酝酿、生长；生命的伟大，将在合作中绽放光彩。

愿教师与家长形成生命成长共同体，为我们的孩子而合作，为未来而合作。

愿更多的孩子、家长和教师，在家校合作中成长，走向新的生命境界。

李家成、王培颖于上海
2015年6月1日

目录 CONTENTS

001　第一章
　　　当代内涵：家校合作，机制创新　　　　　李家成

018　第二章
　　　环境建设：成长护航，安全无忧　　　　　王　萌　姜仁建

039　第三章
　　　教学变革：联合教研，教学相长　　　　　姚　涛　姜仁建

058　第四章
　　　课程建设：多重资源，共生融合　　　　　胡卫红　蒋燕怡

083　第五章
　　　学生活动：校园生活，由内向外　　　　　黄　萍　谢晓东

097　第六章
　　　学校决策：现代管理，过程参与　　　　　王培颖

122　第七章
　　　亲师交流：师生和谐，健康成长　　　　　姜慧梅　丁雨欣

142　第八章
　　　组织建设：制度保障，内涵发展　　　　　董菊芳　吴　青

156　第九章
　　　教师家访：有教无类，因材施教　　　　　谢晓东　蔡　颖

173　第十章
　　　亲子作业：言传身教，相互滋养　　　　　徐洪玲　李　艳

191	第十一章 家庭活动：科学育儿，其乐融融	孙 勤 华 艳
212	第十二章 家长社群：家家互动，拓宽时空	马怡平 李 艳
231	第十三章 家长学习：意识觉醒，自我更新	孙玉晶 吴 青
245	附录一 国际经验：他山之石，可以攻玉	陈忠贤
264	附录二 中国情境：扎根本土，实现自觉	陈忠贤
284	附录三 创生学校、家庭、社区合作的中国经验	李家成 吕珂漪

第一章

当代内涵:家校合作,机制创新

李家成①

家庭与学校是孩子成长最重要的两个世界;家长与教师是孩子成长最重要的关键人。家庭与学校,或家长与教师的关系状态,直接影响孩子的喜怒哀乐;其合作状态,直接提供了孩子发展的资源、空间和路径。

在教育实践中,有教师和家长非常熟悉的家长会、家长开放日、教师家访,等等。每一所学校都可能会认为,自己开展了大量的家校合作。那么,哪些是真合作、哪些是假合作? 家校合作的基础是什么? 家校合作的效应如何观察和评估? 这一系列的问题,事实上都围绕着一个核心问题:家校合作意味着什么?

一、家校合作的意蕴

(一) 家校合作不是单向的过程,而是双向的互动

当教师向家长单向地传递信息,而没有获得家长的反馈时,这不是合作,而只是"通报""告知"。当家长对于学校、教师的认识、理解、感受、期待没有清晰地表达出来,则离"合作"依旧遥远。合作一定是主体之间在相互了解和尊重基础上的共事,而不是单方面的行为。

同样,被迫无奈状态下的参与,例如教师被迫去家访,或家长被迫去学校参与相关活动,都是"假合作"。当前的家长开放日、各类学生活动中的家长观摩,以及学校组织家长听相关家庭教育的报告、要求家长在家配合学校相关工作等,都大量存在着单向传递而非双向互动的状态。再如家长会总会被视为典型的家校合作形式,可是,如果家长一个问题也没问、一点评论也没发表,这真的是家校合作吗?

---

① 李家成,华东师范大学教授,博士生导师。

(二) 家校合作不仅仅是双方的奉献,更是生成与发展

合作不是1+1=2式的相加,而是有新事物的生成和人的新发展。一是指向于事,双方在合作中,实现了新事物的诞生,如新的课程、新的教学活动、新的学生活动、新的学生作业等。二是指向于人,指教师与家长在合作中有所变化与发展。合作的主体双方都带着真实而独特的个体认识、理解、情感、期待投入其中,因此,相互的改变必然发生。例如家长参与听课,一定会有自己的认识与体验,而如果能够表达出来,则家长与教师间会产生差异,由此形成相互改变的力量。

有的学校会组织家长听专家报告,或组织家长上网学习;这事实上并不是家校合作,因为家长与教师之间没有直接的沟通,更重要的是,这只是学校在利用外部资源。而学校本身是否有教育家长的力量? 学校与教师是否在与家长的接触中提升了自身的能力? 答案很不确定。因此,重视合作的生成性,是非常重要的。相对容易的一种测评方式,就是追问教师和家长:在交往中你学到了什么?

即便是真合作,也同样有着合作品质的差异。例如,课堂向家长开放,这应该是家长期待的,家长也能从教师的教学中,获得大量的学生发展信息。在这类活动之后,有些学校会通过调查问卷的形式了解家长的感受、认识与建议。这里已经存在真合作了,但是,这也是很初期的合作,因为真正的对话主体没有会面,大量的资源停留在初级水平,很可能缺乏高质量的互动与生成。

在某学校2014年4月28日上午举行的一次家校联合教研活动中,听完科学课后,家长与学校教师及来访的美国教授、华东师范大学教授共同开展了研讨。其中,有两位家长在教研活动中进行了如下的交流:

柏同学爸爸:我来说两句。刘老师上课之前,我认为应该对学生明确地说明今天要学习什么。中间做得很好。结尾的时候应该给学生一个圆满的结尾,就是说,通过这节课,学生懂得了什么? 对这堂课有收获,这一定要明确。

郑同学爸爸:我再说两句。就是刚才您提到的总结一下刘老师后面的收获。(这节课刘老师自己没有总结)这对学生有更大的好处。是什么呢? 让他们学会自己反思,让他们产生一种兴趣,去推敲:最终结果是什么? 这种学习让他们能够得到自我提升。如果直接告诉他主题和结果,那么他学到的东西就很少。因为每一个人都有思维,当懂得学习,懂得想要什么的时候,他就懂得去做什么。如果说连自己要什么都不知道的话,还怎么知道应该去做什么呢? ……我觉得结果这种东西,就像猜谜语一样,如果你不花时间、不花脑子去推敲的话,你永远都不知道

> 谜底。……让他们能够得到自我提升、自我进取,这一点才是最重要的。
> ——李家成.在家校互动中实现教师的文化引领[J].班主任,2014(7)
>
> 这两位家长之前并不相识,但正是在面对同一节课、同一群孩子,又是在教研活动的背景下,发生了对教师、对家长都有意义的讨论;尽管不是直接讨论是否应该只关注学习成绩,但对于学习结果和学习过程重要性的讨论,已经显示出家长间的思想观念差异。与此同时,身在现场的执教教师、教研组长、学校领导等,也同样在认真地倾听家长的发言,并在之后的工作中,促成学校教研活动、课堂教学的真实改变,促进教师的真实发展。

(三) 家校合作是全面的,而非单一领域或维度的合作

学校教育是综合的,家长对学校教育的介入,应该是全面的;家庭生活的内容也是具体综合的,教师应综合性地影响孩子的家庭生活。这就意味着,家校间的"合作"不能只停留在学业成绩、生活习惯上,也不能停留在任何一个具体领域或维度上。完整的人的生成,需要完整的生活,需要完整的家校合作。

> "合作"是"尊重""信任""互动""生成""发展"的代名词。
> 但现在的孩子们,往往生活在"断裂"的世界里。
> 这一断裂,首先体现在学校教育与家庭教育的脱节上。学校的领导与管理、课程的开发与实施、教研活动的开展、教师的评价,对学生的影响重大,但对于绝大多数家长来说,是几乎不可能介入的领域。家长被"请到"学校时,更多是因为孩子在学校教育中出了状况,而去接受教师的"指导""帮助"。家长会、家长开放活动等,也更多是信息的单向传递,而不是家长对学校教育的内涵性介入。学校教育发生在学校内部,家庭教育、家长被排除在外。类似地,家庭有其内在的运行逻辑。即便大量的学校作业被延伸到家庭中,家长也会配合教师监督、检查、指导学生的作业;但是,在饮食起居、待人接物、亲子活动等各方面,教师没有兴趣加以影响。对于孩子来说,在学校和家庭这两个最重要的生活世界中,各自受着教师、家长的影响。
> 其次,这一断裂体现在教师与家长两类主体的关系上。在教师的心目中,是很难接受如下状况的:如何上课、如何评价学生、如何实现教师专业发展,要听听家长的意见。对于接受过高等教育、有着教师资格证书的专业人员来说,很难真

> 正将家长视为专业性的合作者。对于家长来说,在长久的文化浸润下,他们总会以尊重教师为基本前提,因而很难真正意识到自己的教育参与权,也很难意识到在家庭生活中要与教师保持沟通与合作。
>
> 最后,这一断裂因长久的制度惯性与行为惯性,而缺乏自我超越的力量。上述主体间的不合作、假合作状态,由来已久。改革开放初期至今,因为家长自身教育素质明显弱于教师,学校教育也专注于自身的专业内涵提升,因此,形成了我们习以为常的学校、家庭的运行模式及相关制度。以家长被"请"到学校为例,无论怎样的家长,大概都要准备好接受教师的"教育";而无论教师资历如何,也都有着"教育"家长的底气。真诚的情感交流、相互间的理性探讨、有理有据的辩论、基于法律的自我维护,都是很难出现的。

二、家校合作的价值

学校教育工作者为什么要和家长合作?这里有教育行政部门的要求,有学校的常规,有家长的呼吁,更有着对学生成长的责任感。

(一) 让孩子成长为完整、丰富的人

首先,家校合作有助于学生学业成就的获得。家校合作通过丰富的资源生成、整合的教育力量介入和整体的环境协调,有助于学生学习习惯的培养、学习成绩的提高和学习能力的提升。同时,相关研究也证实,家校合作对于儿童认知的发展,有着重要的意义。[①]

其次,家校合作有助于学生社会交往技能的增强和社会性的发展。对于孩子来说,家校合作的实现,将使学生直接面对自己的教师与父母,以及同学的父母。在学校的课堂教学、课外活动中,在家庭与社区的活动中,他将与不同的成人交往。这种成人世界与儿童世界的交往,因为有着清晰的价值追求与目标和融通的内容与方法,因此,有着发展学生交往能力,并在交往中实现学生社会性发展的价值。这在以独生子女为主体的社会背景下,显得尤为重要。

---

① Anne Henderson & Karen Mapp (2002). A New Wave of Evidence: The Impact of School, Family, and Community Connections on Student Achievement. Austin: Southwest Educational Development Laboratory.

最后，家校合作有助于学生积极情感体验和自我意识的形成。在丰富多元的家校合作中，尤其是家长与教师不断改进的交往内容与形式中，学生能够享用家校合作的成果，在丰富的活动中展现自己的个性。这为学生积极的情感体验的发育，提供了诸多资源。在积极多元的交往活动中，学生能够通过他人的视野、他人的交往定位，不断形成、矫正、发展自我意识。

在学生都是外来务工随迁子女的上海市闵行区育苗小学，自2014年寒假起持续开展的"亲子作业"研究，为孩子带去了更多技能的发展、知识的积累、行为的改变、亲子关系的融洽。

以下是对四年级两个班随机抽取的6名学生的群体访谈记录，读者可以直接体验到家校合作带给学生的发展：

男1：我可以学好多东西。

男2：我可以多了解他们一些。

研究者：那你了解到什么吗？

男2：了解到爸爸做什么事都会很认真，不会半途而废。

女1：可以多和爸爸妈妈交流。

研究者：会交流些什么？

女1：就是我们怎么能做得更好。

女2：可以和父母一起完成老师布置的作业，而且很有意思。

女3：父母一直没时间陪我们，我认为亲子作业可以让父母陪我们，而且我们还可以学习自己做事情。

女4：和父母在一起的时间可以更长了，我们可以一起交流。

> ……
> 研究者：他们陪你们的时间是不是更多了？
> 女2：做完亲子作业之后，我爸爸每天从七八点下班变成了五六点下班。
> 研究者：为什么？
> 女2：因为他以为还有些亲子作业。
> 研究者：你希望他们几点下班？
> 女2：五六点下班。
> 女3：我妈妈下班之后做事情就很快，做完之后就来查看我的作业，然后就陪我。
> 女4：我爸爸妈妈陪我的时间更长了。
> 男1：我爸爸妈妈以前下班回来得很晚，现在下班回来得很早，而且还教我不会做的题目。
> ……
> 女2：我爸爸变得更好玩了，有一次我和我姐姐到亲戚家玩，然后我爸爸也在，我就和我姐还有我表妹在那里玩游戏，我爸爸每次都把拼图藏起来，然后就说你们猜在哪里？我们就一直猜，到猜不出来的时候他就把它变出来。
> 研究者：你们觉得自己变化最大的是哪些方面？
> 女4：变得细心了。
> 女2：我最近很想做亲子作业。
> 女1：亲子作业很好玩，可以做不同的东西，发挥自己的想象力。
> 男2：做完亲子作业之后，我很想再做一些东西。
> 男1：我和我爸爸的关系越来越近。
> 男2：以前我做事很马虎，现在做事认真多了。
> 女3：我以前做事很慢，现在做事很快了。
> 女2：以前爸爸要我做事，我都会忘记，现在不会忘记了。
>
> （访谈时间为2014年6月12日，访谈材料由李艳根据录音整理）

（二）以另一种方式促成教师发展

作为学生学校生活中的关键人、学校发展的核心力量，教师的发展受到教育决策者、实践者和研究者的普遍关注。教师在其职业世界中，除与学生的极多交往外，还有着与学校领导者、同行、相关教育领域工作者的联系。在家校合作中，教师将因与家长的直接合作,获得更丰富的发展——不仅仅是专业发展,而且是作为一个完整的人的发展。

1. 教师情感的发育

人总是有情感需要的,教师也不例外。可是,没有直接的接触,怎么可能在具体家长与具体教师间形成情感的交流?没有密切的合作,怎能生成具有丰富内涵的情感?教师在职业生活领域较多与孩子交往,但也需要丰富其与成人世界的交往。与家长的交往,就能带给教师丰富的情感发育资源。

和欧美国家不同,在中国文化背景下,家长对教师是很尊重和信任的,家长在具体合作中的真情投入与真诚交往,会带给教师丰富的情感体验,特别是身为教师的自豪感与教育教学工作的成就感。对于年轻教师而言,家长丰富的人生阅历就是一本无字之书,值得细细品读。通过在专业领域中的合作,教师完全可能建立与家长间更直接的情感交流关系,家长也完全可能在教师的职业生活乃至于全部生活中,成为有意义的帮助者。对于善待自己的孩子、用心教育自己孩子的教师,绝大多数家长是愿意以十倍的努力反馈于教师的。

2. 教师社会性的增强

如果说情感更具有个人性,那么,社会性的发展同样是教师个体所不能或缺的。在家校合作中,教师能够丰富自己的社会生活,实现社会性的增强。其中,最典型的社会性构成,一是教师本身的沟通与合作能力,二是教师的领导力。

就沟通与合作能力而言,这是21世纪能力的核心构成。在欧美国家,众多学者和教育工作者在致力于对包括沟通与合作能力在内的核心素养、21世纪能力的研究与实践。这不仅是学生所需要的,也是成人所需要发展的能力之一。能不能与家长很好地沟通、高质量地合作,就是教师能力发展、社会性发育的一个指标。家长本身具有丰富性,如果将学生的爷爷奶奶等也作为交往对象,则绝大部分教师要与几十个家庭沟通,与上百个不同职业、不同经历、不同个性的家长交往。这该是多大的锻炼!

就领导力而言,这是复杂性增强的社会中,开发个体潜能、激活群体潜能的重要素养。在家校合作中发展教师的领导力,是促成教师领导力发展的新途径。教师是班级学生的领导者,因此必然要与家长沟通。教师更是相关家校合作活动的直接领导者:无论是组织一次家长会,还是组织家长参与到教学研讨活动中,或是促成班级家委会的建立与顺利开展工作,都需要教师具有高度的领导力。在当前的领导学研究中,一个基本的共识就是:"每个人都具有某些领导力潜能"(Every single human being has some leadership potential)。① 教师是第一批应实现这一潜能的人。

3. 教师专业意识与专业能力的发展

教师作为一名专业人员，必然需要具备一定的专业意识、能力与道德，并保持其专业性的形成与发展。相对于教育决策者、研究者和学校领导者而言，家长的介入，能够更好地促成教师的专业发展。

这包括促成教师之学生立场的形成和学生研究能力的提升。在合作中，家长会倾向于从自家孩子的立场来思考问题——这在很多教师眼中是误区和偏差，但这是最直接的儿童立场的体现。教师要做的，不是拒绝，而是整合与提升；教师要坚持的，不是关闭家长评论和提出要求的大门，而是在推动对话中，促成家长认识的转变与理解的深化，并促成教师自身原有的抽象儿童观向具体儿童观的转变。在与家长的交往中，教师会获得大量有关儿童的信息，从而促成教师去理解儿童、研究儿童，进而建构起自己全部的教育教学基础。

这包括教师具体教育教学行为的改变和能力的提升。无论是活动设计，还是具体的活动开展，家长的参与都会带来更多的资源和挑战；家长的评价，也会促成教师自觉的反思与重建。当然，如果没有良好的合作关系，家长的参与会冲击教师的专业发展；而要期待教师能够从这一挑战中实现新生，需要的依旧是合作本身。如某思想家所言："氧气杀死原始生物，直到生命把这种腐蚀剂用来作为解毒剂，同样，能杀死简单化认识的不确定性也是复杂性认识的解毒剂。"②在此意义上，教师要学会伴随着"障碍""干扰""挑战"而工作，并将所有这些内容转化为自身发展的解毒剂和营养剂。

这还包括教师自我意识的觉醒与在日常生活中学习能力的提升。通过与家长的合作，教师能够感受到来自家长的直接期待乃至于压力，整体上有利于教师角色意识的形成和发展愿望的积淀，进而能够意识到自我的有限性和发展的永恒性。这将直接促进教师自我意识的觉醒，并学会在日常生活中学习，包括向家长学习。

（三）学校发展的新力量

1. 学校文化引领力的提升

家校合作事实上提供了学校引领社会文化的现实路径与可能空间。在其中，学校能够提升自己的文化引领力。

就学校对家长、家庭价值观的引领而言，在日益复杂的社会转型背景下，各类

---

① See H. Owen(2007). Creating Leaders in the Classroom: How Teachers Can Develop a New Generation of Leaders[M]. Routledge, p.5.

② 〔法〕埃德加·莫兰. 方法：思想观念[M]. 秦海鹰，译. 北京：北京大学出版社，2002：272.

社会群体日益分化,价值观的迷茫、混乱、失范困扰着人们。在发展过程中,学校应该成为先进文化的化身,应该是真、善、美的使者。更重要的是,学校不仅仅是学生成长的家园,而且通过学生,尤其是通过与家长的直接合作,事实上在传递给家长、带给众多的家庭以独特的价值观。

这包括对人性的理解、对合作的信任、对人生使命的体悟、对梦想的追求等。学校对于自身文化引领责任与能力的觉醒,既彰显学校的独特性,又能增强学校自身的存在价值。尤其是在当前加强先进文化建设的背景下,这一使命已经时不我待。

就学校对家长、家庭生活方式与内容的引领而言,当代家庭的健康发育,需要多方的力量。从家长的立场来看,也有着诸多困惑与迷惘。在独生子女政策的整体背景下,很多家长是第一次、也可能是唯一一次身为人父人母,无论是在家庭教育方式方面,还是在家庭生活内容的整体经营方面,都迫切需要专业的引领。

在这一意义上,学校教育通过合作,包括通过教育的力量而直接影响家庭生活和通过合作引导家长参与到学校教育中,可以直接影响家庭的生活内容与生活方式,最终促成当代家庭的健康发育。

就学校对家长的社会归属感与自我认同感的影响而言,随着新型城镇化战略的推进,随着社会流动性的增强和社会结构的分化,家长作为社会成员的不稳定感乃至于不安全感都会不断增强;尤其是对于大量的进城务工随迁子女家长而言,城市生活往往意味着无根、漂泊的状态。

孩子就是家庭的希望,是扎根于具体时空的直接力量。作为一个稳定的时空和持续的力量,学校通过提供给家长更多的合作机会,促成家长参与到自己的孩子与其他孩子的成长之中,展现自己的生命智慧,从而实现自己的自我认同感和社会归属感。

尽管这不是唯一的渠道,但是,相对于激烈的职场竞争与繁杂的社会生活,家长的教育参与和自身的家庭教育往往是最纯粹的、源自人之本性的实践,可以直接提供给家长成就感。在与教师、学生和其他家长的交往过程中,家长个体会获得新的共同体关系。尤其是对于进城务工随迁子女家长而言,与教师的交往往往是其陌生的城市生活中最为纯粹和稳定的交往关系,学校和教师就是他们的城市之根。

2. 学校内涵发展力的增强

学校教育的内涵发展一直是教育变革的核心;极多的实践改革与理论研究,都具体到学校的文化发展、制度建设和日常生活质量的提升;而其发展力量基本都来自教育系统内部。家校合作将打开学校教育内涵提升的另一扇大门,通过最直接、最可信任的家长同盟军,来促成学校教育力量的显现与增强。

家校合作可以促成学校管理与领导的变革。

学校管理涉及学校日常性的时空与资源配置、秩序的维护与环境的营造；学校领导涉及学校的决策与整体变革。上述领域直接与校长、学校管理者和所有师生有关。之前的学校日常管理与变革，即便家长能参与，也往往只能参与到日常性的管理之中，例如作为学校志愿者而维护相关秩序、提供相关活动帮助等。2012年，教育部发布了《关于建立中小学幼儿园家长委员会的指导意见》，要求所有学校探索学校办学和形成现代学校制度的新路径。而唯有向家长开放，才能真正促成学校领导与管理的变革。

这将极大挑战和更新学校领导与管理者的理念、思维与行为。在领导理念上，谁是学校领导者？学校是属于谁的？教育工作者与家长各自的权利与责任是什么？学校教育的评价主体是否应该包括家长？就领导行为而言，学校办学能否实现结构开放？能否推动民主管理的进程？能否实现领导与管理的重心下移、过程互动与价值提升？这一系列的问题，唯有在家校合作的实践中，才能真正形成新型的领导与管理理念、思维和行为方式。

家校合作可以促成学校课程与教学的变革。

课程与教学是学校教育的核心构成，也往往被视为学校的专业核心。对于家长来说，在这些领域中涉足似乎是极不可能的。尽管当前有着大量的校本课程建设与研究，有着无比丰富的教学改革实践与理念，但家长事实上很难参与其中。

然而，家长是有愿望、也有能力参与其中的，只是因为学校没有给家长以更多的参与机会。家长的这一参与，将为课程与教学改革提供新的资源与发展可能。

就课程建设而言，无论是国家课程的校本化，地方课程的开发，还是校本课程的建设，家长都可以参与其中，贡献不可替代的力量。尤其是对于地方课程开发和校本课程建设，课程专家和学校教育工作者怎么可能像家长那样，更能呈现地方文化的独特性？更能促成学校校本课程的建设与发展？

对于课堂教学改革而言，家长不仅仅可以作为"客座教师"提供相关教学资源，参与相关组织，而且同样可以参与到教学研讨之中。而这，是促进教学改革的新生力量。家长对于儿童的关注，源自自身生命经历的对教学的理解，以及在参与教学及研究过程中所贡献出的思想、观念、期待和经验，都可以让教学改革更富有儿童立场，并使教学的力量通过家长而渗透到儿童的生存环境中去。在这一意义上，很多学校组织的教学开放活动，要从纯粹的信息传递与初级的活动开放，转化为更高品质的教学研讨、亲师对话、合作共生。当然在这过程中，家长也会提出不够专业、甚至缺乏合理性的观点、意见，但如果没有对话、没有合作，这些"前理解"是否就不存在？不，依然存在。而恰恰是通过对话与交流，家长群体的力量，尤其是教师作为专业人员的力量，会影响、改变家长，促成家长的发展。这一过程，也就是一个合作的过程，一个相互教育的过程。

家校合作可以促成学校学生活动体系的完善。

学校生活的构成除了学科学习,还有大量的班级与学校活动。这是中国学校教育极具世界个性的教育构成,也因此有着班主任、年级组长、学生工作负责人等一系列独特的教师角色。[①] 在这一领域中,家长完全可以成为学生活动的策划者、组织者、评价者,并因此而带给学生和学校新的发展空间。

在校内,教师可以和班主任、学生学校工作负责人合作,直接参与到学校设计的活动中,如各类仪式与庆典、学校主题活动、班级主题班队会等,由此促成学生的服务学习、问题解决学习、项目学习等。不仅如此,家长也可以提供相关决策咨询,帮助形成更多元的活动设计,促成更丰富、更高质量的活动的生成。

在校外,家长更可以成为学生活动体系形成与发展的主力军。尤其是对于部分中西部学校,因各种制约因素的存在,学校不敢、不愿组织更多的校外活动。而任何教育者都明白校外活动对于学生发展的重要意义。学校可以通过合作,使家长成为校外学生活动组织与开展的核心力量。在部分地区和学校的家校合作实践中,就是家委会或家长在组织丰富多彩并具教育意义的学生活动,如"社会大课堂体验式学习""亲子出游活动"等。[②]

所有上述的学校变革,在合作的意义上,都是增强学校内力的行为,且都是直接针对学校最为专业性的活动。在这一过程中,学校所获得的家长支持,将不仅仅是财力、物力和人力,更将是最为宝贵的智力与精神资源。具体的合作过程,不是依靠他人的中介,学校也不是作为中介,而是学校与家庭,校长、教师与家长间的直接互动——这才是"家""校""合作"。此时,家长不是学校要"教育"的对象,也不仅仅是学校需要影响的外部环境,而就是学校发展的关键人,就是促进学校发展的力量之一。学校就在这种合作中,积累了专业的内力,形成了更强的发展之势。

> **开展家校合作,是否忽视、降低了学校教育的专业性?**
>
> ● 教师是专业人员,这应该可以作为基本常识;而家长是非专业人员吗?家长对于"教育"毫无专业性吗?本项目组认为:只是专业性发展水平的差异,而不是没有专业性的问题。我们不能否认,具体的家长和教师中,有的家长的专业性比有的教师还要高。

---

① J. Li & J. Chen(2013). Banzhuren and Classrooming: Democracy in the Chinese Classroom[J]. International Journal of Progressive Education. Vol. 9, No. 3, pp. 89—106.

② 谢先刚,张丽琴. 合作互动式家校教育共同体的构建[J]. 班主任之友(小学版),2010(4);张丽琴. 教育,因家校合作更精彩[J]. 班主任之友(小学版),2012(12).

- 教育教学是专业领域,家长参与是干涉吗?家长参与一定是一种新的力量介入教师的工作之中。其所带来的是多种"可能",包括"干涉"的可能;但同样,更有发展的可能、共生的可能。简单地定性为干涉,是思维方式的简单化。
- 教师可以不和家长交往/合作吗?学校可以不和家庭沟通/合作吗?那么,为了避免家长粗暴的,甚至是明显错误的"干涉",是否可以通过不合作而规避风险?根本不可能,因为教师所教育的学生,就是家长的孩子——这是理解家校合作的最直接的前提。
- 引领家长发展,教育的使命是什么?既然无法规避风险,为什么不能以教育的立场,以积极发展的思维,面对家校合作呢?更何况,教育的使命之一,就是在学校与社会的关系中,促成社会的健康发展。这不仅仅可以通过教育学生而实现,更可以通过家校合作而直接实现。这个使命,不应该是专业的教育工作者应该自觉践行的吗?
- 教师的专业能力、学校的专业品质,在家校合作中是得到增强,还是被降低?在具体的合作中,具体的教师和家长都是丰富的个体,有着丰富的交往资源。而正是在这一交往中,教师的专业能力和学校的专业品质始终得到锻炼、遇到挑战。从复杂系统进化的角度,这是具有伟大的创生力的,是应该主动迎接的挑战和把握的发展机遇。
- 在终身教育、学习型社会建设背景下,学校、教师的专业性该如何重新定义?上述所有讨论,都还是在将学校教育视为核心的、甚至是唯一的拥有教育专业性的机构的前提下进行的。而在终身教育、学习型社会的背景下,所有的主体都在学习、都需要终身发展;而任何人、任何事都可能成为学习与发展的资源。因此,家校合作,是新的学习共同体的形成与每个个体发展的需要。在此背景下,没有任何人有资格告诉另一个人:你别干涉我的工作——我是专业的,你是非专业的!重新回归每个人的"学习者"角色,家校合作为我们提供了真实的基础与情境。
- 最后,谁来推动这一新内涵的再定义、新实践与新思维的具体实现?无疑,家长、教师、学生都可以成为推动者。教师、学校理应以自己的高度发育的专业性,成为其中最积极、最自觉的推动者。

三、家校合作的主体

既然是合作,就一定有合作的主体,而且任何一个主体都可以发出邀请,主动促成合作关系。在家校合作中,学生既是受益者,也同样可以成为促成家校合作的主体。

(一) 教师

身为专业工作者,教师(包括学校领导者与员工)应该是家校合作第一推动力的创生者。从孩子入学开始,教师就需要邀请、鼓励家长的教育参与,建立其正式的合作关系,并用心经营、发展合作关系。

当前最根本的变革,也是最艰难的变革,是重新审视教师的"家长观"及自我观、教育观。没有这种内心世界的变化,方式方法的变化难以长久、难以扎根。

而这多难啊!有些教师会随口而出:这些家长素质太差!这些家长不关心学生!这些家长只顾自己,不配合学校工作!这些家长教坏了学生!这些家长参与,是在干涉学校的办学!

如果我们自己就是家长,那么完全可以自我审视一下:我是这样的家长吗?我的爸爸妈妈——他们很可能没有多高的学历——他们是这样的家长吗?这种不自觉地将自己作为强势的、占据话语权的、有着高度教育素养的教师,而把家长视为自己的对立面,或者把个别家长的言行举止、观念态度无限制地普遍化,是否合适?

其一,家长对于教育的理解到底是怎样的?不关心学生健康成长?不关心学生的学习?不关心学生的未来?真的是这样吗?在当前教育环境下,教师,尤其是班主任,承受着很大的压力,同时又缺乏良好的支持系统,因此,消极的情绪完全可能影响到对家长的认识、与家长的合作。也许,我们都需要静心去思考、体悟一下。

其二,家长对于学生的影响是什么?无论如何,不论怎样的学校,我们都无法替代家庭教育,更无法替代家长对于孩子"生活"的影响。而在一定意义上说,教会孩子学会生活,是最根本的教育价值。即便从学生学习成绩提高的角度看,家长也是不可缺失的力量。这不能不让我们重视这样的问题:学校教育与家庭教育的关系到底是什么?教师在其中居于怎样的地位?承担怎样的责任?

其三,家长对于学校而言意味着什么?即便在美国,也存在一种现象:家长成为学校发展的"工具",尤其是帮助学校筹措经费、捐助物品等。如果真的把家长作为"资源",我们必须要问:在家长的"人力"资源、"物力"资源、"财力"资源、"社会"资源、"文化"资源、"智力"资源方面,我们在开发哪类或哪些资源?除了学校"开发"家长资源这一问题外,学校应该对家长承担怎样的"义务",或者说家长对学校有着怎样的权利?例如,家长"有权"进教室听课吗?家长"有权"评价教师吗？家长"有权"对学校工作、包括办学目标等提出自己的意见并要求学校执行吗？家长"有权""选择"教师、班级、校长、学校吗？这类问题绝非空穴来风，更非不切实际。在美国的中小学教育改革中，这就是最为现实、最为具体的问题；而且这类问题不澄清，是难以建立学校与家长之间的合理关系的。

其四，家长对于教师来说意味着什么？对手？敌人？捣乱者？陌路之人？工具？附庸？朋友？合作者？这个问题只能依靠每位教师的自觉回答；而每一种回答，无疑意味着一种特殊的教育实践、关系形态；而且不论如何，家长一定与教师有着"关系"，而这种关系，也一定影响着教师的工作、生活乃至于生命质量。于是，不能不问自己：何种关系形态是我最需要、最期待的？如果真的有这种思考了，那么，就勇敢地、持续地去追寻这一"梦想"的实现吧——那时也许会突然发现：这种关系是通过主动的交往，通过自觉的自我更新而建立起来的，是生成而非预成的！

（二）家长

一项调查显示，在对影响家校沟通的因素的看法上，教师和家长都把工作太忙视为影响家校沟通的最主要原因；令人诧异的是，竟然有40.3％的教师认为家长不配合与个别家长刁难是影响家校沟通的第二因素。[①]

在中国文化背景下，几乎没有哪位家长不希望孩子得到健康成长，没有哪位家长不愿意和教师合作、共同教育好孩子！甚至可以说，教师群体不可能像家长群体那样深爱着孩子！

可怜天下父母心！

而当前的难点，在于家长主动合作的意识不强，合作途径与保障体系不健全。因为长期以来缺乏家校合作的基础，也缺乏相应的理论研究与政策导向，在和教师交往中，家长往往处于弱势地位，甚至要承受教师的"傲慢与偏见"。这导致家长的合作意愿被压抑，得不到很好的释放和培育。同时，如何开展合作？如何保障合作的进行？无论是前期经验，还是政策法规，都有待完善。

> 由救助儿童会、上海市闵行区教育局、华东师范大学基础教育改革与发展研究所合作开展的"春雨计划"之家校合作项目，于2013年3月至6月，针对上海市某区七所进城务工随迁子女学校的1—5年级学生家长（每个年级各抽取首尾两个班），将问卷发放给3498位家长进行填写，回收3372份问卷，回收率为96.4%，有效问卷回收率为93.7%。

[①] 杨晓琳. 家校沟通合力在哪？——五省市中小学家校沟通情况调查报告[N]. 中国教育报,2013-07-08.

第一章
当代内涵：家校合作，机制创新

有关家长参与学校教育意愿与现实途径的关系状态的数据，显示如下：

"我想对孩子所在的学校有所贡献,但机会或途径不多"

	频数	百分比	有效百分比	累积百分比
非常赞成	564	17.7	18.8	18.8
比较赞成	1637	51.4	54.6	73.4
比较不赞成	654	20.6	21.8	95.2
非常不赞成	144	4.5	4.8	100.0
合计	2999	94.2	100.0	

在此背景下，家长个体的尝试与努力，家长群体的意见表达与行动，都将促成不同层面家校合作的形成与发展。对于具体的家长而言，从主动与教师沟通，到表达相关建议或意见，甚至借助公共平台，促成更多家长的觉醒与参与，都是重要的发展力量。

（三）学生/孩子

学生/孩子往往被简单视为家校合作的受益者，而非发起者、组织者、评价者。事实上，随着学校教育的改革与发展，学生的主动性、创造性、多元性都已经今非昔比。在学校和家庭生活中，学生可以策划、组织丰富多样的活动，家校合作就可能因此而成为现实。

通过学生/孩子的参与，家长与教师可以被很好地组织进活动、系统之中，成为以学生/孩子为主体而发起的家校合作的参与者。而教师、家长所需要做的，是更多倾听学生的声音，支持、鼓励、指导学生策划相关的活动，主动参与其中，成就学生，也成就家校合作！

常州市龙虎塘实验小学的"午间项目活动"
顾惠芬

午间，是学生的自由时光，但似乎除了与作业、书本打交道，他们便无所事事，甚至把过多的精力放在了无节制的玩闹上，使相撞、摔伤的小事故常有发生。在少代会上，学生代表递交了一份提案：我们能拥有一段自由而快乐的午间时光吗？重建学生的午间生活，使之成为有意义的学校教育生活构成，成为急需。

> 2013年1月,我校启动了"班级午间项目课程"的实践研究。其最大的特点是基于中国班级生活的特质,以"项目学习"为载体,以学生为核心领导:尊重学生午间时光的自主权,以学生为关键人开发周一至周五的"班级午间项目课程";信赖学生的"自能",以学生为主体力量实施和推进"班级午间项目课程"。
>
> 你信任孩子,孩子便会还你一份创造的惊喜。学生在组织开展"班级午间项目课程"的过程中,不仅把各学科教师的力量融入其中,还打开了家校合作的新格局:课程的策划与准备,学生会聘任"家长导师",或给予信息技术指导,或担任艺术顾问,或给予奖品赞助。对于课程的实施与调控,学生会特邀"家长嘉宾"现场参与,或作为特邀讲师,或作为"观众",或作为"亲友团"。对于课程的评价与反思,学生会重视家长在"人气指数最高项目课程"评选中的宝贵一票,会促成家长与班级教师的共同研讨并积极反思更新……在学生的"领导下",家庭、社会等开放性资源正在创造着更为真实的学习,使成长内涵得以丰富;家长与学校教育生活的深度交往,使他们与孩子的世界得以不断亲近,使家庭与学校的相互理解得以增强;学生、教师、家长互动生成的弹性"班级午间项目",正在成为学校教育体系的新亮点……

四、家校合作的形态

纵观当前世界,有不同的家校合作理论与实践模型。对于刚刚起步的中国大陆家校合作研究而言,因为其独特的传统文化、社会结构、教育体系与学校生活,完全可以形成具有中国特色的家校合作形态、实践与理论。

其一,家校合作要从点状走向系统建设。从内容的角度看,几乎每一所学校都可以说,在做一些家校合作工作,例如家长会、家庭作业的反馈等。但这绝对是不够的。即便有大量的家长志愿者工作,或家长参与到学校决策之中,如果不是有结构的整体,则依然处于合作的低端。在上海市闵行区汽轮小学,教师与家长们在组织建设、文化形成、活动开展方面,全面探索、形成了合作的系统。尤其是家长对学校教育的介入,以促进学生发展为核心,在为学生提供安全而健康的环境、丰富的课程、高质量的教学、多彩的活动、民主的学校管理等方面,真正形成了系统。不仅如此,该学校还在进一步研究如何系统地影响家庭教育,包括开发系统的家长培训教材。这样的努力,就是走向系统化的努力。

其二，家校合作要从片段走向长程。合作过程体现为策划—实施—反思与重建的全程。无论是家校合作的整体结构，还是具体活动，都需要精心的策划，包括前期调研、经验总结、问题诊断等，从而形成有针对性的活动方案。之后，要开展真实的组织工作，将方案付诸实施。在活动结束后，通过自觉地反思，形成新经验、新认识，形成后续研究的设想与重建的方案。

其三，家校合作要从引进走向本土创生。中西文化的差异，学校教育系统的差异，学生学校、家庭生活方式的差异，如家长对孩子成长的高期待，家长对教育的尊重，教师自身的发展意识，教师的角色多样性等，决定了中国的家校合作必定带有自身的文化特征。上述基本特征又遭遇社会转型的大时代，改革与发展走向纵深，各类社会问题必然会反映到家校合作中。中国当代的家校合作由此带有极强的中国特征。这启示我们，家校合作领域的变革，除了借鉴发达国家的经验之外，我们必须坚定、自觉地开展本土创造，建构家校合作的中国模型。

第二章

环境建设：成长护航，安全无忧

王　萌[①]　姜仁建[②]

学校食堂食品安全关系到广大师生的健康和生命安全。学生们每天在学校食堂吃的是什么？营养够不够？安全不安全？饮食安全自然成为家长们最为关注的问题之一。Q小学积极拓宽食堂食品安全检查渠道，邀请家长参与到对学校食堂食品安全检查中来（参见图2-1）。家长们深入到学校食堂中，及时发现已经存在或潜在的问题，反馈给学校及相关监管部门，最大程度地保障学生们的饮食安全。

图2-1　Q小学家长参与学校食品卫生检查

---

① 王萌，上海市闵行区汽轮小学党支部书记，小学高级教师。
② 姜仁建，上海市闵行区汽轮小学教师，华东师范大学教育学硕士。

2014年4月,Q小学"紫马甲"督学工作由三年级家长进行包月负责。本月第二次督学工作是由三(2)班李同学家长领衔的三位家长组成。午餐后,三位家长就督学工作安全巡视过程中发现的食堂存在的问题,与校务管理部及食堂全体人员进行面对面的沟通、反馈。这是近年来,家长对食堂安全工作反馈最为专业、也是最直面问题的一次,引起了校方对学校食堂管理和监督工作的反思。为便于食堂安全卫生工作的整改,校务管理部恳请家长写出了书面建议(如表2-1所示)。

表2-1　Q小学家长督学就食堂卫生安全建议书

春天到了,温度非常舒适;但细菌污染、苍蝇蚊子等害虫也出来了。现在是食品卫生高风险高发期!

1. 现在一般不用铝制品餐具,因为铝能和沸水发生化学反应($2Al + 3H_2O = 2Al(OH)_3 + 3H_2$),若人体摄入过多的铝离子会影响身体健康。铝制餐具只能盛放生鲜原料或冷菜原料,不可以盛放热菜热汤等食物。另外,建议教师用餐的汤桶用不锈钢保温桶。

2. 教师就餐的汤桶、筷子和勺子不应该放在靠近泔脚桶旁的台子上。勺子应用专用餐具盛放,预防污染;建议放在打菜窗口前平台处,远离泔脚;盛汤工作也应由食堂专业人员负责。

3. 学生的菜品尽量少用油炸品、半成品食物(如鸡排、牛排、红肠、方腿等),因为对这些食品的原材料,我们不能全面了解,例如里面的食品添加剂有没有超标?原材料自己加工,比较安全放心。

4. 学生的饭菜品味不错。尽管分餐的工作量很大,但尤其要注意保温设备的维护,尽量保证孩子吃的是热饭热菜(开饭时抽测下菜肴的中心温度)。

5. 关于留样冰箱的留样菜标签(菜名、日期)。废油桶、纸箱等不应放在厨房里,厨房不工作的冰箱(冰箱门橡皮圈比较脏,里面放有餐盒)也要保持内外干净;与加工菜肴无关的设备不要放在厨房,减少厨房卫生安全风险,注意死角卫生。

Q小学三年级二班李**家长执笔
2014年4月10日

家长督学犀利的批评和直接的建议,不仅体现出现代家长对学校食堂安全管理的专业性,同时反映出家长对食堂安全工作的希望和诉求。这对于学校而言,并非是一件坏事;学校接下来的工作,就是如何正视食堂饮食安全问题,把目前存在的问题变成促进未来发展的一种有力"资源"。

第二天,这份书面建议书就交到了校长室。校长当天就联系了承办学校食堂的ZY园艺有限公司。校方、公司方和食堂主管三方很快举行了联席会议,主要反馈家长们对食堂提出的安全建议书,根据建议书回应家长需求,要求公司提出相应的整改意见(参见表2-2)。

表 2-2　关于 Q 小学食堂安全管理整改意见书

> Q 小学并转家校合作管理委员会：
> 　　最近，我公司接到了贵校家委会检查食堂的反馈意见书。为积极应对你校的诉求，为把学校食堂管理整改抓深、抓细、抓实，公司领导相当重视，以认真负责的态度在第一时间内来校沟通，认真倾听意见，积极落实整改措施，切实提高食堂的管理质量，做到安全到位，为师生提供色、香、味俱全的健康食品。经与食堂管理员沟通、协商，现把整改意见落实如下：
> 　　1. 家长提出的关于铝制品餐具问题，之后餐具更换（购买）时会考虑使用不锈钢材料。
> 　　2. 教师就餐用的汤桶、筷子和勺子，第二天已经根据家委会要求进行了整改，盛汤工作由食堂专人在分餐间里进行。
> 　　3. 学生每周菜谱里尽可能少安排油炸品，由校方和家长继续进行监督。
> 　　4. 关于留样冰箱的留样菜标签（菜名、日期），也已经根据家委会的要求进行了整改。
> 　　5. 因为不用的冰箱是固定资产（有账），暂时不能处理；但是会保持卫生，不形成卫生死角。
> 　　6. 公司在接下来的管理工作中，会主要强化食堂相关人员良好卫生习惯的养成，进一步规范"三白"意识；公司也会定期对食堂人员进行食品安全的职业培训，强化日常操作中的监督管理。
> 　　以上整改措施妥否，请提意见、建议。家长参与学校食堂监督管理，是对我公司工作的有力促进和支持，我们表示深深的谢意！
>
> 　　　　　　　　　　　　　　　　　　　　　　　　　　　　ZY 园艺有限公司
> 　　　　　　　　　　　　　　　　　　　　　　　　　　　　2014 年 4 月 13 日

　　没想到家长对食堂的一次督导后，短短三天时间，就从督导安全建议书发展到安全管理整改意见书，通过反馈沟通、现场会等渠道，大家达成了共识。有些问题事实上第二天就得到了完善，做到即知即改。这真是一份惊喜！

　　如今的家长对食品安全等方面的知识了解得很多。家长们在参与学校食堂食品安全检查的过程中，责任心会进一步增强。他们会从多个角度去审视学校食堂在食品安全上的操作流程，在原料采购及贮存、操作过程、餐饮具清洗消毒、从业人员健康、环境卫生、食品留样等方面随时进行监督，促使学校在食堂管理上更加规范。这样会倒逼食堂人员在管理上下工夫，作好安全卫生工作，提高厨师技艺，为学生提供健康可口的饭菜，为师生的饮食安全保驾护航！

项目意义

　　学生成长环境建设可分为自然环境、人文环境和网络环境。自然环境即学校天然存在或经人工改造的环境，包括学校的山、水、花、木等自然景观，校园的区划及各种教学设施和校园文化设施;人文环境又称"软环境",泛指在学校教育教学活动基础上形成的各种人际关系及学校氛围;网络环境是因信息技术手段使用而形成的新的交往与生活空间,尤其是以各类新媒体的广泛使用为基础而形成的学校办学新环境。

如何把学校环境建设与学生成长有机关联起来,发挥家长的力量,更好保障、促成每一位学生的主动、健康成长,是一个重要的课题。

一、安全和谐的校园环境是师生安全和健康成长的保障

校园环境直接关系到青少年学生能否安全、健康地成长,关系到千千万万个家庭的幸福安宁和社会稳定。学校与学生的发展,必然是在具体的生态中实现的。

针对校园环境而言,它必须是安全的——校门口、楼梯口、建筑物的转角处、人群容易聚集的地方等,都需要充分考虑其安全性;它应该是优美的——体现学生的生活,以美的形态呈现,以期实现对学生的日常熏陶;它应该是与相关教育教学活动综合融通的——无论是内容还是形式,无论是环境建设的策划、实施还是评价,都要保持与学生日常所学、所用紧密联系;它还应该是动态发展着的——要针对可能出现的安全隐患,进行实时的追踪、跟进、完善,不留任何安全死角。

通过家校合作,学校也可以有意识地吸收家长资源,影响和促进家长发展,影响家长的教育理念,提升其参与学校环境建设能力,进而帮助其迁移、回归到自己的家庭,为孩子创设一个良好的家庭环境。

二、家长的支持与参与是构建良好学校环境的重要基础

学校是一方育人的沃土,和谐校园是师生精神的乐园。[①] 学校环境建设单凭学校的一己之力是难以完成的,它离不开家长的支持与参与。

家长参与学校环境建设,在一定程度上可以缓解校园内工作人员不足、创意不全、资源不够等问题。家长在参与学校环境建设过程中,可以直接成为学校教育工作者的合作者、帮手。学校可以充分发挥家长的专业优势,为学校环境建设提供智力支持。若有家长在医院工作,就可以邀请家长来校给孩子讲授卫生健康知识;如有家长从事新闻行业,就可以请他们指导"小记者"们写新闻。此外,学校可以发挥家长的资源优势,包括其社会资源、人力资源、物力资源、文化资源等,为学生开展校外活动提供高质量的支持与保障。

在学校环境建设过程中,学校还可以发挥家长自我教育的优势,促成家长之间相互交流新的教育理念和科学的教育方法。

---

① 朱振岳.终极关怀应是学生的幸福体验[N].中国教育报,2005-07-01.

三、家长参与校园环境建设可以成为家校合作工作较好的突破口

家校合作的推进过程具体而复杂,诸多学校难以找到突破口。邀请、组织、帮助家长参与校园环境建设,就是一个不错的突破口。无论对于何种教育背景的家长,这一工作都具有适切性。

在具体过程中,学校可以以较为简便的方式,或是对家长要求不太高的标准邀请、帮助家长参与学校工作,进而积累家长的信心和学校的管理经验;家长也可以从中体验学校工作的具体性、复杂性、繁琐性以及学校面临的诸多压力,以此增进相互了解和理解。

上述工作往往是在相对轻松的气氛中开展,所指向的目标是学校教育工作者与家长之间有高度共识的。因此,过程中双方的交互关系更容易达成。家长可以及时向学校反映家长对学校工作的疑问,帮助学校了解情况、改进工作,把可能出现的问题把控在萌芽状态,以此构建良好的家校合作关系。

总之,安全健康的成长环境,对于学生的发展具有重要的意义。我们不能期待家长或家庭的条件改善了之后再进行家校合作,也不能期望通过引进更多优秀的教师、获得更多教育行政部门的资源支持来改变目前的发展现状;我们可以依赖的只能是实践本身,以教育工作者的自主性、创造性,来打开家校合作的大门。

家长群体中的优势资源已成为不容忽视的力量,充分、合理、适宜地利用家长资源则成为值得研究的一个重要问题。我们不仅要对家长所拥有的显性资源,即人力、财力、物力等资源,进行优化运作,还要用敏锐的眼光学会对其隐性资源,即社会、文化、智力等资源,加以发掘、利用。因此,可以根据学校家校合作工作的进展情况,有目标、有计划地开展家长资源整合行动,让更多的家长参与到学校环境建设之中。

以下我们从安全环境、人文环境和网络环境建设这三个层面展开讨论。

一、校园安全环境建设

（一）家长参与的具体过程

校园安全工作是全社会安全工作的一个十分重要的组成部分,直接关系到青

少年学生能否安全、健康地成长。① "家长志愿者护校行动"可以针对这一领域而展开。具体的操作细则如下：

其一，家长自主申报。家长可以根据学校的招募通知以及要求，进行自主申报。

其二，相关部门审核。家长自主申报后，转至学校相关部门进行综合审核、确认，方可成为安全护校家长志愿者的一员。

其三，组织相关培训。学校需对家长志愿者进行专业培训，以此提升其工作能力，更好地开展护校行动。

其四，着装持牌上岗。家长在工作中需要穿戴工作服，携带相关工作用具。

其五，处理突发事件。在日常的工作实践中，学校和家长要对安全隐患零容忍，从细节着手，提升服务品质。

其六，定期总结表彰。学校定期举行总结会，对存在的问题以及好的经验进行总结、反思，从而更好地开展工作。

日常开展志愿者护校工作，需要注意以下事项：

其一，护校任务是协助门卫、班主任进行学生安全进校、离校工作，协助教师平安志愿者对滞留学生进行管理工作。

其二，以班级为单位开展，按照班级轮流进行，每次安全护校以班级"安全护校"管理员电话通知为准。

其三，被通知到的家长志愿者一定要按要求准时到岗，穿好有安全护校标志的衣服，并本着认真负责的态度进行护校工作。活动结束后，家长要做好每天护校记录工作。

其四，发现特殊问题，家长要及时和校方总值勤、教师志愿者或门卫进行沟通，商讨解决方案。

链接 2-1

Q小学《"安全护校家长志愿者"招募书》

为贯彻落实《上海市社会管理综合治理工作要点》精神和沪教委青〔2011〕17号文件要求的具体行动，同时进一步完善学校安全护校项目的工作机制，唱响平安和谐校园新曲，现招募家长志愿者参与日常护校行动，参见表2-3。

---

① 学校管理工作指导小组.学校安全管理规范与安全活动策划[M].沈阳:辽海出版社,2011(1).

表2-3　Q小学"安全护校部"家长招募单

学生姓名		家长姓名		性别	
孩子所在班级		手机号码			
工作单位		QQ号码			
休息时间		个人意向			

简述申报理由：
　　本人自愿为校园安全建设尽力,成为学生平安保驾护航志愿者!
　　　　　　　　　　　　　　　　　　　　　　＊＊＊家长　＊月＊日

第一个学期结束之际,Q小学做了第一次家长安全护校统计,按学期18周次、每周五个工作日计算,共有安全护校家长志愿者270余人参与,占全校家庭数的57.44%,校门口道路安全大为改观(如图2-2和图2-3所示)。

图2-2　护校前校门口情景

图2-3　护校后校门口情景

检验一所学校的办学质量,除了要看这所学校的办学理念、老百姓的满意度,一定程度上还要看这所学校的开放程度。当前诸多学校都有学科教学的开放,还有学校大型活动的开放。然而,学校教育教学活动的开放少不了志愿者的助力。2015年2月,Q小学遇到校园安全改扩建工程,学校要从原来的小区搬迁至另一小区,恰好处于车辆出口要道和上下班主干道。环境的复杂,对安全护校工作提出了更高要求,学校"安全护校部"负责成员根据状况,商议了"三人三岗"的轮值决定,得到全体家长的支持,参与人数也从原来的50%提高到90%以上。

链接 2-2

Q小学2013—2014学年第二学期"安全护校"
专题总结会上一位家长的发言稿

大家晚上好!

2014年2月10日开学以来,在各班级"紫马甲"护校员的努力下,护校工作取得了很大的成绩,总的护校值勤天数为92天,参与人数261人/次,其中一年级为57人/次,二年级为57人/次,三年级为45人/次,四年级为57人/次,五年级为57人/次。由于学校大门正对着横马路,平时车辆较多,为了安全起见,使广大同学能高高兴兴上学、开开心心回家,我们家校合作管理委员会对学校的安全进行有效的管理,动员全校的家长报名加入"紫马甲"安全护校行列,使家长们为了孩子充分发挥主观能动性,极大地提升了学生的安全度和快乐度,让学校成为家长心目中的"放心学校"。

学校"紫马甲"值班流程,每周一是1年级,每周二是2年级,每周三是3年级,每周四是4年级,每周五是5年级。每天由当班班级出3—4位家长志愿者,两位在学校门口横马路南北各一位手持指示牌,指挥进出车辆;东面还有一位负责管理电动车和自行车,及观察是否有不良分子混在人群里;南北二位家长手持指示牌,看到汽车请它绕道而行;如是电动车及自行车,要其慢行;在缓冲带内,不允许停放电动车和自行车。在大家的努力下,这些工作基本上都做得很好。有的家长为了值班,是向单位请假出来的。他们是我们学习的榜样。但也有不足的地方。有少数班级家长志愿者人数较少,只有5—6位,每次值日总是这几个人。我们希望各班级家委会负责人和班主任检查一下,是否有以上情况,要尽可能把大家动员起来。

我们的目标是:每位家长都参与到安全护校工作中来。

现在马上要放假了,为了孩子的安全,请各位"紫马甲"努力站好最后一班岗,同时也希望学校为我们"紫马甲"这支队伍多提宝贵意见,帮助我们在今后的工作中做得更好。目前我们"紫马甲"的工作已经得到社会各界的一致好评,希望大家再接再厉,使护校工作更上一层楼,谢谢大家!

链接 2-3

Q 小学一位学生征文《我眼中的紫马甲队长》

我们学校,一直有着"紫马甲"护校的活动。我爸爸就是其中的队长。那群总是穿着紫色马甲的家长们,一起维护着学校学生的安全。

一开始,我总觉得"紫马甲"护校队队长这个名号没什么了不起的,就是多打打电话,通知各位家长在学生放学前去校门口执勤,多付一点电话费就行了,根本就没有必要保护学生,所以不以为然。

有一次,轮到我们四(2)班执勤了。爸爸在早晨打电话。我隐隐约约听到爸爸给我们同学的家长打电话,通知了三位家长。我想:我们放学后一定能见到我爸爸在执勤。放学后,我见到爸爸穿着紫色的马甲在门口疏通道路的秩序,犹如一个解放军在站岗放哨。这时,我心潮澎湃:原来,"紫马甲"护校队长不是那么好当的。回到家,我向爸爸竖起了大拇指,说:"爸爸你真辛苦,既要联系家长去执勤,还要自己像个军人一样,在校门口维护秩序。"爸爸谦虚地说:"没关系,这是身为护校队长应该做的。"

看着爸爸忙碌的身影,听着他朴实的话语,我知道了,一个人一定要对自己说过的话负责,要有责任感。我立志,一定要像爸爸一样,做一个对国家、对社会负责、乐于奉献的人。

四年级 2 班郭同学

(二) 培训家长志愿者

在日常安全护校工作实践中,家长们会反映一些具体操作问题,例如:安全护校班级安排没有规律,很多家长不清楚。为此,Q 小学"校务管理部"和"紫马甲·安全护校部"的家长们召开会议,决定采用护校"星期轮流制"等举措。但还是会遇到沟通不畅等问题。为此,Q 小学的"安全护校志愿者培训"制度应运而生(如图 2-4 所示)。

根据 Q 小学日常培训实施情况,有以下几个关键环节:一是明确护校行动的意义与价值,加强家长对此项工作的理解、认同;二是招募工作稳妥有序,强化责任意识;三是严格遵守上岗纪律,无论是着装、持牌、站位、语言等,都要力求做到按时到岗,有事提前请假,调整人员,岗位上尽心尽责,不早退,做好每次记录;四是遇到现场护校突发事件,实施"首问负责制"(如图 2-5 所示)。

第二章
环境建设：成长护航，安全无忧

图 2-4 Q 小学家长志愿者"护校培训"工作场景

图 2-5 Q 小学家长志愿者日常护校行动掠影

链接 2-4

Q 小学"安全护校志愿者"培训工作者发言

我是 Q 小学五（3）班张同学的妈妈。今天很荣幸能代表家长们，谈谈自己参与"紫马甲"护校志愿者工作的体会。在此向学校表达由衷的谢意！感谢学校为我们外来务工子女敞开大门。

我是一个特殊的家长，因为我有三个孩子，家庭经济条件也不好。校长和老师了解情况后，在各方面给予我们很多帮助。借此机会，真诚地表示感谢！

由于我文化知识有限，在教育孩子上也经常出现这样那样的问题。2012 年 2 月，学校组织成立了家校合作管理委员会。我积极报了名，成为一名光荣的"紫马甲"安全护校志愿者，还很荣幸地成为校级层面"安全护校部"的"大员"。"紫马甲"安全护校志愿者主要负责上学以及放学时段孩子们安全有序进校、离校。我们学校大门口不算交通要道，但不足三米的水泥马路，每天放学时，接孩子的家长拥堵在校门口，还有来往车辆，存在很大安全隐患。自从

> 我们护校行动开始后,每天都有家长志愿者把我们的孩子安全地交到父母手中。看到孩子开心地被父母接走,我们也很欣慰。因为我们的孩子也在这个队伍当中。他们的安全系着每一位爸爸妈妈的心,所以我觉得为我们的孩子保驾护航是我们每一位家长义不容辞的责任。在担当"紫马甲"护校志愿者的过程中,我最大的体会就是"尽责",为学校和孩子的安全尽责,并在尽责的同时,收获成长。
>
> 　　我的大女儿马上今年就要毕业了,还有一个女儿、一个儿子分别在四年级和二年级。我会一直把这项工作做下去。即使儿子毕业后,也会关注学校护校工作,尽我所能让"紫马甲"精神传承下去。
>
> 　　谢谢大家!
>
> ***同学家长　*年*月

　　家长护校志愿者这支队伍已经能胜任开展各类家庭教育宣传、安全、实践等多项服务的组织工作,并在家长中取得了良好的反响,这为校内外学生的安全提供良好的软件支撑,而顶层设计又在不断的矛盾解决中实现动态完善。

【主要障碍】

　　首先是人员确定。学校教育工作者的原初设想或理想预期是全覆盖,然而家长工作繁杂,如在 Q 小学,在企事业单位工作的家长只有 30% 左右,其他大都是快递员、菜市场商贩、小店小本经营者等。每天放学时段,是他们生意最好、最忙的时候。这样,他们虽有一颗为学校安全护航之心,但往往事与愿违、达不到要求。

　　其次是人员培训。安全护校是要经过学校统一培训的,家长领导者往往非常重要,直接影响工作的开展质量。例如当初 Q 小学"安全护校部"部长只是一名普通工人,没有管理经验,在众多家长面前开口说话都会难为情。

　　最后是队伍建设。虽然组建了安全护校队伍,但是校园安全形势面临着新的挑战,尤其是社会流动人员带给未成年人伤害案件日趋增多,如何建立一套机制进行运作,进一步完善学校安全护校项目化的工作机制,继续常态化进行安全护校志愿者服务,成为实践所面临的难题。

【相关保障】

　　本阶段工作涉及由校内延伸至校外的安全,是学校工作的重中之重,是家校联动维护学校安全的必然产物。但总体而言,家长的参与愿望是有的,因此,此阶段的实践还是相对较容易的。

　　其一,学校需要设立专门的部门,尤其是由家长形成的部门,整体统筹和领导。例如,在 Q 小学,就组建了"安全护校部",由家长专人负责,家长之间,以及家校之间定期沟通,有效监管。

　　其二,作为管理者的家长要有一定的洞察能力,能够发现问题,并及时反馈给学校,与校长、教师商讨相应措施,进行定期整改。

　　其三,学校相关衔接部门,如校务管理部,要主动介入,定期抽查安全轮值情况。一旦发现问题,教育工作者要主动进行协调。这样,能够给家长们积极的反馈和及时的指导,并形成家校之间良好的信任与合作关系。

二、校园人文环境建设

（一）家长参与班级环境建设

班级文化是一个班级的灵魂。[①] 其中,班级的文化环境对于学生的熏陶是潜移默化的,能够促成学生的自我调节和自我约束;良好的班级环境有助于班集体建设;此外,班级环境还是重要的教育资源,通过班级环境的创设和利用,能够有效地促进学生的发展,创设真正属于孩子们的乐园。

引导家长参与班级环境创设,可以让年轻教师体验父母角色,从而更有效地设计满足学生成长的课堂环境。与此同时,家长在参与班级环境建设过程中,更能与教师在教育目标、内容要求上达成一致,将"家"的元素有机植入班级文化,缩短孩子与教师、孩子与孩子、家长与教师之间的距离,为教育合力的取得奠基(如图 2-6 所示)。

家长参与班级环境建设的具体细则,大体包括以下内容:

其一,学校要形成班级环境布置工作的初步方案。

其二,学校就方案与家长进行沟通,就方案的育人目标、实施细则、人员分工、活动评价等内容进行深入讨论,并且形成最终活动方案。

其三,各班班主任对家长发出邀请,开始组建家长志愿者队伍。

---

① 许亚娥,董月娥.班级文化:精神文化是灵魂[J].辅导员,2010(Z3).

图 2-6　Q 小学家长参与班级环境布置现场

其四,家长志愿者现场参与班级环境布置。

其五,班主任组织家长进行反馈评价,积累活动资料。

> **链接 2-5**
>
> ## Q 小学《家校合作班级文化环境建设方案》（草案）讨论会议纪要
>
> 新学年开始前后,往往是班级环境大变脸的时候。Q 小学在今年的变脸环节中,增添了新生力量——家长。一年级组的老师们根据本年级"我是神气漂亮的小学生"这一年段教育主题,与家长共同策划了班级文化建设方案。
>
> 会议时间:2013 年 3 月 4 日下午 16:00
>
> 会议地点:Q 小学学生班级
>
> 出席人员:一年级家委会成员、班主任、学校相关部门成员
>
> 会议概要:
>
> 一、班主任向家长们详细描述每个孩子的个性特点和学习特点,提出本次会议的主要任务,即组织本班家长寻找孩子平时最爱的事物、最爱的人物进行迁移,满足幼小衔接阶段儿童的心理发展,将这些不同元素融入班级建设之中,形成班级文化。
>
> 二、与会家长代表与教师共同对《家校合作班级文化环境建设方案》(草案)进行认真、细致的讨论,并形成如下意见:
>
> 1. 班级文化建设活动的目的
>
> 班级的空间、设施和常规要求等应有利于引发、支持学生学习兴趣和各种探索活动;环境是学生发展的资源之一,通过与环境交互作用让学生获得感性发展。家校合力,为每一个孩子健康成长助力!

2. 班级文化建设活动的意义

① 有效地运用空间资源,家校合力,共同创设环境文化。

② 具有教育性、开放性、生动性且安全性的班级环境文化,促进学生快乐发展。

3. 班级文化建设活动的步骤

① 明确目标,关心班级环境建设。要深入挖掘、合理利用家长资源,充分调动家长参与班级环境创设的积极性,做到家校合作、群策群力,共同营造适宜孩子生长、发展的育人环境,体现出和谐奋进班级正能量氛围。

② 精心策划,优化班级文化环境。班主任和班级家委会讨论,确定班级文化建设的板块栏目,可以包括:A. 班级成长目标;B. 个性品牌;C. 习惯养成;D. 班级建言;E. 团队作品展示等。

③ 任务认领,准备班级环境文化建设。参与班级文化建设的家长,各自发挥自己的特长进行任务认领,可大致分成三个小组:第一小组负责提供信息,第二小组实施美工美化,第三小组参与材料准备。

④ 张贴上墙,创造班级成长环境

班级家长志愿者通过报名形式参与班级文化建设的布置,大家齐心协力完成班级环境文化建设任务,力求布置有创意、夺人眼球。

三、讨论结果

一(1)班家长建议在队角内布置个"果园",每个孩子都可以寻找到一棵自己喜欢的果树代表自己,一只只勤劳的"小蜜蜂"绕果园转,就表示孩子勤奋刻苦,蜜蜂越多,果实越丰富,这样就渐渐能够形成一个好学的氛围,孩子们会觉得非常有趣!

一(3)班家长决定在教室里布置一个"荷花池",满池的荷叶寓意着班级充满成长的气息;孩子们就像一朵朵含苞待放的蓓蕾,上有蜻蜓,给人"小荷才露尖尖角"之印象;花怒放着的各种姿态寓意学生幸福成长的每一天。

(二) 家长参与校园环境建设

有了家长参与班级文化建设这一基础,学校校园文化建设也可以挖掘蕴藏在家长中间的资源,使家长参与到学校的整体文化环境建设之中,让校园的文化环境处处洋溢浓厚的家校共育氛围。

1. 走廊文化更新

为做好学校整体的文化环境建设,营造良好的校风、学风和个性鲜明的学生特色文化,可以由学校联合相关家委会组织一起策划,由年级组长牵头召集本年级班主任和年级、班级层面家委会,共同合作,在开学后两周内完成校园环境布置工作。例如,2014年是马年,Q小学校园走廊围绕吉祥幸福的飞马和主题活动展开,如一年级的"飞马奇遇记"、二年级的"飞马奇缘"、三年级的"春天交响曲"和"数字真奇妙"、四年级的"春回大地""生活大爆炸"、五年级的"华夏中国韵""我们只有一个地球""通往世界之路"等(如图2-7所示)。家长们一起开展策划、实施以及评价活动,别具风情,提高了家校共育、和谐共生的意识。

图 2-7　Q 小学家长参与学校文化走廊布置成果照片

2. 学校文化标识形成

如果说办学核心理念是学校文化的"心灵",那么文化标识则是学校文化的"窗户"——学校文化标识应该而且必须是学校核心理念的形象诠释。① 校园文化环境标识能够烘托校园环境的文化氛围,彰显学校的魅力。出色的标识是学校形象的宣传者,既能彰显学校的魅力,还能唤起师生以及来访者的情感,使他们拥有亲切、愉快的心境。以下以Q小学为例,介绍家校携手一起进行自组织文化标识的设计。

---

① 徐金才.文化标识是核心理念的形象诠释[J].教育发展研究.2008(4).

第二章
环境建设：成长护航，安全无忧

链接 2-6

Q 小学"安全护校志愿者"工作服创意设计纪要

2011 学年开学，学校根据《上海市中小学、幼儿园安全防范管理基本要求》精神，为根治校门口学生上下学道路拥堵、无证设摊等顽疾，采纳了家长提议，组织家长志愿者实施每天上下学时段的安全护校行动。在护校过程中，家长和教师们发现，无论是道路指挥的标识，还是志愿者服务时的衣着标识，都不够清晰。

如何设计？Q 小学的家长群体开始商议。大家研究了各类公益服装，发现"橙色背心"为道路应急维修人员工作服，"绿色背心"被 2010 年上海世博会志愿者所用，"红色背心"广泛用于慈善募捐行动，"黄色背心"已经被交警、协管员所采用，"蓝色背心"又容易跟工作服混淆。什么颜色既能够一眼分辨，又可以代表自身形象？"紫色？"一位妈妈提议道。"好，紫马夹……紫马甲(谐音)，我们队伍有名称了！"大家兴奋得欢呼起来。

【主要障碍】

1. 家长毕竟不是专业性的教育工作者，他们对于学生年段教育目标把握还不太清晰，还未对不同年段学生发展中的问题和成长需要形成清晰的认识，对于学生的身心发展特点、心理需求等方面还了解不足。因此，在布置班级环境建设过程中，可能会出现超越目前学生发展需求的问题，也有可能会出现低于学生的发展水平的问题，不太容易引起学生的注意力和兴趣。

2. 由于每个班级存在家庭文化背景的差异，班级环境内容虽然丰富，但是班级教育和文化主题往往不够突出，未形成有教育力量的班级文化主题。这一散乱状态也不利于班级文化的长远发展。

> **【相关保障】**
>
> 　　1. 学校相关部门,尤其是专门负责班主任工作或班级建设工作的学生发展部,应对班级文化建设工作进行总体部署,明确班级环境建设的目的、意义和具体目标、任务,周密计划,加强领导。
> 　　2. 学校相关部门应该加强对班主任在班级文化建设方面的工作培训,增强班主任的班级文化建设能力和素质。
> 　　3. 班主任也要根据班级的实际状况,针对学生年段成长需求,对家长进行培训,使家长明确学生成长需求。
> 　　4. 在布置班级环境时,要一改过去单调乏味及内容固定的布置方式,应该确定好班级建设的主题,体现班级的文化特色。在此前提下,使教室成为师生互动的共做、共学、共享、共赏的生动世界。

三、校园网络环境建设

随着信息时代的来临,新媒体正在改变着人们的生活环境和学习方式,也为学校开展家校合作提供了新的契机。"校园网的建立,为师生创造了一种良好的信息技术环境。它是全面推进素质教育、加强创新教育、实现教育现代化的重要内容、条件、手段和途径。"[①]利用计算机多媒体技术来构造学习的虚拟情景,并利用校园网开放式的环境构建一个人与人之间更为广阔的相互会话环境,更有利于开展家校之间的协作活动,进而实现意义的生成。在Q小学有家长们组成的"网络信息部",其职责就是"构建新技术,交流展平台"。目前,在Q小学的家校联系平台上,使用最多的是以班级为单位的QQ群和家委会核心成员的微信群,学校(班级)工作都是通过这个群进行发布。

QQ群由班主任和班级信息技术员共同管理。在这个群里,既有学校各类活动照片的发布,有好的书籍及学习方法的推荐,还有关于家庭教育等工作的探讨。

家委会核心成员微信群的主要负责人是家委会主任,一切相关家委会工作都可以在微信群中探讨,或发布通知。Q小学家长们组建的"活动策划部"的主任还在微信上建立了一个活动资源库,将所有活动相关照片、文字、PPT进行存档。可见,在Q小学网站建设中,为数最多的参与者是家长;有了他们的加入,学校的信息环境也建设得更为完善(如图2-8所示)。

---

① http://www.cn-teacher.com/runwen/xklw/xx/200611/52069.html.

图 2-8　Q 小学家长志愿者网络护校截图

在家校合作的视野下,信息技术能够很好地深化"家校合作"工作。学校应鼓励家长通过参与学校的信息环境建设,建构起促进学生、家长和教师共同发展的资源库、交流平台、发展空间。

【主要障碍】

1. 家长的参与要有一定的思考,开展的工作要有一定的创新,有前瞻性。而这直接与家长的教育背景、文化和社会资源拥有量有关。网络环境建设很复杂,一些没有接受过信息技术教育的家长,如何参与这项工作?

2. 家长群体的主动性难以完全发挥,家长参与面往往较窄,主要局限在QQ、飞信、微信等媒体平台,主要负责一些外围的辅助性事务。家长更多的是作为"受众者",而非主动的"传播者""自媒体"。如何引领?如何发展?这是摆在实践者面前的一道难题。

3. 教师和家长间也在运用信息技术进行沟通,但更多停留在解决实际事务或问题的层面,而建构基于信息技术的家校合作,往往是综合性的。

4. 工作容易散点化,难以形成系统化设计与思考,往往缺少一套回溯研究的保障机制将日常琐碎、具体的工作累积起来,以此推动下个阶段的工作。特别是,如果缺少一个能干的家长做"牵头人",这类工作往往会缺少主动性,基本上是遇事处事,"头痛医头,脚痛医脚",难以做到制度化和规范化。

【相关保障】

1. 学校和班主任在网络环境建设的初期要发挥主导作用和引领作用。由于网络环境建设是一项十分复杂的工作，家长自身的素质(知识素养、信息技术能力素养)和对家庭教育的认识会存在差异，将这样的群体集结在一起，需要一定的凝聚力和推动力，帮助他们逐步建立起规范、有序的组织，并不断地成长和发展。因此，学校要针对工作的特点，进行整体式的家长信息技术培训指导，班主任可根据班级中的实际情况，选择信息技术素养水平高的家长进行先期培训，充分整合、运用这部分家长资源，在此基础上带动其他家长进行群体互动。

2. 网络环境建设要从班级起步，注重互动性。班主任是和家长接触、沟通最多的，也是最了解学生的。班级层面的网络沟通、平台建设能够满足同班家长交流上的共同需要，搭建了家长与班主任最为直接、最为便捷的沟通桥梁。因此，通过增进家长之间的网络环境下的沟通互动，能够促进家长和教师的相互交流，让家长主动参与班级的教育管理，协助班级开展教育活动，共同建设班集体，为学生的成长服务。

3. 详尽周全的活动策划方案和规范的操作程序是网络环境建设的持久生命力所在。网络环境下的教育工作的开展，离不开每一次的积极、有效、规范性的互动。每学期初，教师可以和家长一起，共同商讨班级网络建设的整体工作计划；每次活动中，教师可以和家长一起，充分借助网络的优势，共商活动主题和目的，策划细节；在班级突发一些问题时，教师可以和家长一起，了解问题的经过，分析问题的原因，达成共识等。

4. 建立必要的制度是网络环境建设作用发挥的有力保证。学校要在不同阶段尝试建立多种制度，以此保证网络环境建设。如例会制度；学期初制订工作计划制度；开展实践活动的申请和汇报制度；家长网络化管理制度等。制度的建立能使网络环境建设的工作更加规范、有效。

在创设安全的学校环境方面，美国的相关学校往往会招募并组织家长志愿者，帮助支持学校工作，保障学校安全。他们往往会采用新的方法组织志愿者去丰富、拓展并支持学校工作，每年都会调查、收集有关学生家庭成员能够担当志愿者工作

的才能、职业、兴趣等信息。他们通常以班级为单位,建立家长之间电话联系网或其他交流渠道。学校会为家长志愿者提供办公和会议场所,设置专业工作组,如按活动类型设安全护卫、社会实践、咨询宣传等工作组。这些志愿者们参与学校组织的各项活动,如家长会、个别家长见面会、学校开放日、亲子活动、运动会、开学、毕业典礼、节庆活动等。美国家长可以帮助管理图书室、到学生食堂做义工、为学校募集资金、充任郊外旅游队和保健所的志愿者、参与学生的表演活动、参加学校运动会以及其他学校活动。①

虽然家校合作、家长委员会在促进学校环境建设方面容易起步,并且也容易在某些方面取得较好的效果,但仍有许多学校的教育者还不够了解学生的家庭,还有许多家庭不了解孩子的学校,许多社区不了解或者不帮助该社区的学校、家庭或学生。②"美国教育协会的研究表明,学校教师和管理人员对家长参与的态度是影响双方合作效果的关键性因素。"③对此,学校应"创造接纳与兼容的学校文化氛围"。④

当然,在现实中还面临着诸多的问题与挑战。如家长如何参与到学校环境建设中,家长委员会如何开展家庭教育工作,家长如何开发和利用各种资源等。

一、如何让家长的参与融入学校文化建设的整体之中?

家长参与学校环境建设,本质上是融入学校文化建设中。学校环境是展现学校文化和体现办学理念的重要内容。由于家长缺乏专业指导和实践经验,如何确定主题,进行文化建设,这是家长们所面临的一个突出问题。

二、如何化解家长参与学校环境建设中的矛盾乃至冲突?

家校之间不仅仅是教育合作伙伴关系,同时也是一种公共关系、民主协商关系。这两种关系要求学校把家长作为主体,和家长进行互动沟通;并且在学校建设

---

① 李生兰.美国学校家长志愿者探析[J].外国中小学教育.2008(7);周月朗.近年来美国家校合作的研究与实践[J].湖南师范大学教育科学学报,2006(4).
② [美]乔伊斯·L.爱普斯坦等.吴重涵,薛惠娟译.学校、家庭和社区合作伙伴:行动手册(第三版)[M].江西教育出版社,2012:235.
③ 汪菊.论课程开发中的家长参与[J].江西教育科研,2003(9).
④ 彭茜,郭凯.家校合作的障碍及其应对[J].教育科学,2001(4).

方面存在意见不一致、矛盾冲突、利益博弈时,能够有所妥协,协商解决。这样的家校关系需要在教育民主化的进程中逐步达成,不可一蹴而就。学校不能过度使用家长的人力、财力等资源,家校之间重点是合作关系而非占有关系。

三、如何将家长资源开发、学校文化建设与社区文化更新乃至与中国文化传统相联系?

中小学的文化建设总是与社区生活相联系,也总渗透着中国文化传统的影响。在家长参与学校文化建设的过程中,来自不同社区、有着多维传统文化影响的家长群体,自然会将各类文化资源带入学校,并通过学校的介入,将学校文化再带回社区和家庭。在此背景下,学校就需要研究如何实现学校文化与社区文化、中国传统文化的互动关系,并将家校合作作为真实的文化互动过程来建设。

四、如何将社工以及专家资源利用好?

教育部、全国妇联等部委在2011年指出:"中小学校家长学校师资队伍可由学校教师、志愿者、优秀家长等组成,有条件的学校可聘请专家或社会工作者开展相关工作。家长学校每学期至少组织1次家长指导,如家庭教育讲座、家庭教育咨询等,1次家庭教育实践活动"。[①] 因此,学校如何借助社工以及专家的力量,如何形成良好的合作关系,如何拓展社工和专家对于家长的积极影响,需要教育工作者思考和探索。

另外,在安全管理方面,社区保安、警察等群体是学校环境建设的重要力量,怎样将这些人力资源利用好,发挥其优势,也是摆在实践者面前的一个课题。

---

① http://www.moe.edu.cn/publicfiles/business/htmlfiles/moe/s5618/201105/119729.html.

第三章

教学变革:联合教研,教学相长

姚 涛[①] 姜仁建[②]

2013年11月25日,Y小学二(1)班的学生家长收到一份特殊的邀请函,内容如下:

> **邀 请 函**
>
> 二(1)班同学家长:
>   感谢您一直以来对学校教育教学工作的关心、支持与信任。为了促进学校教育与家庭教育文化交流,更好地了解孩子在校学习和生活情况,学校决定于2013年11月27日(星期四)上午8:00—10:00在二(1)班开展家校联合教研活动,特邀您上午8:00准时来校参加活动,欢迎光临!
>   备注:凭此函进出校园,谢谢配合。
>
> Y小学
2013年11月22日

虽然很多家长不知道此次活动的具体内容是什么,但是全班48位同学中还是有35位家长参加了此次联合教研活动,占总人数的72.92%。那么这些家长来学校究竟要干什么?这又是一次怎样的活动呢?

让我们来看一看这次家校联合教研活动的具体流程:

[①] 姚涛,上海市闵行区育苗小学副校长。
[②] 姜仁建,上海市闵行区汽轮小学教师,华东师范大学教育学硕士。

1. 课前活动

上课前,在全校升旗仪式上,家长和孩子们一起参加学校的升旗仪式,还和孩子们一起跳校园集体舞。通过这样的活动,会更好地影响家长的教育理念和教育方式,乃至影响其家庭生活。①

2. 体验课堂

随后,家长进入Y小学二(1)班的课堂,和孩子们一起体验课堂(如图3-1所示)。为什么不是"听课"而是"一起体验课堂"呢?因为在课堂上,教师会设计一些互动的环节,让家长和孩子之间也有交流的机会。在这节课中,当语文老师丁老师提出"在我们日常生活中使用微波炉,还需要注意些什么"这个问题时,家长们纷纷发表了自己的意见。如李同学的妈妈说:"当微波炉正在使用的时候,是不能打开的,否则会发生爆炸,会很危险,一定要等时间到了之后,才能打开"。这给同学们增加了更多生活上的小知识。他们的发言,迎来了全体同学和在场所有家长、老师的热烈掌声。

图3-1　Y小学家长进班听课体验现场情景图

3. 亲子交流

下课后,家长和孩子们到操场上,就本节课的情况及孩子们在课堂上的表现,进行了几分钟的一对一的亲子交流(如图3-2所示)。可以看出,此时的家

图3-2　Y小学亲子交流图

---

① 郭毓成.让家校联系充满生命活力[J].现代教学,2014(6).

长在对孩子进行指导、表达关怀。其实这个时候,家长和孩子之间更多的是情感的交流,呈现出的是最温馨的一幕。

4. 课后研讨

平时学校的教研活动,都是教师之间互相评课、研讨,但在家校联合教研活动中,每个家长都要发言。有的家长提出,孩子胆子小、不敢举手发言,当孩子不举手时,希望老师能够点名让他回答问题;有的家长提出了孩子写字姿势不规范的问题,希望老师能够帮助纠正。这些问题的提出,对教师课堂教学的改进也起到了一定作用。更多的家长讲到了教师现在先进的教学方法,是他们以前所没有享受到的,他们也从中收获了很多。

图3-3 Y小学家长课后参与教研活动

链接 3-1

Y小学亲子教研活动家长感言

我们那时候读书是死记硬背型的,老师把一篇课文读完,要求我们自己去记。现在这种问答式、互动式的教学方法很好。以我自己念初中的亲身经历为例。我小学的时候,数学很好。初中就分了代数、几何。当时代数老师就是班主任,上课的时候就是互动式的:一个题目出来以后,他会找学生来回答(你认为这道题怎么做),这样自然而然地就把我们学习的兴趣调动起来了。不然的话,老师在上面讲,我们就在下面看,有的做小动作,这样你就始终不在状态。万一因为我做小动作,没有听,而老师找到我,我答不出来,那很没面子。

现在的小孩和我们小时候不一样,因为他们从小接触的环境不一样,现在已经有自尊心了,所以通过互动,给他们一个时刻精神紧绷的环境,让他们觉得有兴趣,回答对了有掌声、有鼓励,这很好。我认为现在与以前的教学方法相差很多。

戚同学家长

让家长走进课堂了解学校的教育教学情况,家长一边和学生一起听老师讲课,一边观察孩子们上课的情况。家长在课堂中的一言一行都是孩子的榜样,能促进孩子们认真、积极参与学习;同时也能促进教师们严谨治学、提高自身业务水平。显而易见,在家长走进课堂的过程中,所带来的好处是非常明显的。因此,Y小学从2013年11月底到2014年5月底期间,所有班级都进行了家校联合教研活动。下面就是Y小学2013年度家校联合教研活动推进安排表。

表3-1 Y小学2013年度家校联合教研活动推进安排表

学期	周次	时间	班级	学科	教研内容
第一学期	13周	11月27日	二(1)	语文	《微波炉》
	14周	12月5日	二(2)	语文	《到太空去》
第二学期	5周	3月11日	五(2)	语文	《母亲的鼓励》
		3月11日	五(3)	数学	《几何小实践 体积》
		3月12日	五(1)	英语	M2U1 Food and Drinks
	7周	3月25日	一(5)	语文	《蜘蛛织网》
		3月25日	一(2)	数学	《个加个,十加十》
		3月26日	一(4)	英语	《甜点》
	9周	4月8日	二(5)	英语	M2U1 My Family
		4月9日	二(3)	数学	《三位数加法估算》
		4月10日	二(4)	体育	《快乐拍拍乐》
	11周	4月23日	一(3)	语文	《蜘蛛织网》
	12周	4月28日	一(1)	班队会	《好习惯在身边》
第二学期	13周	5月6日	三(5)	语文	《独果》
		5月6日	三(2)	数学	《几分之一》
		5月7日	三(4)	英语	M2U1 Song
		5月8日	三(1)	美术	《新型捕鱼器》
		5月8日	三(3)	数学	《几分之一》
	15周	5月20日	四(2)	语文	《尊严》
		5月20日	四(4)	数学	《增加几倍,增加到几倍》
		5月21日	四(1)	英语	M3U2 Things around Us
		5月22日	四(3)	班队会	《小岗位,大责任》

在这个项目中,教师、家长、学生三方参与,多向交流,使教育的多种关系人出现在同一时空,参与同一项活动,既有难度,又有意义。这和传统的教学开放日有着本质的不同。教学开放只是课堂对家长开放,家长进入课堂,但未参与教学;而在家校联合教研活动中,家长不仅参与课堂教学,课后还要和教师一起进行研讨,因此能够使得家长、教师及学校都得到发展,最终受益、受惠的是我们的学生。

千千万万的家长关注着自己孩子即学校学生的发展问题,保持着与学校教师最为基础性的联系。[①] 同时,在各类社会主体中,最为直接、最为日常、对教师的专业水平也最为关注的人,是家长。从这一角度思考,家长是渴望走进学校、走进课堂的。从学校的角度来看,开门办学,争取家长教育的合作,让家长进一步参与到学校的各项管理中,这是现代教育的潮流,这是现代学校建设的必然。尤其是在最为专业的教学与教研活动中,促成家长的教育参与,实现高难度、高质量的家校合作,有着重大的意义。

一、以教师的专业性引领家长发展

教育工作者对于家长的教育指导与帮助,不能仅仅借助专家讲座、网络学习,而需要最为真实的直接交往,而且教师最值得自豪的专业性方面,是最应该发挥对家长引领作用的资源。因此,通过开放教师的课堂,通过教研活动中的阐述、沟通与点化,教师能够将一系列新的教育理念、教育方法、教育内容综合地呈现给家长们。这将对家长产生震撼性的效应,让家长直接产生学习行为。

二、以家长的教育参与促成教师发展

家校联合教研活动,是将教师发展、学生成长、家校合作完美融合的教育实验项目,不仅能融洽家校关系,拉近教师、家长的距离,而且能让家长成为教师专业成长的新关系人。诸多家长对学生的关爱,对每一个具体学生的关注,对教学内容与方式、方法的见解,都可能拓宽教师的眼界,激活教师的思维,增强教师发展的内在动力。同时,通过这样富有专业性的合作,能够促成教师与家长间更为平等的交往关系的建立,激发双方的学习意识,进而建构起相互学习的新关系。

三、以教学研究领域的家校合作促成学生发展

课堂是学生发展的核心阵地之一。通过在课堂教学及教学研究领域的家校合作,通过教师教学行为的完善与教学思想的发展,学生能够进一步获得高质量的课堂。同时,当家长更为熟悉教师的教学目标、教学方式与教学要求时,也更能在家

[①] 李家成,姚涛,郭毓成. 让家长成为教师专业成长的新关系人——基于进城务工随迁子女家长参与教师教研活动的案例研究[A]. 华东师范大学基础教育改革与发展研究所和广西师范大学教育科学学院:"社会变迁中的教育革新与经验分享"国际研讨会,2014 年 5 月 25 日至 27 日。

庭教育中加以配合,从而形成学生发展的新生态。

四、打造学校发展的新增长极,提升学校的办学声誉与办学品质

教学质量、教师发展质量等是学校办学品质的集中体现之一。而开展教学改革、教学研究领域的家校合作,能够综合提升学校的管理水平,拓展学校对家长群体的整体影响,进而在教育系统和社会系统中形成开放、进取的新形象,促成学校品牌的形成。

我们依照以下几个阶段,介绍相关工作开展的细则。

一、前期教学准备

1. 选材

家校联合教研不同于一般性的研讨课,毕竟有家长参与的因素,所以学校要考虑到怎样让这堂课的价值实现最大化。同时家校研讨课又是学校教研序列中的一部分,要为学校整体的教学研讨服务,不能打乱学校正常的教学秩序。

Y 小学部分家校研讨课选材情况见表 3-2:

表 3-2　Y 小学部分学科亲子教学研究活动内容一览表

班级	课题	选材原因
语　文		
一(5)	《蜘蛛织网》	一年级很多学生都好动,坐不住,很容易被其他事或物吸引注意力,做事不专注。这不仅影响自己的学习,还会影响别的同学。故而,利用家校联合教研活动,开展一次以"专注做事"为主题的语文教学,希望能通过这节课,对所有的孩子和家长进行教育,让他们既能从中学到语文知识,还能明确专注做事的重要性,增进亲子间的感情。
二(1)	《微波炉》	这是一篇说明文。微波炉是家庭必备用品,学生和家长都比较熟悉,上起课来会有共同话题。
二(2)	《到太空去》	这是一篇科普性的文章,对家长和学生来说都是新奇的,所以这篇课文学习的主体不仅是学生,也是家长。家长和学生同学一课,对他们来说是有一些挑战性的。所以上课的时候,家长和学生听得都很专心,生怕输给对方。

(续表)

班级	课题	选材原因
语 文		
三(5)	《独果》	文章中的一家人面对百年难遇的独果互相礼让。这一礼让的过程让我们感受到了浓浓的亲情。那么假如你拥有独果,你会怎么样?为什么?家长和孩子们的答案折射出不同角度的爱,让家长和孩子们感受到彼此间浓浓的亲情。
四(2)	《尊严》	引发学生对个人尊严的思考,从而更容易理解哈默的行为是有尊严的行为。四年级学生开始学会思考,是初步形成正确的人生观、世界观的时期。学习这篇课文很有价值,能让家长朋友更深刻地认识尊严,让他们在课堂上讲出自己的想法或感受,努力教育自己的孩子成为有尊严的人。
五(2)	《母亲的鼓励》	这篇文章记叙了一位母亲参加儿子幼儿园、小学和初中时的三次家长会。尽管每次老师对孩子的评价都不高,但母亲却都给儿子以积极的鼓励。正是母亲的鼓励,让儿子充满了自信,有了前进的动力,最终获得了成功。这篇课文跟家庭教育息息相关,希望通过这节课的教学,能对家长的家庭教育有所帮助。
数 学		
一(2)	《个加个十加十》	列竖式是提高学生计算正确率的途径之一。这堂课是为列竖式打基础的,要让学生明白个加个、十加十是可以转化为竖式的;只要横式掌握了,竖式就可以很顺利地进行转变。同时也可以回顾一下前面所学习的两位数加减整十数。
二(3)	《三位数加法估算》	二年级活动安排在第九周周四。经过查看教学进度,正好是《三位数加法估算》这一章节内容。数学是一门环环相扣的学科,太快或太慢都会影响知识的连贯性,所以就决定学习这一节内容。
三(3)	《几分之一》	分数对学生来说是个陌生的领域,很容易激发他们的求知欲和学习兴趣。《几分之一》这一课具有很强的操作性,能让学生在动手操作、自主探索、小组合作等活动中,去认识分数,理解分数所表示的意思。这也将充分体现出:学生是课堂的主人。
四(4)	《增加几倍,增加到几倍》	四数教研组本年度课题研究的主题是"提高小学生数学应用题分析与推理能力的实践研究"。为了深入进行实践研究,决定将"小课题研究"与"家校联合教研"结合,既实现了课题研究的实践,又完成了家校联合教研。
五(3)	《几何小实践体积》	根据经验,学生在解决问题中普遍缺乏找寻问题的意识,只是机械地解决问题。所以我们将"培养学生在解决问题中的'问题意识'"作为本学期教学重点之一。本次家校联合研究课题正是基于这样的考虑。

(续表)

班级	课题	选材原因
英　语		
一(4)	Food I like	选择日常生活中最常见的甜点作为题材,不仅仅因为它是教材的内容,还和本班董同学有关。他是个爱吃甜食的小男孩,吃完东西又不爱刷牙,这导致他经常牙龈发炎或红肿。 低年级中像董这样的同学还是较多的。利用这次家校联合教研活动,开展以"甜点"为主题的快乐英语教学,希望对所有孩子和家长进行教育,让他们既能从中学到英语知识,还能提高保护自己牙齿的意识,增进亲子间的交往。
二(5)	Traffic Rules	交通规则与我们的生活息息相关,这一节课主要是教育孩子在过马路的时候一定要遵守交通规则,注意安全。当然,作为家长,也一定要遵守交通规则,在保护自身安全的同时,给孩子们树立一个良好的榜样。
三(4)	Seasons	选择本节课是基于教学进度,正好"季节"是学生们熟悉的话题,而且这个话题在一、二年级都有过相关的学习,学生的熟知程度要好些,也能让家长在参与课堂教学时有话可说。
五(1)	Food and Drinks	饮食习惯很重要。很多学生知道"吃",但是正确的饮食习惯却未能养成:男孩喜欢 junk food,喝 soft drinks;女孩子为了身材,大部分不吃早饭。这些都是不健康的饮食习惯。正是从学生的角度出发,选择上这节课。 另一方面是考虑到家长的因素。很多家长似乎都格外地忙碌,早晨在孩子还沉睡在梦乡的时候,他们已经出门上班了;等晚上回来时,孩子已在美梦中。就算家长想让孩子养成良好的饮食习惯,也没有足够的时间去关心他们。部分家长还太溺爱孩子,只要是孩子喜欢的,就满足他们的要求,不管是健康的食物还是不健康的,没有健康饮食的意识。通过上这一节课,让孩子和家长一起学习,重新树立健康的饮食习惯意识。

从上表我们可以得出,家校联合教研课的选材考量有以下几个特点:

一是基于教学进度,不打乱正常的教学秩序。

二是因为有家长参与,所以选材时可以考虑到有家庭教育方法的渗透,如五年级语文课《母亲的鼓励》。

三是选择与生活息息相关的话题,如二年级语文课《微波炉》;还可以选择一些对家长和学生来说都是未知的领域,这容易引起家长和学生共同的兴趣,如二年级语文课《到太空去》。

四是可以结合当前的重点工作、社会热点以及学期的教学重点来开展家校联合教研活动,如四年级数学课《增加几倍,增加到几倍》、五年级数学课《体积》、三年级英语课 Seasons。除语、数、英科目外,音体美、班队会等科目也意外地受到了家长的欢迎。

2. 备课

与学校日常的教研活动备课环节基本相同,学校和教师一定要注意前期教学研究的质量,多采用集体备课、教研组参与磨课、在不同班级试教等方式进行。同时还要保证课堂的开放度,不可过度准备。这里还要注意的是,家校联合教研课中有家长参与的环节,所以也要请部分家长参与备课。具体方式可由家长对所要参与的环节进行独立备课,也可以由学生或老师一起和家长完成。

3. 确定时间

学校一般应在开学初,做好全校、全学期的总体的时间安排。

在下发邀请信方面,下发时间不宜过早,否则家长容易遗忘;也不宜太晚,否则学生家长很可能来不及安排时间。因此,一般提前一周左右时间为宜。邀请信的内容一般包含时间、地点、事由、注意事项等内容。其中注意事项部分可以根据活动中暴露的问题不断地进行适当的调整。

为保证家长的到会率,对在邀请函下发后没有签字确认的家长,教师要进行电话确认,尽量让更多的家长参与活动,让一次活动的效应实现最大化。

4. 条件准备

(1)上课地点:可以在原班教室。但考虑到家长及其他教师参与,人数众多,可以安排较大的场所,如合班教室、阶梯教室等。

(2)座位安排:需专人负责安排,提前排好板凳。家长要坐在能看到自己孩子的地方,但不一定是坐在离孩子最近的地方;太近的话可能会让孩子分心,影响其注意力。

(3)研讨地点:可以就近安排在刚刚上课的地方,也可以安排在会议室等场所。家长在参与研讨时,最好有较为轻松的环境,所有的座位可以排成圆形,便于每个人发言和互相沟通。

(4)人员组织:在活动开始前,学校要对参与整个活动的人员进行安排,如确立评课教师、家长主持人、家长志愿者、摄像拍照者、座位安排人员等。

(5)问卷调查:通过问卷来了解更多家长的反馈信息,有助于对活动的评估和完善。问卷内容可以包括对听课、评课活动的总体评价;对教师教学质量、教学能力的评价;对其他家长的参与行为和参与质量的评价;对自己的评价等。还可以请家长简要写一两句话,介绍自己今天学习到了什么,以促进家长的自我觉醒。学校要认真做好研制、下发、收集、统计分析工作(见图3-4)。

图 3-4　Y 小学家校联合教研组织架构图

二、活动过程

1. 体验课堂

可以在 2 分钟预备铃响之前,由家长志愿者引导家长进入教室。学校工作人员要提前将板凳排好,家长可随意就座,但是不能离自己孩子太远。在进入课堂之前的时间,学校可在家长休息室放一些学校宣传片或学生活动的照片、视频等。一般学校在上午上课之前,会有升旗仪式、出操等活动,也可以组织家长一起参加。

对于教师来说,要尝试在不同环境下,面对不同对象和参与者,实施课堂教学。相关的教学改革要求,需要体现在自己的课堂中。这里尤其要注意课堂的开放度,要让学生自主思考,关注到每一个学生。

因为家长会更关注自己的孩子在课堂的表现,每位家长都希望自己的孩子在课堂上能举手发言,甚至是能多次举手发言;他们往往会将"没举手"视为"不自信";他们希望老师在孩子举手的时候,能够给予发言的机会;他们还希望能给没举手的孩子一些机会。这时,问题就出现了:一节课 35 分钟,班级里有 50 位孩子,如何确保每个孩子都有机会?怎样让每个孩子都能参与到有效的学习中来?

这时,教师就要从家长实际需求出发,设计一些关注全体学生都可以参与的教学活动,如小组合作学习、小队合作学习等。教学中要有多边互助,教师要对学生进行不同类型的指导,让孩子处于活动与交流状态之中,使每个学生都获得平等参与的机会。

> 开展家校联合教研活动有很大的挑战性。特别是 35 分钟的课堂教学中,学生的学习习惯、课堂习惯、平时的班级管理中的问题,都有可能在活动中偶然而又必然地放大。
>
> 所以说,家校联合教研绝不是面子工程,而是要看内在的功夫。班级的日常、课堂的日常,绝非一日之功可成。联合教研看起来只是一堂课,但这是平时学校管理及教育教学的综合体现。因此,班级的日常生活经营、课堂教学的专业研磨,在平时一定要加强。

在课堂教学中，可以请家长参与这一教学环节。这是家校联合教研中很有特色的环节，也是区别于常态课堂的最大不同。平时的课堂只有教师和学生参与；而在家校联合教研活动中，家长或以客串教师的身份，或以学生学习的陪伴者与合作者的身份，参与到教学环节中。

如何在课堂教学中设计家长参与的环节呢？家长应该以什么样的方式参与进来呢？让我们来看 Y 小学家校研讨课的一些实例，见表3-3：

表3-3　Y小学家校研讨课案例研讨一览表

班级	课题	家长参与课堂教学环节
		语　文
一(5)	《蜘蛛织网》	家长模仿几种动物叫声，模仿生活中常见的事物发出的声音。 本节课最后一个环节是表演。教师邀请家长参与到孩子的小组表演当中，并且还要上台与孩子一起完成表演。 在表演结束之后，其他孩子和家长都踊跃地参与到对表演者的评价之中。
四(2)	《尊严》	有一个环节，教师请学生家长配合学生进行朗读，要求家长朗读杰克孙大叔的话，学生朗读哈默的话。 在另一个环节中，教师请学生家长配合教师，在小结部分说一说：学完这一节课后，你想对你的孩子说些什么？
五(2)	《母亲的鼓励》	让家长说说：学习了本文，你有什么收获？对你今后的家庭教育有什么启示？
		英　语
一(4)	Food I like	学习该课最后一个新单词时，教师邀请所有家长一起来学习，并且还要在孩子们面前展示出自己的学习效果。 在课的最后环节，即语用输出环节，有的家长也和孩子一起参与了活动。孩子们拿出家长准备的甜食，利用实物操练自己在本节课学习的知识。
五(1)	Food and drinks	在家长参与环节，考虑到五年级学生的家长的英语水平，教师首先请学生和家长共同选择哪一组早餐是健康的早餐，没有让家长用英语去介绍这些早餐，而是让家长说汉语，自己的孩子做翻译，说英语。
		美　术
三(1)	《新型捕鱼器》	小组合作学习时，一位学生准备画新型的捕鱼器，另一位准备剪出彩色的小鱼、海洋生物。教师先请学生和家长讨论：画什么样的捕鱼器？剪什么样的小鱼？家长负责指导和帮忙粘贴小鱼，与孩子们一起完成一幅作品。比赛现场非常激烈，家长都希望自己的孩子能在规定的时间内完成最好的作品。这样活跃了教学气氛，寓教于乐。教师最后把学生的作品展示出来，让家长参与点评。

家长参与课堂教学环节,要让家长带着问题来听课(如图3-5所示),这是对教师和孩子的尊重;也能促使他们更加了解教师和孩子教与学的活动。这也是一种亲子活动,让家长和孩子之间的交流有了更多的共同语言。

图3-5　亲子课堂交流活动场景

家长参与课堂,对孩子来说也是一种巨大的鼓励,会给他们带去更多的学习动力。教师要根据课程的内容及家长的情况,设计好家长参与的方式,巧妙地引导家长参与。家长参与课堂的方式,概括起来有:

(1) 以客座教师的身份,主讲课堂中的某一个片段;

(2) 作为主讲人之一或者是教师的助手,与教师一起完成课堂中的某一个片段;

(3) 作为学生学习的陪伴者,与学生一起完成课堂中的某一项任务;

(4) 将身份换位成学生,做课堂中的编外学生。

家长参与的课堂,师生双向交流变成了教师、学生、家长间的多向交流。一方面,课堂的互动性、开放性、参与度大大增强了,家长们成了课堂有益的补充,在给教学设计增加难度及更多不确定因素的同时,也给教学设计带了更多灵活选择、组合、调整的可能性,让教学手段变得更加丰富多样。另一方面,家长也获得了作为编外教师或学生的课堂体验,体验到了学习的真实,教师与学生的不易,也体验到了参与课堂的乐趣。这对他们今后辅导孩子、陪伴孩子健康成长,是大有好处的。

2. 课后亲子交流

下课后,教师可以安排家长和自己的孩子做几分钟的亲子交流,就孩子在课堂的表现、学习中还存在的问题等作一些探讨。教师在布置这个任务时,要强调家长多给孩子一些鼓励,同时可以针对问题提一些建设性的建议。因为只有在轻松愉快的氛围中,孩子才会接受你的建议。

这个时段往往是家校联合教研活动中最温馨的时候,绝大多数家长都会以一种包容的心态(见表3-4),给孩子更多的鼓励。这时候,家长对孩子的指导是最用心的,孩子也是最容易接受的。

表 3-4　Y 小学家校联合教研活动时间配置表

时间安排	时间长短	交流内容	总体要求	作用
下课后	3—5 分钟	课堂表现	家长给孩子鼓励	加强亲子交流

3. 家长和教师共同研讨

通常情况下,家长进课堂听课,对于听什么、看什么、怎样了解孩子课堂表现与家里表现的区别,是盲目的。听完课后,也往往没有开展过家长和教师间的直接交流与对话,学校实质上没有听到家长对课堂教学手段、方法等方面的建议,更没有了解到家长的心声。家校联合教研活动则在活动开始前,由学校做好前期准备工作,并建构其相关活动流程(如图 3-6 所示),要求家长带着问题参加活动,如让家长观察孩子在课堂中的表现,对比孩子课堂上的表现与在家中表现的异同,了解孩子在学校受教育的真实情况。

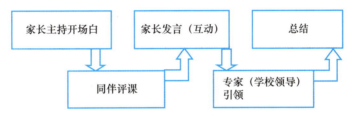

图 3-6　Y 小学家校联合教研研讨流程

研讨环节可以由家委会委托家长代表主持,体现家校合作中家委会的组织作用。这是一种创新的形式,也能够催生创新的内容。研讨中,既有家长对教师、学校富有启发的建议与评论,也有很多家长间的直接对话与相互启发。家长针对课堂教学提出的问题,对教师改进课堂教学是很有价值的。一般来说,家长也能发现课堂中教师所体现或运用的先进教学思想与方法,如互动意识,教师尊重学生,教师的精心备课。家长的这些发现与相互交流,会直接影响家长的家庭教育观念。学校利用这样的教研活动,可以引导家长反思自己的教育行为,从而促进家庭教育的完善。[①]

在一个完整的研讨流程结束后,学校往往需要进一步积淀合作研究的成果,进一步完善校内的教学研究制度,推动教师教学能力的提升,并为下一次家校联合教研积累力量。

---

① 郭毓成.让家校联系充满生命活力[J].现代教学,2014(6).

> 在评课过程中,相当多的家长非常关注自己家孩子的状态,表现在语言上,就是大量出现"我家孩子……""我家宝贝……""我家……";具体到内容上,家长关注最多的,一是自己家孩子举手了,但为什么没有被老师叫起来回答问题?二是自己家孩子比较内向,不太喜欢举手,老师为什么不喊他起来回答问题?
>
> 家长发言的关注点可能会有所聚焦与偏离,这时教师要有与家长直接对话的能力。教师或学校领导可以随机地介入,引导家长的发言多一些正能量,能够相互学习、相互借鉴,最好是发言的内容能给其他家长带来一些启发,能够给其他家长的家庭教育带来一些帮助。

一、上海市闵行区 Q 小学"学习交流部"家长大员走进课堂,全方位关注孩子的学习情况①

闵行区 Q 小学精心组织每周"轮值家长督学"工作,做到统筹兼顾,资源整合;学期初,参与学校年度课程实施方案制定工作;通过走进课堂与孩子沟通聊天,及时了解"课业负担""每天锻炼一小时""快乐活动日"等落实情况,协助学校开发完善促进孩子身心愉悦成长的校本课程体系;通过亲身参与体验教育教学各项活动,主动思考探讨现象或问题背后的原因,与"学习交流部"沟通,全方位有效提升家校共管教育能力。

学校依托"相约星期家长督学制",拓宽家长参与的渠道。其具体操作流程为:家长申请(或被邀请)—进校督学—咨询交流—总结评价。每学期发放家长督学征询单,所有家长均可自愿报名参与。学校仅上学期主动要求参与督学的家长就达 200 多人;每逢周一或者周三,"家长督学"随机进入每个班级听课调研,家长在为期半天的督学中可进行"七个一"的督学工作,即:听一节随堂课、与老师作一次交流、与同学作一次沟通、与领导作一次访谈、填写一张问卷、巡视一次校园、完成一份巡视报告。

每逢星期一,学校的校园里都有三位"紫马甲"参加升旗仪式,巡视校园,随堂听课,走访教师办公室,找学生访谈等。这些"轮值校长"将集到的各类信息记载

---

① 闵行区汽轮小学.关于汽小"紫马甲"家校合作管理委员会"三级九部"分工细则[EB/OL]. http://qlxx. mhedu. sh. cn/eis/news/show. asp? id = 2936,2013-06-21.

下来,当天巡视活动结束后及时向校领导反馈,形成了"轮值校长巡视日志"等记载性的制度文本。

同时,家长们还自发设计了"观课评价指南""听课访谈随手记"等与教师教学相关的记录文本。这些记录反映了家长的取向与立场,进一步规范了校长依法办学,教师依法执教。家校互动机制的设计与实践,必然伴随着无穷多的矛盾和问题。回应的第一步就是让教师转变观念,这个过程需要一些时间,期间,校党支部利用"创建身边的好学校""家长资源面面观""教师角色面面观"和"家校新关系故事会"等专题宣讲会,在党团员教师中寻求突破,聚少成多,形成氛围,课堂终于向家长开放了。但各种问题纷至沓来,如家长对老师"指手画脚,什么都要老师改",基于这个问题,我们在反馈家长听课评课基础上,与老师们一起归类梳理,绘制了"家长听评课"与"教师听评课"双气泡结构图(如图 3-7 所示)。

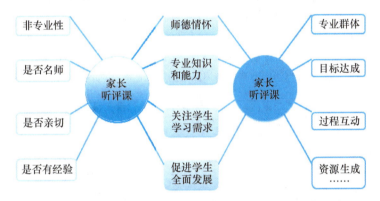

图 3-7　上海市闵行区 Q 小学家校听评课多维度观测结构图

根据"双气泡"结构图中的观测维度,家校双方在听评课过程中,各自找到立足点,即:听课对象的"专业与非专业性",评价言语的"权威和百姓视点",但也找到不少交集点:"关注教师良好的师风师貌""教师专业技能"和"教学方法选用"。后来,一些家长自主设计了"听课评价表",建立家长听评课反馈制度。一节一节课的积累,由量变到质变:"指手画脚"的"说评课"成了"教师不易"的"说情课";从只关注自己孩子到关心 Q 小学的每个孩子;从进班听课到与教师一起建课程。

实际上,虽说家校合作是要无缝对接的,但不代表没有边界,家长的意见我们要倾听,但是进入学校,就要遵守各种规章制度,通过深度互动,教师和家长意识到边界是需要大家共同维护和磨合的。

表3-5 上海市闵行区Q小学家长自主设计的听评课表

课程名称		日期及课次	20 年 月 日 星期 午 第 节课		
听课班级	班	听课内容			
授课老师		听课地点			
听课感受并打分					
项目	内容描述				评 分 （1~10分， 10分为最满意）
授课态度	准备充分，精力充沛，授课认真，注意力集中。				
授课内容	内容丰富，信息量适当，节奏性强，重点突出。				
授课方式	善于运用适当而巧妙的教学工具或方法让大家能够及时接受，调动学生积极性，重视开拓学生创新型思维，拓展学生视野，教学效果明显。				
授课语言	上课正常使用标准而又准确、生动的普通话，不带方言（可以视授课内容恰当使用方言以增加课堂的趣味性），逻辑性强。				
课堂气氛	课堂上师生关系融洽，积极互动。学生能够积极发言，老师能够及时而又恰当地表扬或鼓励学生。				
以下内容用"√"表示					
体罚学生	有 无	歧视性语言	有 无	责骂语言	有 无
其他不文明用语	有 无	（如有，请举例）：		你觉得本节课的内容学生能够接受多少？	%
以下内容可根据实际情况记录					
本节课时间内是否有诸如课堂秩序骚乱、学生不舒服、要求上厕所等突发事件，老师是如何处理的？					
听课总体评价及建议等					
（可附页）					

二、江苏省常州市新北区龙虎塘实验小学的开放与研讨活动安排①

一、活动目的

1. 为了增强学校、教师、家长之间的沟通,让家长走进校园,了解学校的管理与发展趋势,从而更好地协助学校,在成事中成人。

2. 立足学校,放眼社会,充分发挥学校教育的辐射作用,争取各位家长对实现学校教育教学工作的大力支持,协调好学校教育与家庭教育的关系,共同关注每一个孩子的健康成长。

3. 与家长交流安全教育,让家长引起重视,形成和谐的家校联袂氛围。

二、活动时间:2013年5月7日(周二)上午8:00——11:00

三、参加人员:三年级全体教师、全体家长、校级领导

四、活动安排

时间	内容	地点	负责教师
7:50—8:00	家长签到	各班教室	各班主任
8:00—8:40	家长听课	各班指定场所	各班主任及上课教师
8:50—9:50	《现代家长》论坛	报告厅	邀请专家
10:00—11:00	互动交流	各班教室	各班任课教师

五、拍照和报道

六、大屏幕字

正标题:大手牵小手——我们一起走;

副标题:三年级组家长会活动

七、准备工作

1. 各课教师认真准备发言稿,年级组长与教研组长发挥团体指导作用,保证发言稿的质量。

2. 正副班主任提前作好准备,保证学校的各项活动有序进行。

3. 与总务协调,提前安排家长车辆的摆放位置,与保安协调,引导家长有序摆放车辆。

---

① 吴琴玉.大手牵小手 我们一起走——新北区龙虎塘实验小学三年级组"家长会"活动方案[EB/OL]. http://www.lhtxx.net/article/detail/497,2013-05-15.

4. 家长听课的凳子在三(6)班,请提前准备好。

新北区龙虎塘实验小学三年级组
2013年5月

家长参与课堂教学、联合教研,是一项创新活动,几乎没有多少可以借鉴的经验。因此,边实践探索、边总结经验,就特别重要。学校管理者和教师可以从学校的管理层面、家长层面或教师层面,进行多类型、多视角的研究,积累经验,提高教育工作者的创新与研究能力。

一、如何促成家长参与教学与研究制度的日常化?

从一个或几个班级的实验开始,进一步拓展到学校所有学科、年级、班级,是对学校管理者和教师的极大挑战。这既需要加强学校整体工作的改进,更需要提高每一位教师的教学水平和家校合作意识、合作能力。

另外,就时间维度而言,同一位家长、同一个班级,能否实现一学期多次的家校联合教研,也需要进一步探索和研究。

二、如何融入教育系统内原本就存在的各类教研活动?

当前学校教育系统内,有校内备课组与教研组活动、校际联合教研、区域内教研等多类教研系统,活动丰富多样。而家校联合教研如何融入已有的教研结构中,减少对教师与学校工作的冲击,变"加法"为"减法",提高综合融通度,也需要进行研究。

三、家校联合教研的成败得失如何进行测量与评价?

家校联合教研涉及面广,参与主体多,自然会出现纷繁复杂的观点或意见。就对成效的测量与评价而言,非常需要关注多元主体的评价视角与具体观点,关注学校教育工作者与家长间的差异与相通点,进而研究如何通过家校合作的力量,达成相关测量与评价方向、思路、策略、方法、结果的相对共识。

这个过程既是对学校已有评价体系的考验与完善,也是研究家长、通过学校引领家长发展的过程,更是通过家校合作实现教师与家长间的教育理念对话与互动的过程。

四、如何让教师、家长形成新的能力与习惯？

家长的课堂参与和研讨参与，会对教师的教学设计能力、动态生成能力、倾听能力与学习能力形成极大的挑战，甚至会以比较尖锐的提问或建议，提醒教师提升专业意识，发展专业能力，形成教育教学新习惯。

在每次家校联合教研之后，学校领导者和教师如何充分利用资源，实现对教师专业发展的促进，既是教育管理学的研究问题，也是教师专业发展研究的新课题。

与之类似，通过这样专业性的活动，如何帮助家长积淀相关教育思想与教育策略，增强家长的学习意识和能力，也需要研究。

第四章

课程建设：多重资源，共生融合

胡卫红[1]　蒋燕怡[2]

2013年3月8日下午的"快乐活动日"，Q小学小操场上人声鼎沸，这里正在举行"新年里的家乡味"暨"小家乡·大中国"校本特色课程启动仪式。

各年级师生围绕"畅说美丽大中国"微课程内容，汇报各自寒假"长作业"实践成果：一年级的"石榴娃儿说灯谜"、二年级的"魔法天裁环保秀"、三年级的"天南地北话灯笼"、四年级的"欢天喜地对春联"以及五年级的"美丽中国少年说"等。孩子们在其中体验着"读者""记者""调查员""设计师""民间艺人"等不同社会角色。

电视台的记者和来宾们惊奇地发现：如此夺人眼球、丰富多彩的微课程教学展示，有些竟然是学生家长在主持，有些则由家长和教师共同参与实施（如图4-1）。

这究竟是怎么回事呢？学生家长、学校家委会的郭主任面对记者的镜头，侃侃而谈："我们学校的学生，一半以上是外来务工子女。2012年春节前夕，这些学生要随父母回家过年。以此为契机，学校就想筹划一个'品年味、重乡情'的主题活动，让孩子们品家乡年味，体验浓郁乡情。通过归来后讲讲自己家乡的故事，让孩子相互融合，融入上海，体现学校'共生融合'的文化内涵。开学前回校报到，不料众多家长也随孩子来到学校，纷纷述说'品年味、重乡情'的教育意义，讲述许多感人小故事，觉得让孩子们过了一个特别有意义的年。家长聚在一起你一言我一语，新学期开学的一个大型亲子活动——'品年味、重乡情'主题系列之'家校互动喜乐会'就成型了。家长还纷纷表示，愿意在元宵节那天陪孩子来校，在校园里重新

---

① 胡卫红，上海市闵行区汽轮小学副校长，课程建设部主任，中学高级教师，华东师范大学新基础教育研究中心兼职研究员。

② 蒋燕怡，上海市闵行区汽轮小学教师，小学一级教师。

过一个家乡的'新年'。于是一个个别开生面、激情澎湃、微型中国的'过年故事'在各年级教室里上演了。"

图 4-1 "品年味·重乡情"场景

2012年2月6日元宵节,学校的各个教室被家长和老师们布置成了一个个"各地年宵体验馆"(见图 4-2),有"南国风情馆""红色之旅馆""灵动江南馆""西北民情馆"和"北国风光馆"等。学生小马请来了父亲,把他家的"拉面店"搬到教室里,羊肉泡馍、"拉面"现场表演,秀得满堂喝彩;家长、孩子、老师饶有兴趣,扭起了延安秧歌,父子共画风筝、母女同剪窗花……学生把各地家乡特产带来和同学分享,与家长一起感受家乡年味,了解历史名人,回味风土人情。

图 4-2 "品年味·重乡情"亲子喜乐会场景

除上述活动之外,Q小学还通过"年度内涵项目建设听证会""实施校本共生课程建言献策会""节能减排金点子交流站""家庭教育读书指导会""家庭教育咨询会""家乡游戏跟我学"健身乐、"儿童营养膳食交流会"等多个渠道,广泛认真地听取家长、社会对"办人民满意学校"的需求,给予了家长多层级、多元化的知情权、参与权、监督权以及评价权。活动让学校更有了朝气,教育更有了智慧,也引发了学校和家委会的深入思考:如何整合学生家长、地区发展的各种资源,引导学生由课堂学习走向开放的社会学习?如何让家长积极参与到开发、满足学生成长需要的校本课程中来,进一步探索完善学校、家庭、社会"三位一体"合力育人机制?家长代表提出:应该集聚家长和社会各方智慧和力量,共谋学校发展,共创幸福校园,扩大"紫马甲"家校互动管理委员会的影响力和实效性。

2012年9月1日上午,"社·企·家·校·军"等社会各方代表以及学校"紫马甲"家校互动管理委员会校级成员、师生代表欢聚一堂(如图4-3),来到上海某投资有限公司旗下的现代农业基地举行了别开生面的校外听证会。公司总经理为学校农业科普教育基地揭牌,鼓励更多的孩子参与到国家大农业生产学习中,感受现代农业科技的魅力。学校还特聘社会有识之士担任学生成长的医教保健、消防安全、法制教育、乡韵传播和航天科技五大指导员,大家表示愿意为孩子们的成长保驾护航。会后,家长代表带着孩子们参观农业基地,农科知识如数家珍、农活劳动轻车驾熟,让带队老师们自愧不如,他们开始相信:学生家长有热情,也有能力参与到学校校本课程的开发和实施中来。

正是有了前期的设想和策划、中期的完善和创造,才有了今天具有Q小学多元文化特色的校本课程。

图4-3　Q小学多方共商会

项目意义

在学校现有的课程体系架构中,课程的建设、开发和实施历来是教育行政部门、学校和教师的事,教师被认为是"教育的权威",学生是"受教育者",而家长常常是被忽视的"第三者"。随着新课程改革的深入,家长参与学校教育的价值愈来愈为人们所重视,真正民主的学校课程开发体系离不开社区、家长和学生的参与协作。作为学生成长过程中不可或缺的养育者和见证人,家长拥有无可替代的教育权利和义务。因此,学校的课程开发、建设、实施、审议和决策,应该有家长的参与、合作和对话。其意义就在于:

一、国家课程校本化实施的创新需要

国家课程改革的阻力往往来自于公众对改革基本目标、核心内容的不理解或误解。因此,如果邀请家长参与国家课程校本化开发、建设或实施,不仅能根据本校实际增进家校对话,促进家长对学校校本特色课程设置、建设、评价的理解,了解新课程的标准,从以前的"孩子作业检查员、监督员"转变为"帮助孩子制订计划、培养孩子创新能力的引导员",化解教育改革中来自家长的阻力;而且有利于改变家长在校本课程建设中的缺失地位,保证新课改的顺利实施。

二、促进学校课程结构变革的需要

课程是孩子的课程,课程的开发、建设和实施者必须清楚孩子的能力、兴趣和需要,必须了解孩子的"生活"。这一"生活"不仅仅是孩子的学校生活,还包括孩子的家庭生活、社会生活。对于未成年人而言,家庭是其主要生活场所,少了家庭生活的学生成长是残缺不全的。学校校本课程的开发和建设应该吸纳这些重要资源,因为没有家长、家庭参与的课程开发,往往是不完整的。因此,家长资源的有效开发和利用,是进一步丰富学校课程资源,促进学校课程结构变革的重要力量。

三、提高教师课程建设能力的需要

课程开发建设是一个合作的过程,它要求相关人员的协作与分工。较之于学校和教师对课程开发利用的主要作用,家长在孩子成长过程中的"耳濡目染""潜移默化"作用也有其特殊性。尽管教师开发、实施和评价课程的优先权来自于对实际教学工作的了解和对孩子需求的了解,但是家长对孩子的言传身教所形成的"外部经验",更有助于让教师成为拥有全方位教育视野的专业工作者。不同文化背景的家长、家庭蕴含着不同的课程资源,如何以开放、吸纳的心态来接受家长参与学

校课程开发、建设、实施和评价,是优化教师专业成长的必要补充。

四、提升家长文化自信的需要

家庭的社会经济背景与学生的学习成效关系最密切。来自社会底层、文化水平比较低的家长在与学校教师的交流中往往缺乏自信,甚至逃避与教师会面,形成家校合作中的"自我淘汰"。因此,让家长参与到课程开发和建设中来,不仅可以使家长及时知晓学校对自己子女的教育方式,审议、决策学校的管理机制、日常活动、学科安排和课程设置,有利于实现学校管理民主化、开放化和社会化,获得更多的自信心和积极性;而且有利于促进家长在参与学校课程建设过程中对自身家庭教育的反思,充分意识到自己角色的重要性,自觉提升文化、教育素养。

五、丰富学校课程建设的需要

学校课程应具有丰富性、实践性和探索性。只有学校课程的极大丰富,才能满足学生充满个性差异的智慧潜能发展和释放的需要。在某种意义上说,多开设一门课程,就为学生智慧潜能的释放多打开了一道大门。开发校本课程可以贴近、适应、满足学生的学习需要,使学生学到自己感兴趣的课程,改善学生的知识结构,培养学生个性,更加灵活、有效地促进学生的全面、和谐发展。因此,依据学生的生源特点,和家长一起开发校本课程,既丰富了校本课程的建设,又满足了不同层次学生发展的需求,是对国家课程的有力补充。

家长参与学校校本课程开发、建设、实施和评价,在当今社会文化传播主体走向多元化的教育大环境中,不仅很有必要,而且成为可能。

不同的学校有着不同的生源情况和学生家庭背景。创设家长参与的特色校本课程,应从"摸清家底"开始,通过调查生源户籍、家长职业、家长文化层次、家庭教育理念等,寻找校本课程开发的契机。

一、从调查、分析家长资源开始

在校本课程开发之初,可以采用自编问卷(见表4-1)形式对全部学生或具代表性的学生进行调查,问卷设计的广度与深度尽可能适切于学生和家长。

表 4-1　Q 小学关于学生家庭背景信息调研问卷(一)

尊敬的家长朋友:您好!
　　家庭教育和学校教育的统一对学生成长非常重要,已经列入我校"十二五"新三年发展规划之中。为进一步采集各方信息,我们设计了如下调研问卷,主要是家长和家庭基本信息调查,包括家长职业、学历、家庭结构、流动留守、家庭教养方式等。请您如实提供以下相关信息,在相关信息栏里用"√"表示。谢谢您的配合!

1. 家长最高受教育的程度:
① 父亲最高受教育的程度:
A. 没有上过学
B. 小学
C. 初中
D. 高中/职高/中专
E. 大专/本科
F. 研究生及以上
② 母亲最高受教育的程度:
A. 没有上过学
B. 小学
C. 初中
D. 高中/职高/中专
E. 大专/本科
F. 研究生及以上

2. 家长职业:
① 父亲的职业
A. 国家公务员
B. 专业技术人员
C. 单位管理人员
D. 单位办事人员
E. 商业/服务业人员
F. 设备操作人员
G. 生产人员
H. 军人
I. 个体经营者
J. 其他
② 母亲的职业
A. 国家公务员
B. 专业技术人员
C. 单位管理人员
D. 单位办事人员
E. 商业/服务业人员
F. 设备操作人员
G. 生产人员

（续表）

  H. 军人
  I. 个体经营者
  J. 其他
3. 家庭结构：
  A. 单亲家庭（离异或一方病故）
  B. 核心家庭（夫妻带孩子）
  C. 三代同住家庭
  D. 其他
4. 孩子户籍：
  A. 属本地户籍
  B. 属外省市农村户口
  C. 属外省市城市户口
  D. 其他
5. 家长对孩子各方面最关注的是：
  A. 学校成绩
  B. 健康状况
  C. 品德或性格培养
  D. 安全
  E. 兴趣爱好或特长培养
  F. 师生关系
  G. 体育锻炼
  H. 日常生活,如吃饭或穿衣
  I. 情绪状况
  J. 交朋友
  K. 其他
6. 家长对孩子采取的家庭教养方式是：
  A. 鼓励孝顺
  B. 鼓励自我控制
  C. 鼓励成就
  D. 鼓励主动性
  E. 保护
  F. 鼓励
  G. 温暖
  H. 控制
  I. 惩罚
  J. 放任
  K. 拒绝
7. 家庭中子女数量是：
  A. 1个
  B. 2个
  C. 3个
  D. 4个及以上

（续表）

8. 家长在家陪同孩子学习的情况是：
A. 经常是和孩子坐在一起，亲自指导孩子学习
B. 经常是孩子自己学习，遇到不懂的问题问我时，我会帮助解答
C. 虽然无法帮助孩子解答问题，但我还是经常陪着孩子一起学习
D. 因为无法帮助孩子解答问题，所以我经常是让孩子自己学习
E. 因为没时间、也没精力，所以我经常是让孩子自己学习

9. 家长对孩子学习成绩的期望是：
A. 考多少都可以
B. 班里中等
C. 班里前十名
D. 班里前三名

10. 家长对孩子的学历期望是：
A. 初中毕业
B. 职业高中或中专技校毕业
C. 大专毕业
D. 大学本科毕业
E. 研究生及以上

衷心感谢您完成以上信息的填写，愿您成为"家校合作"的生力军，谢谢！

2013年9月的这次学生家庭背景调查问卷，有18个教学班454名学生及其家庭参与。调研结果显示，有250名学生为进城务工人员子女，他们来自全国十八个省市，占比例为55%。以学校三年级学生为例：92名学生中，进城务工随迁子女为65人，占年级总数的71%；65个孩子中，多子女家庭有45人，比例为69%。以这65位学生家长为重点样本，其从事的工作情况为：个体经营占60%，雇工占23%，散工及其他占17%；从其具体从事职业来看，多为卖菜、卖小商品、收废品、修理、临时工等行业，基本上属于高强度、低收入职业。在这种追求基本生存条件的环境下，家长很少有时间和精力来关注子女的教育情况。

【主要障碍】

家长问卷的编制要体现学校校本课程开发的理念，问题的设计要有所指向；要会分析所收集到的数据蕴含的深意，并能从中寻找到自己学校校本课程开发的方向及内涵，明确课程开发的价值和意义。

【相关保障】

　　保证问卷数据的有效性,学会合理分析数据产生背景;成立课程开发领导小组和工作小组,充分听取教师、家长和学生的意见;明确开发的目标与内涵。

　　由此调查发现:Q小学生源地域分布广,家长大多来自社会底层,文化程度低;他们大都不知道什么叫"课程",对国家课程改革的意义、基本目标、实施内容和校本课程资源的开发,普遍认识不足,更谈不上主动参与到课程开发和建设中来。

　　学校管理者很快意识到:家长虽然拥有不同的人力资源、物质资源、时间资源和信息资源,但大多呈现闲散游离现象,缺乏系统组织,家长对校本课程开发和实施的认知度和参与度都比较低,难以形成一种可持续发展的态势。因此,学校必须构建内有家长参与、外有专家引领的校本课程实施管理体系,形成参与建设的长效机制(如图4-4所示)。

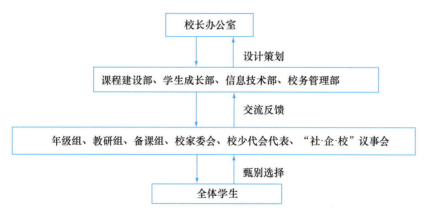

图4-4　Q小学课程建设管理组织网络图

　　有了这样的家校合作校本课程研发设计平台,家长参与开发适合不同年龄阶段孩子乐于参与的体验学习的课程资源就有了可能。

　　学校进而对家长进行分年级培训,将学校办学理念、课程计划、家长参与课程建设的意义、内容和要求向家长一一阐明,听取家长的意见和建议,从而确定校本课程开发方向、价值。然而,校本课程建设是一个庞大的体系工程,从何切入?下面将通过一些实例来阐释。

二、多维度、多视角开发校本课程

　　来自不同教育背景、生活环境和职业领域的学生家长,其生活阅历、知识技能、思维和生存方式等,具有异质性和无限的丰富性,有利于拓宽校本课程体系。作为学校,应该主动联系家长,邀请有资源或者有经验的家长一起参与课程建设全过程,建议如下:

1. 邀请家长参与节庆系列主题类的资源开发

中国传统节庆文化是中华民族共同创造、一致遵循和享用的一整套文化通则和文化符号系统,是中华民族创造的中华传统节日及其诸特质的复合体,是以中华民族独特的节庆文化活动、文化产品、文化服务和文化氛围为主要表象,以中华民族独特的民族心理、道德伦理、精神气质、价值取向和审美情趣等为深层底蕴,以五千年中华文明史和广袤的华夏大地为时空布局,以中华民族特定的文化主题为活动内容的一种文化现象。中国传统节庆文化包括物质、精神、行为文化这三个层面,其中蕴藏着丰富的德育资源。

节庆文化校本课程可以聚集家长资源,是具有普遍推广意义的校本课程。每逢传统佳节,各年段都会根据年级特色,设计丰富的主题活动,来渗透传统文化的教育。然而,当问起学生们对于这些节日的印象,大部分学生的第一反应就是节日美食,然后是一些神话传说。这对于高年级学生的发展来说,是远远不够的。因此,教师可以抓住节庆活动,开展以节庆为主的课程建设。

链接 4-1

Q 小学蒋老师执教主题班会"品中秋文化,过文化中秋"教学反思

Q 小学五(4)班以中秋节为契机,开展"品中秋文化,过文化中秋"主题班会活动,让学生探究传统节日,从了解其起源、历史发展、节日美食、寓意等入手;同时,因我国疆域辽阔、民族众多,形成了不同的地域文化,所以也有必要比较各地、各民族的过节习俗。

在第一阶段活动中,学生以兴趣集结成临时探究小队,先个人搜集资料后,在小队活动中整理并筛选资料,然后制成探究报告展示给其他小队。通过阅读其他小队的研究报告实现信息交换,这也是一种学习的方式。

在第二阶段的主题班会课上,丰富的环节给学生提供了一个展现探究成果的平台,在交流中也继续深入探究中秋节的文化。学生们在以往的各类活动中,积累了不少经验,因此本次活动由学生担当主持,串联起一个完整的环节,真正做到把课堂还给学生。从学生的展示环节,可以看出学生在之前参与中国饮食文化的系列活动时,掌握了一定的探究方法,对传统文化的探究更深入、维度更多。

而这次主题班会与以往不同的,是将家长请进了课堂(如图4-5所示)。中国的传统佳节都寄托着团圆的美好情怀,尤其是中秋节。为了让学生更好地体味这一点,请家长到课堂内与学生一起感受中秋文化,过一个不一样的中秋,就更有价值。家长们在了解到这一层意义后,非常支持,放下手头的工作来到学校,坐到学生中间,和学生一起品中秋诗词、玩游戏,还有家长和大家一起分享家乡过中秋的习俗……有了家长参与的课堂,更显得其乐融融。学生们更快地投入到活动中,在游戏环节也更放得开。可以看出,学生们非常享受这样亲子同乐的时刻,他们乐于与家长分享所学,乐于与家长一起作探究。而家长和孩子一起进课堂的过程,让他们体会到了与他们时代不同的课堂,让他们更了解了现代教育方式,也让他们更懂得了教师们的良苦用心,家校之间走得更近,关系更和谐。

图4-5　家长进课堂互动

本次主题班会课后,对于传统节日的探究没有画上句号。在第三阶段的活动中,学生们运用前两个阶段的所学,继续对其他传统节日文化的内涵进行探究。而此时的课堂已延伸到了校外,陪伴并见证学生探究的任务从学校教师转交到了家长手里——亲子共探究,给学生们带去了更多探究的乐趣。

在这样一个系列活动后,学生们了解了更多中国传统节日的魅力,更重视中国传统节日,使他们对传统节日的理解不再停留在舌尖上,而是与中国文化联系在一起,与亲情相融通。

2. 整合乡土文化资源,形成特色微课程

家长资源中蕴含着丰富的人力资源、物质资源、时间资源、信息资源、网络资源等。在家长初步参与学校活动的基础上,学校可以进一步整合资源,促使家长更为主动地参与到课程建设中。

链接 2-1

Q 小学"家乡游戏跟我学"特色小课程实施案例

外来务工随迁子女是容易被忽视的一个特殊的群体,这些孩子大多来自一些经济不发达地区,学前教育程度参差不齐,在语言、生活习惯、思维方式等方面都存在着一定的差异。他们的父母文化素养、行为规范同样存在着一定的差异。但是,这些孩子们身上的优点是上海本地孩子所不具备的,他们健康、有活力、独立、坚强……

课间,操场上最活跃的是他们;运动会上,迈着矫健的步伐最先冲向终点的是他们;每年的冬季运动会,拔河比赛的胜利者必定是每个年级的"三班"(外来务工子女班)……可是,这些胜利带来的喜悦毕竟是短暂的,作为一名学生,他们更多面对的是作业、试卷、成绩。而这些方面带给他们的挫败感深深打击了他们的自信心,也让他们为自己不是有"底蕴"的上海人而感到自卑。

于是,学校面对这一现象设计了"家乡游戏跟我学"全校性的系列游艺活动,向学生父母征集各自家乡的游戏(参见表4-2)。

表4-2 Q小学"家乡游戏跟我学"游乐堂课程征集单

学生姓名		班级		提供者姓名	
游戏名称			创作地域		
游戏主要方法					
游戏实施规则					
游戏过程中的注意事项					

类似这样的发动和搜集,Q小学总是花费一段时间,等到师生、家长的参与面达到80%以上,担纲小课程的家长或老师就会整理汇编,形成课程菜单。以下是Q小学的"家乡游戏跟我学"学习活动菜单(参见表4-3)。

表 4-3　Q 小学"家乡游戏跟我学"学习活动菜单

地域	游戏种类	游戏名称
上海本地	弄堂式	老鹰捉小鸡
		抽陀螺
		木头人
		跳皮筋
江浙皖地区	技巧类	斗鸡
		滚铁环
		三毛球
		玻璃弹珠
鲁豫地区	竞技族	登泰山
		地道战
		打弹弓
		躲猫猫
陕甘地区	民俗戏	叠罗汉
		划旱船
		踩高跷
		大花轿
东北地区	北国情	顶孩子
		车铁环
		保卫家乡
		手擀面
闽南地区	闽南趣	摆龙头阵
		拾贝壳
		搭城堡
		翻筋斗
……		

活动中,不少学生做起了小老师、小指导:来自浙江的小姑娘们跳起了橡皮筋,来自苏州的小朋友用硬塑料板打起了"三毛球",来自安徽的小伙子们滚起了铁环,来自山东的小朋友踢的是纽扣自制的毽子,来自东北的小朋友教大家玩起了"跳房子",来自杭州的小朋友教给同学们的是"瞎子摸人"——被蒙起眼睛的小朋友要根据声音辨别方向,摸到后还要分辨是哪一位小朋友并说出姓名……来自本地的学生在这些游戏前有点"失落"了,他们本来自豪的一些所谓"高科技游戏"在今天已经没有"专利权",但在教师和家长的指导下,

大家根据上海本地特点改编创编了一些"上海弄堂"的小游戏,这既大大增进了各地生源交往的融洽度,又使生生间、家校间、师生间的学习主动性和活动创造性得到发展(如图4-6所示)。

图4-6　Q小学亲子"游乐堂"活动日

"家乡游戏跟我学"这个微课程给每个学生的成长提供了可能,使他们及家长的自信心得到培育,更唤醒其对家乡的热爱之情,充分显示了"海纳百川"的气度和"有容乃大"的民族智慧。

从家长参与课程建设的角度看,则是更充分地开发了家长资源,促使更多的家长参与到教育之中。对于愿意尝试家校合作的学校,都可以找到类似的突破口,促使本校家长所拥有的文化、社会等资源转化为学校课程。

【主要障碍】

在课程规划阶段,校本课程方案虽然由行政人员、专家和教师共同制定,但课程纲要的编订和教学活动的设计是以教师为主的;在课程实施阶段,教师直接面对学生,直接影响和教育学生,教师要在教学中不断修订课程,使具体课程更加符合学生的需要和社会的需要。

【相关保障】

教师的课程资源利用意识及开发利用能力对校本课程开发起到重要作用,应该善于对资源进行科学、合理的配置,这样才能做到人尽其才,物尽其用。所以学校应该通过多种途径和方法提高教师的资源利用意识和开发利用能力,保证校本课程开发的效果。校本课程开发中教师间共同合作研究,积极开展互相观摩探讨活动是提高教师课程理论素养及课程开发能力的重要途径。

三、让特色微课程成为学校品质提升的"支点"

教育者用什么样的课程结构,才能留下弥足珍贵的"童年的记忆",并通过这些"最初的记忆"为未来健康、持续、全面、和谐地发展提供丰富的"可能性"呢?

Q小学探索实施的"乡土资源课程化"微课程结构,对国家课程、地方课程和校本课程作了统整,师生、家长不仅是课程的学习者,也是课程的开发者和创造者,这些课程更加"鲜活和跳跃"。

链接4-3

Q小学**老师关于"乡土资源课程化"实践反思

寒假前夕,学生要回乡过年。在期末家长会上,几位家委会成员向不同年级的学生家长进行宣传,让更多家长了解了"乡土文化"是中国的传统文化,是对孩子进行民族精神和爱国主义教育的好教材。但是,如何让每个孩子及其家庭都在这些微课程的开发和实施中得到更多的教育和发展?学校又如何将这些优秀的家长资源梳理整合,形成富有校本特色的课程资源?

几番言说,几分议论,几度沉默之后,笔者和家长对于这个寒假的乡土文化课程设计有了方法和步骤。

首先,下发寒假"长作业"——"新年探究学习单",鼓励家长和子女共同搜集回乡过年信息、照片等,使家长逐步了解家乡蕴含的文化课程资源情况;以各年级班主任为核心学科教师团队收集、整理了一些重要的信息,发布给全体师生和家长(参见表4-4)。

表4-4　Q小学"小家乡·大中国"校本微课程学习菜单

探究主题	适合年级	学习方式
小小画笔,点亮山水	一至五年级	低年级学生以单幅儿童画表达;中高年级学生用多幅水彩画、油画表现,提高审美文化品质。
小小游客,夸夸山水	一至五年级	多渠道地收集有关介绍祖国各地方山水的诗词与歌赋,开阔视野,增加阅读量,激发"读万卷书,行万里路"志趣。
小小镜头,歌咏山水	中高年级	节假日,亲子共游,搜集、拍摄各自家乡山水风貌,从中体验中国山水文化。
小小美文,诵读山水	中高年级	阅读欣赏山水名篇,撰写读后感,从小养成阅读好习惯。
小小百灵,唱响山水	一至五年级	学唱家乡的歌谣,学跳家乡民族舞蹈,传播乡韵乡音,弘扬中华民族文化精神。
小小健将,玩转山水	一至五年级	延续"不到五岳非好汉"冬季长跑主题活动,坚持锻炼,增强体能及心肺功能,养成每天锻炼一小时的好习惯。
小小双手,爱绿山水	一至五年级	保护地球,保护资源,变废为宝,巧手制作,歌颂中华民族勤劳勇敢的精神。
小小书法,寄语山水	中高年级	寄语新春,传递友情,书写正楷大字,成为可爱的新上海人。
小小祝福,续说山水	一至五年级	从各地山水地貌中,获得各地风土人情信息,给长辈拜年,传递正能量。

其次,开学初,在梳理学生回乡各类活动信息后发现学生家乡地域差异大,家长文化背景参差不齐,还是有近半数学生及其家长对家乡课程资源认识不足,怎么办呢?年级组长召集大家打破班级、年级界限,邀请"校级·年级·班级"家委会"乡韵传播部"和"活动策划部"大员们召开专题研讨会,对相近地域课程资源进行整理,评选亲子优秀的"长作业",如:北方的"贴春联""剪窗花""饺子宴""画风筝"等年俗年味制作类作品脱颖而出;南方的"迎财神""送年花""挂灯笼""摇花船"民间游艺活动方案备受欢迎……

经过交流和甄别,大家再次感到各地家乡文化应有其融通性和特质性,不妨打破界限,眼界放宽,对相近地域的课程资源进行统整,于是家校携手开发了"畅说美丽大中国"校本拓展型系列微课程,供学生学习选择(参见表4-5),不仅要让学生品出"年味",更要力求让学生从"年味"中折射中华文化的博大精深。

表 4-5　Q 小学 2013 年"畅说美丽大中国"拓展型体验微课程菜单

课程类别	课程内容
"文化坊"	舌尖上的中国"味"（家乡美食）
	笔尖上的中国"秀"（中国书画）
	茶道中的中国"香"（中国茶艺）
	镜头中的中国"情"（家乡摄影）
	乡韵间的中国"魂"（民间戏曲）
	指尖上的中国"韵"（民间技艺）
	舞姿中的中国"风"（民族舞蹈）
	生活中的中国"美"（环保作品）
"健身廊"	家乡游戏跟我学
"乡韵堂"	各地灯笼赏读会
	诗词歌赋咏山水
	"甜蜜祝福"感恩送（新年祝福语）

为保障这些微课程常态化实施,班主任们还招募、组织了部分家长定期进课堂参与"乡土课程"培训体验活动。家委会成员则和教师全程参与学习场馆策划,最后确定每个场馆分为"地域环境布置""地域名人""风光介绍""特色交流互动体验"等项目。大家分工合作,各有侧重:有的负责各项联络,有的进行培训审定,也有的参与动手布置。

学生们的作用也不可小觑,"小手牵大手"能发挥对家长的鼓励、督促作用。在家长、孩子和教师们的共同努力下,"新年里的家乡味"主题学习场馆终于得以完成,取得了广泛反响。

【主要障碍】

在学校的课程实践中,教师不仅仅是课程的执行者,还应该是课程的开发者。教师应该根据学校和学生的实际,有方向性、目的性地进行课程选择、课程改编、课程新编,对课程进行调整,使其更切合学生的实际,提高课程实施的效果。在校本课程的开发中,教师的课程开发主体地位和作用应该强化,教师在校本课程开发中的"核心地位"应得到共识,教师只有明确认识自己在校本课程开发中的地位和责任,才有可能自觉参与,主动承担任务,发挥应有的作用。

【相关保障】

学校必须赋予教师与其他课程开发人员平等的地位和权利,使教师在课程开发中,由被动变为主动,成为课程开发人员中的"首席",发挥课程开发主体的作用。明确教师在校本课程开发中应该扮演的角色和承担的责任,能够使教师转变参与校本课程开发的态度,更加自觉主动参与到校本课程开发实践活动中。

四、重视体验,重构课程学习的评价标准

要实现家长的持续、高质量参与,需要把重点放在创造吸引家长关注学校发展的途径上,建立多元课程评价的机制,使他们有信心、有兴趣、有能力进行全面、有效的课程评价。学校可以通过宣传引导,使家长意识到参与课程评价是自己的权利和义务,避免在评价过程中受个人感情、好恶、利益的支配,产生趋利避害的倾向。同时可以对家长进行如何实施课程评价的培训,指导他们进行即时性评价、过程性评价、表现性评价、发展性评价和终结性评价等,加强家校沟通,保障课程评价的落实。

例如,在上文的例子中,学生家长在参与主题学习场馆布置时,就提出了很好的建议:应该有一个检测孩子在主题馆里学习情况的"标识";考虑到届时到场的家长人数可能会较多,室内场馆比较狭小,是否可以同时建立场外展示互动区,形成"家校互动"更有效的沟通机制?学校积极采纳了这些建议,由青年教师志愿者担任"畅游美丽大中国"评价表的设计任务(如图4-7所示)。

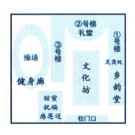

图4-7　Q小学"畅游美丽大中国"乡土文化课程学习评价单

场外互动区又面临着"布置费用高"的困难。不少家长主动拿来了展示需要的道具、可以品尝的食品等;学校也进行统筹协调,启动了"五方联动"机制,获得了社会的支持,街道社区和企业为学校无偿提供十多个展棚,顺利完成了"文化坊""乡韵堂""健身廊"的布置。学习活动结束后,学校又下发校本特色课程建设调查问卷,搜集学生反馈,对校本特色乡土课程进行适时性评价(参见表4-6)。

表4-6　Q小学关于校本特色乡土课程建设(学生)调研问卷

Q小学关于校本特色乡土课程建设(学生)调研问卷

【填写说明】本问卷分选择题和问答题。选择题,请按照要求把选择结果的序号填在括号中;问答题,请将您的回答填写在空白处。

1. 你对"新年里的家乡味"校本特色课程建设活动最大的感受是(　　)
   A. 非常喜欢　　　B. 一般　　　C. 不是很喜欢　　　D. 一点也不喜欢
2. 你认为学校开展这样的校本特色课程活动(　　)
   A. 非常有必要　　　B. 一般　　　C. 没有必要
3. 你担心这样的校本课程活动是否会影响您的学习成绩吗?(　　)
   A. 一点也不担心　　　B. 有点担心　　　C. 非常担心
4. 你觉得这次活动最大的收获是(　　)(可多选)
   A. 愉悦身心,放松心灵
   B. 增长了见识,拓展了视野
   C. 更加热爱生活,热爱学校,热爱身边的每一个人
   D. 要认真学习,增长本领
   E. 多向别人学习,培养自己的兴趣爱好
   F. 其他
5. 你认为这样的校本特色课程活动最吸引你的地方是?(　　)(可多选)
   A. 活动内容很有趣,合乎自己的兴趣　　　B. 活动丰富多样,富有教育意义
   C. 能从繁重的学习任务中解放出来　　　D. 可以和其他小朋友一起玩游戏
6. 哪个场馆活动给你留下最深刻的印象?(　　)
   A. 文化坊　　　B. 健身廊　　　C. 乡韵堂
7. 你是否希望和自己的爸爸妈妈一起参加这样的课程活动?(　　)
   A. 非常愿意　　　B. 比较愿意　　　C. 一般　　　D. 一点也不愿意
8. 参加完活动后,你有什么遗憾吗?(　　)(可多选)
   A. 时间有点少,很多场馆没有看
   B. 只有这样一次活动,怕以后再也没有了
   C. 自己平时读书有点少,见识不多
   D. 人有点多,秩序有点乱
   E. 看着其他小朋友有特长、能表演,自己却没有做
   F. 其他
9. 参加完活动后你有什么行动吗?(　　)(可多选)
   A. 向家人介绍这个活动　　　B. 撰写日记
   C. 自己开始树立新目标,努力学习
   D. 独立思考,积极行动起来　　　E. 其他

10. 看了寒假"长作业"启动仪式小朋友的表演,你最喜欢哪个年级的节目?(　　)
    A. 一年级"石榴娃儿说灯谜"　　　　B. 二年级"魔法天裁环保秀"
    C. 三年级"天南地北话灯笼"　　　　D. 四年级"欢天喜地对春联"
    E. 五年级"美丽中国少年说"
11. 你觉得开展这样的活动,会提高你在哪些方面的能力?(　　)(可多选)
    A. 基础知识与技能　　　　　　　　B. 合作精神
    C. 搜集信息的能力　　　　　　　　D. 对美的体验与表现
    E. 动手能力　　　　　　　　　　　F. 社会公德意识
    G. 劳动态度与习惯　　　　　　　　H. 自主创新能力
    I. 其他
12. 你是否希望学校以后多开展这样的"快乐半日"活动?(　　)
    A. 非常愿意　　B. 一般　　　C. 不是很愿意　　　D. 一点也不愿意
13. 这次活动中,你最喜欢的一个活动项目是(请填写,并说明理由):
14. 对于这次校本特色课程活动,你还有哪些意见和建议?

通过调查发现,学生对于此次活动持满意的态度,学生和家长非常愿意参加这样的活动,而且主动把自己的收获、体验与他人分享,希望以后这样的活动能够开展得多一点。此外,学生通过参与活动,诸多能力得到了提升,思维和视野得到了拓展,收获丰富(如图4-8所示)。

图4-8　家长一起参与课程体验活动

在后续的校本课程开发和实施中,家长们自愿报名承担校本乡土课程,学生积极报名学习校本课程,形成了良性互动的学习氛围。Q小学还在校园网上架构"学生个人成长"门户网页,将学生参与"校本乡土课程"学习的家长满意度测评纳入学校课程评价体系中,及时发布学生在校本课程实践中的过程与收获,搭建起学生成长和家校互动的平台,有效促进了学生素质的综合发展,校本乡土课程成了学生自主发展、个性张扬的舞台。

【主要障碍】

如何构建校本课程的多元评价体系,如何将校本课程作为一种最佳形式嵌入新课程体系中,仍然要通过实践进一步解决。

【相关保障】

在课程评价阶段,宏观层面上的课程评价以教师和课程专家为主,微观层面的评价主要是由教师来进行。开发出的校本课程是需要不断完善和不断建构的,只有这样,开发出的校本课程才能适合不断发展的学生。学校要重视来自学生、家长的反馈,每学期组织1到2次校本课程学生评价活动,并向学生和家长发放调查问卷,从学生和家长的角度进一步完善现有课程,督促教师不断提升自身素质,使校本课程焕发出勃勃生机,成为学校一道靓丽的风景线。

拓展阅读

随着国内新课改引向深入,家长参与学校课程建设方兴未艾。目前,越来越多的家长开始关注孩子的全面和终身发展,以更积极的姿态投身到学校课程改革教育中来。国内已有不少新模式正在被尝试和借鉴,进一步推动家校互动向深层次发展。主要有以下一些模式:

一、"协商式"(negotiating model)家长参与课程实施[①]

这本是Dale针对特殊儿童的教育提出的协商式教育模式,但这种模式同样也可以适用于家长参与课程实施。其实施图解如下:

---

① 张艳红."协商式"家长参与课程实施模式建构[J].现代教育科学,2004(6).

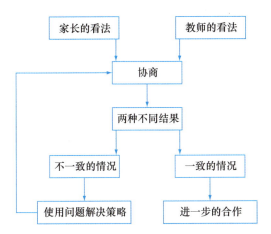

图 4-9 "协商式"家长参与课程实施流程

在这种流程中,充分发挥教师和家长的能力,双方坦诚交换看法,就关于学生的问题以及其他影响课程实施的因素进行协商。双方结果一致就继续合作;双方意见相反,则对存在的问题进行解决,双方均要调整自己的观点,进行进一步的协商,协商可以多次进行直到双方达成一致意见为止。

这种模式有利于教师和家长双方的相互理解,有利于教师和家长真正理解学生,有利于教师在教学中因材施教,有利于调动家长参与改革的积极性。

但是,这种方式实施起来具有较大难度:首先,家长要具有参与课程实施的强烈愿望和要求,更要具备一定的能力,并对自己的参与态度和行为负责;其次,也需要教师的开放态度和热情;最后,当家长和教师意见分歧而双方各执己见时,协商往往难以奏效,加上大多数家长可能由于工作繁忙、家庭压力和心理压力较大,难以和教师或学校交换意见,而教师除教学任务繁重以外,还有自己的家务和其他事务,这些都可能导致协商式家长参与课程实施模式的失衡而难以实现。

二、设立家长微型课程——校本课程建设中新的增长点[①]

内容涵盖面较广的微型课程既易于容纳"闲散游离"但丰富多样的家长课程资源,也由于其短小精悍、灵活多样的特点,使得原本缺乏系统组织的家长课程资源以专题或单元的微型课程形式进行组织实施。同时,微型课程的上述特点也符合校本课程"关注学生个体差异和兴趣需要"的功能定位,且较好地体现了新课程倡导的"增强课程的生活化,凸现课程的综合化"这一教育理念。

家长蕴涵的丰富课程资源是实施家长微型课程的前提条件,因此,了解和把握

---

① 徐颖,汤伟. 家长微型课程——校本课程建设的新视点[J]. 当代教育论坛,2009(5).

家长课程资源的分布情况并依此建立家长课程资源库是首要工作。

首先，在学校开展各种形式的宣传活动，提升学生家长对校本课程建设的了解和参与意识，积极组织引导家长自愿报名，并且通过问卷调查和访谈等方式详细了解各位家长的教育背景、专业特长及工作经历等情况。在此基础上，学校专门对这些信息资料进行归类管理，建立家长课程资源库。

其次，根据学校的办学特色、遵照学校总体的教育目标发展框架，了解学生的课程选修意向，并根据其学习兴趣和需要对家长课程资源予以筛选、整合，最终以菜单方式确立可供学生自由选择的各门家长微型课程。

在实践中，学校还对实施家长微型课程的多种形式进行了探索：为贴近学生的个体差异和兴趣，采取专题、讲座、项目活动等灵活多样的学习方式；根据课程的目的、要求，突破了传统的教材形式，采取了教学简案、专题提纲、活页讲义、活动安排等较为宽泛的课程资源形式来整合各种静态和动态的资源。

三、家长参与综合实践活动课程资源开发[①]

其一，综合实践指导教师加强课程宣传活动，请学校和家长一起来关注孩子的成长。教师通过发简报、开家长会、专家讲座等形式，让家长了解课程的内容、方法，理解这门课对一个人的综合素养的形成具有决定性的作用。

其二，通过家长开放日活动，请家长也来参与孩子在课堂上的研究性活动。让家长体验一下亲身经历研究性学习的过程，则会产生多方位的综合效应。这能加深家长对这门课的理解，对家校共同培养孩子的科学素养产生潜移默化的作用。

其三，请家长参与评价。家长也应该参与到课程的评价中来，而且这种评价对学生应该更具鼓动性。

其四，教师引领孩子到家庭中去实践、去探索。综合实践活动课在时间、空间、过程、内容、资源等各方面都体现了一种开放性，通过学生的记录报告和部分家长反映，很多学生在这些家庭活动中得到了家长的支持和配合，孩子产生了很大的成就感，增强了学习科学的兴趣，大大提高了自信心。

其五，将家庭课程资源引用到学校。家庭、家长中存在着丰富的教育资源，主要包括家长的阅历与职业背景、家庭饲养与种植的动植物、家庭科技藏书、影像资料等。实施时可以请学生把有关书籍带到学校，还可以根据家长的特长安排参观考察、做相关报告等。

其六，成立有家长参加的综合实践指导委员会等，作为家校合作的形式之一。这有利于挖掘家长中的专家、学者等人力资源服务学校。学校要主动利用家庭、家

---

① 徐明峡. 家校合作——综合实践课程的新资源[J]. 教学与管理, 2007(5).

长中的教育资源,补充学校教育,丰富学生的学习生活。

家长的教育程度、职业背景、社会身份不同,对参与校本课程建设和评价的能力、期望以及时间和精力也会各异。学校应充分考虑到以上因素,为家长参与提供方便可行的途径、实质性条件和有效帮助,使具有不同背景的家长均能参与到课程建设和评价中来。如可以开辟家校热线,解读最新课程标准,让家长及时了解课程改革的新动向和价值意义,了解课程设置和评价的规范指标;鼓励家长结合学生学习需求,提出适切性的意见和建议,提高学校校本课程建设的科学性。

教师应转变"师道尊严"的陈旧理念,积极引导家长参与校本课程建设,采取家长问卷、家访、QQ交流等形式,增强家长的参与意识,形成切实有效的校本课程建设调研、沟通和反馈机制,进一步推进家校合作的校本课程建设向着健康发展的方向深入。

就进一步探索、形成和发展的内容而言,可以有以下几项:

一、在保持教师专业地位的前提下,提升家长对校本课程建设的参与度

有的教师依然认为,教师在课程研发和实施过程中的专业地位,不能因家长的参与而遭到干扰,学校不应该让家长来对课程设置和实施过多地指手画脚,毕竟教师在教育学、心理学方面都受过专门训练。因此,在提倡家长参与的同时,学校要注意保护教师的权利,找寻家长参与的合理的"度";学校也要对家长进行专门的指导,不能盲目扩大家长参与的范围,从而影响教师的专业地位或破坏正常的教学秩序。

二、保障家长参与课程评价的质量

由于宣传引导工作的不足和家长自身认识水平的限制,许多家长并不真正理解、甚至误解参与课程评价的含义,或把课程评价与教学评价等同,或把对课程评价的认识局限于对学生的学业评价方面,从而导致参与课程评价的形式单一、范围狭窄,阻碍了家长对课程评价全面、有效的参与。

同时,课程评价在某些方面可能会触及利益问题。即评价的结果会对被评价者造成利害性的影响。一些家长在对教师教学业绩、学生课程学业成绩进行评价时受主观因素的影响,受个人感情好恶、利益的支配,可能会心态失衡和行为失范,

表现出趋利避害的心理和行动倾向,使评价的信度和效度受到影响。

三、保障家校合力构建乡土课程的科学性

家长参与校本课程建设是推进课程改革的一个重要因素。课程理念的转变、理论研究的丰硕成果以及课程评价的丰富内涵,为家长参与课程建设提供了可能。但从参与现状看,存在着家长参与意识淡薄、参与行动受阻、参与形式单一、参与的信度和效度不高等问题。因此,如何提升这一领域的实践质量,还有很大的探索空间。

第五章

学生活动:校园生活,由内向外

黄 萍[①] 谢晓东[②]

"六月的花儿香,六月的好阳光,'六一'儿童节,歌儿到处唱,歌唱我们的幸福,歌唱祖国的富强。"这是"六一"国际儿童节的歌词,是孩子们对节日的真实写照。"六一"儿童节是保障世界各国儿童的生存权、保健权和受教育权的节日。在这个节日里,孩子们享受着来自父母、同伴、老师的祝福。2013年6月1日,时逢周六,对Q小学孩子们来说,这个节日可不一般,因为他们将带着自己的父母来到学校参加"六一"亲子主题活动。

时间的飞轮在倒转……

2013年5月11日周六,校级家委会共10名家长在Q小学二楼小会议室开了第一次策划会,学校学生发展部主任和大队辅导员全程参与了此次会议。会议持续了整整三小时。在会议上,家长们纷纷谈到了她们对于"六一"儿童节的期盼,这份期盼其实也是对于如何让孩子有意义地度过节日的思考。有的家委会成员以自己的经历真情坦言:"以往我家孩子到'六一'儿童节,都是在向我索要儿童节礼物;想想每年就一次,那就买吧。买完以后,自己心里感觉很不是滋味。不是心疼钱,而是觉得'六一'儿童节没有带给孩子一些正面引导。"

还有的家长说,平时在跟其他家长交流时,他们都反映,现在小孩子的娱乐活动挺少的,导致他们不会玩;一有空就上网打游戏,对视力也不好,还会上瘾,导致

[①] 黄萍,上海市闵行区汽轮小学课程建设部副主任,小学高级教师,华东师范大学新基础教育研究中心兼职研究员。

[②] 谢晓东,上海市闵行区汽轮小学学生发展部主任,中学高级教师,华东师范大学新基础教育研究中心兼职研究员。

对学习都没兴趣了。这些家长们小时候家里条件虽然不好,可是童年却有很多弄堂游戏,三五成群地在自家房前的空地上一起玩耍,既安全又有趣。如果让孩子们学学父母们小时候玩的"老鹰捉小鸡""抽陀螺""跳皮筋",也不错。另一位家长马上回应:"这些游戏是上海的弄堂游戏,其实还有好多。例如江浙皖地区还有跳太阳、滚铁环、抓石子、玻璃弹珠等游戏,也很有趣的。"接着,家委会主任回应说:"如果我们本次'六一'节就尝试以家乡游戏为主题开展,也未尝不可!另外,我们也将学校的生源因素考虑在内,上海有上海的弄堂游戏,江苏那一带也有,其他地方也有,既让孩子们了解自己家乡的特色游戏,还可以让他们互相了解各个地方的特色游戏。"刚说完,活动策划部的家长马上接话说:"如何系统策划,让游戏内容丰富,活动安排紧凑,同时让更多的家长投入到策划中,这个很关键。我们本次'六一'活动其实也是一次亲子活动。作为校级层面的家委会,我们要在活动过程中让平时很少参与的家长也能融进来,这样我们力量就会越来越强大。"

但是,以怎样的名字命名呢?这时有家长提议,他们也很想重温一下孩提时代的游戏活动,尽兴中培养亲子感情——因为工作忙,很多家长好久没有跟孩子一起活动了。于是,"带爸爸妈妈过'六一'"亲子主题活动,就这样在热闹的讨论中孕育而生了。会议决定下周一开始全面启动年级层面的策划和布置。当天晚上,校级家委会主任将"六一"儿童节活动的初步设想和方案与校长进行了沟通。

2013年5月13日下午四点,全体教师在大会议室集中,校长就家委会对于"六一"儿童节的初步策划设想和主题与教师进行了交流;同时征询了教师们的意见。一年级年级组长就一年级的活动方案提出了她的想法:考虑到一年级学生年龄小,能否让我们事先选择相对简单的游戏?这样的选择不是说明我们怕麻烦,而是我们希望让一年级的孩子也能参与到活动的策划中。五年级班主任接着说:我们可以借助生源分析表进行信息筛选,看哪个地方的学生比较多,我们就选择做哪个地方的游戏活动。三年级"健康与幸福"课程任课教师说,我们也可以与课程相结合,拓宽游戏的内容,增加一点健康方面的知识,这样活动的意义就能扩大。这样的交流一下子让所有教师意识到了本次"六一"儿童节活动的意义,明晰了初步活动设想。会后,学生发展部主任将教师们的讨论内容与校级家委会活动策划部的家长们进行了沟通。随后,校级家委会开始设计年级层面的活动策划会。

2013年5月17日下午四点,在学生放学后,各个年级家委会成员与年级组长以及校级活动策划部成员分头开会,商量"六一"儿童节的具体活动策划。以四年级的活动策划会为例,校活动策划部家长大员介绍了本次"六一"儿童节活动的设想、主题以及主要目标;年级组长也清晰地表达了对于本次活动的期望,希望听取年级层面家长们的建议。随后,家长们就本年级活动的大致内容进行了罗列,分别就内容的可行性、操作性进行了分析,同时还将各个班级能投入的家长力量进行了初步预估,力图保证每一项游戏活动安全、有益、多效。

2013年5月22日下午一点开始的周会课上,各班主任带领学生围绕主题"我的'六一',别样精彩"开始大讨论。首先,学生们就自己梦想中的'六一'儿童节进行畅谈;随后,让学生们围绕"别样精彩的'六一',如何别样精彩地进行"再次讨论,班主任进行引导,将话题引向"畅玩小游戏,与父母一起过'六一'",激发孩子们邀请父母一起参与的热情;最后,教师提出倡议,让学生们回家向父母发出邀请,共同参与游戏活动的场馆设计。

2013年5月26日上午九点,班级活动策划会开始了。班主任就活动的意义、主题与一些要求等,与家长们进行了沟通。随后,班级家委会主要负责人与家长们就班级承担的主要活动任务进行了沟通,同时就活动开始前的筹备任务、活动中的现场执行任务以及活动后续任务进行了分工,并具体到各环节的注意事项(如图5-1所示)。

图5-1　策划会场景

2013年6月3日下午四时,"六一"节活动后的家校联合总结会开始了。各班级特地邀请了家长一起参与,让家长们听听孩子们的心声,孩子们也听听父母们对于他们活动的评价。另外,班主任作为班级活动的第一责任人,通过这样的总结会,更能了解活动中积极参与的家长,为以后的班级活动开展积累资源,同时也能对另外一些未能参与或因其他因素不愿来参与的家长,进行正向引导。

各班的总结会上,大家就本次"六一"主题活动的策划、实施和反馈等环节发表了自己的感言。有的说,班级家委会成员与班主任一起分析班级内家长的资源,主动召开班级活动策划会、协调会,增强了系统性,为活动顺利开展起到保障作用;有的说,活动当日,家长自带设备,自行购买奖品,早早到学校布置活动场地,充分显示了主人意识,学校也成为大家的"家";还有的说,Q小学"紫马甲·家校互动管理委员会"下设的"三级九部"自主策划、自行实施的,少先队干部、教师、家长代表共同设计的"大显身手游艺馆""书香四溢智慧园""健康饮食加油站""欢乐天地泡泡堂""红领巾易购书市",以及"低碳生活新主张"等十多个场馆,让一户户三口之家畅游其间,收获亲情,体验欢乐;有的家长欣喜于孩子回家后一直滔滔不绝与父母交流,家庭氛围其乐融融。

类似这样的学生活动,有了家长的参与,无论是形式或内容,还是兴趣或教育,都令人难忘。家校双方收获的是"教育伙伴"关系的确立,收获的是学校日常管理与建设中的家长主动参与;收获的是合力提升学校教育的品质。此外,通过这样的学生活动组织,班主任们也意识到:活动策划因为有了家长的参与而变得轻松有效,活动的意义也不再单一,而是将亲子活动融入班级文化建设中,事半功倍。

一、家长参与学校学生活动有助于补充、拓展、深化教育活动的内涵

在家校合作中,只有学校和家长拥有共同的目标和价值观,才能激励这个文化场域中的学生主体。家长通过参与学校学生活动,能更综合地了解孩子的成长特点,更直接地了解学校教育活动的特点,能与其他家长产生良性互动,将孩子的成长圈从个体家庭单位向群体式家庭单位延伸。教育活动的内涵因为家长的参与而拓展了时空,使教育的意义和价值得到延伸和发展。

二、家长参与学校学生活动有助于家长重新发现孩子

在家长参与学校学生活动时,学校可以通过活动,向家长传递学校的办学理念,打开家长的教育视野,与此同时带动家长对于自身角色的多元认识和多元定位,尤其是在活动中认识到自己孩子成长的丰富性、发展性和多样性。在现实教育情境中,很多家长较多地关注学生的学业成绩而忽视了学生的全面发展。因此,家长参与学校学生活动,就是一个最直接、最积极、最有效地让家长重新发现孩子的途径。

三、家长参与学校学生活动有助于促进亲子关系的和谐

由于现代社会竞争的日趋激烈,年轻父母大多把精力用在工作及不断学习、提高上,亲子间的接触不再像往日般频繁,与孩子共同游戏的时间更是明显减少。如果学校定期开展亲子活动,就有利于增进家长和孩子之间的情感交流。同时,亲子活动寓教于乐,在过程中开发孩子的智力,提高其动手能力、反应力、创造力。在此过程中,父母鼓励的目光是他们不断进取的动力,也往往能激发他们的内在潜能。

四、家长参与学校学生活动有助于增进综合性的亲师交流

教师与家长的关系是一种特殊的社会关系。由于孩子入学并接受学校教育是于一定的时空内,亲师关系也往往表现出具有一定的时空性特点。让家长参与学校各类学生活动的全过程中,让家长深切体会到学校教育活动的长程性,包括从策划到实施的具体过程,且教育过程是动态调整。这样,能使家长更好地理解学校教育和教师的工作,建立起基于学生成长和教育实践的交往、互动、合作关系,以免因不熟悉、不理解而相互排斥,甚至相互指责。

就家长参与学校学生活动的类型而言,有"主题系列活动""传统节庆活动""社会实践活动"等;就活动组织层面而言,有"学校层级活动""年级层级活动"和"班级层级活动"等。对于不同的学生活动,家长参与的程度不同、方式不同,都会给学生成长带来不同的效果。例如,校级活动中,家委会重点在于协同学校一起策划;而在年级活动中,他们发挥着参与、跟进的作用;在班级活动中,他们的参与注重每一个任务链的落实。鉴于各类活动最终的落脚点在于班级层面活动,以下就以班级学生活动为对象,讨论家长的参与问题。

一、活动准备

1. 针对活动主题,分析家长资源

当班主任在组织策划班级活动时,特别是在确定活动主题后,要对家长资源进行系统归类。这种归类可以包括:家长的籍贯、工作、特长、工作时间、个性特点等。这些就是家长身上蕴藏着的丰富资源。教师要始终相信,在家长群体中不乏自身素质高、家庭教育效果好,有意愿积极参与学校学生活动的家长。这些资源的发掘和归类,就是班级日后开展活动的参照表。

上海 Q 小学为了更准确地掌握家长资源,更有效地开展家校合作项目,编制了一份家长信息收集表(见表5-1),每个入校的学生家庭都要填写。从这份信息表中教师可以得到学生家庭的基本信息,便于今后在家校合作项目开展的过程中,有的放矢地进行信息的传递。

表5-1　Q小学家长基本信息调查表

Q小学家长基本信息调查表							
学生姓名		家长姓名	年龄	学历	工作单位	休息日	爱好、特长
	父						
	母						

有了这份调查表后，班主任在后期开展活动时，请哪类家长参与活动就有了依据。例如，期末，Q小学要进行一年级学生的表现性评价。这个阶段所有的年级都在进行期末质量调研，学校安排不出更多的人手参与到一年级的活动中。作为一年级的家长，他们除了每天看到孩子的作业和听到一些教师反馈之外对孩子的在校情况了解并不多，他们实际上是愿意更多地参与到孩子的活动中的。学校开展的家校合作项目正好可以解决双方的需求。但是作为一项在日常开展的评价活动，对于评价人员的时间、学历是有一定的要求的。针对这一信息要求，班主任张老师对班级家长的信息进行了检索，找到了符合条件的四位家长（见表5-2）。

表5-2　Q小学一（1）班家长基本信息调查表

家长基本信息调查表							
学生姓名		家长姓名	年龄	学历	工作单位	休息日	爱好、特长
柯**	父	柯**	39	本科	全职	全休	运动
	母	陈**	38	本科	上海**进出口有限公司	双休	唱歌
沈**	父	沈**	33	中专	个体	不固定	运动、旅游
	母	沈**	33	中专	个体	不固定	运动、旅游
王**	父	王　*	36	本科	上海**精细化工有限公司	双休	阅读
	母	解**	36	本科	上海**文化有限公司	不固定	阅读
段**	父	段**	40	本科	上海**机电科技股份有限公司	双休	足球
	母	庄**	37	大专	**重工集团公司第**研究所	双休	烹饪

经过联系，学校正式邀请小柯爸爸和小沈妈妈来参与这次表现性评价。在参与过程中，两位家长认真负责学生的安全和纪律，关心孩子的身体状况，并拍摄了很多孩子活动的照片发送到班级群中，让更多的家长看到了自己孩子的在校状态。由于班主任掌握了班级家长的第一手资料，在寻找合适人选的过程中，没有盲目地去发动全班家长参与，而是有的放矢地进行意见征求，起到了事半功倍的效果。

2. 告知家长活动信息，鼓励家长提出建议、共同策划

在确定初步方案后，需要向家长传递活动信息，可以采取以下三种方式：

（1）由班主任直接告知家长。建议班主任采取小范围和大范围相结合的方

式,在集体告知班级所有家长有这项活动后,还可以直接与部分家长进行直接沟通,通过个别沟通保障一支积极性较高的家长队伍,并带动其他家长。

每年的安全护校志愿者的招募是 Q 小学开学必做的工作。由于 Q 小学地处小区主要干道,每天上学、放学时人车混流,存在较大的安全隐患,需要更多的志愿者参与其中,为学生的安全保驾护航。四(1)班的班主任张老师通过班级 QQ 群向全体家长发布安全护校的招募消息。信息一发布,大多数家长反应积极,纷纷报名参加安全护校活动。这样的氛围也感染了那些原本还在犹豫和不愿意参加的一些家长。他们提出了自己不能参加活动的困惑:时间凑不上;老人接送……热心家长纷纷出谋划策,很多问题都迎刃而解。现在参与安全护校活动的家长达到了 95%以上。

班主任直接告诉家长的方式,具有权威性,可信度高。但是毕竟要牵扯到家长的休息时间,可能部分家长会有不同的意见。这时就需要挖掘班级中现有家长的资源,用这一部分家长去推动另一部分家长共同来参与学校的活动,形成良好的群体互动。

(2) 鉴于家校合作的现状,可能存在部分家长对于学生活动不关心的问题,那么可以让学生来传递这样的活动信息。因为亲子关系的缘故,家长们会非常在乎自己孩子的感受,当孩子很希望自己参与活动时,这样的传递就是一种高效的策略。

一项活动的开展,总是有赞成和反对两种不同的声音存在,但是家长对于孩子的爱是不会改变的。四月是 Q 学校开展亲子运动会的固定时间。每一次,班主任都会选择不同的家长参与运动会。这次一(2)班主任把目标定在那些不太认可家校合作的家长群体。班主任提前一周下发活动征询表(见表5-3),让孩子回家征询家长意见,让家长有选择和准备的过程。家长收到征询表后,都答应孩子要来参加学校活动。由于前期有了充分的准备,在亲子运动会的比赛进程中,所有孩子和家长共同努力,体验运动带来的乐趣,感受到了活动给家庭生活带来的变化。

表5-3　Q 小学"亲子运动会"家长征询单

通　　知

亲爱的家长,您好!
　　我校定于 4 月 25 日下午一点在学校操场举行"2015 年春季亲子运动会"。诚邀您共同参与活动。

Q 小学
2015 年 4 月 18 日

附:比赛项目:1. 推小车 2. 投篮进袋 3. 双飞跳绳 4. 搬运工

回　　执

我已知晓学校开展的"2015 亲子运动会"活动,能准时参加。(　　)
　　　　　　　　　　　　　　　　　　不能参加。(　　)

（3）"校级—年级—班级"三级家委会成员间的活动信息沟通。这也是至关重要的。在校级家委会会议上，校级家委会成员就活动主题进行解读，然后分年级进行目标转化和分主题讨论，最后落实到班级家委会层面的实施，这样自上而下的全面推进，会吸引越来越多的家长参与，一个个小群体推动整个大环境，活动就能汇聚起家长的智慧。

Q小学的家校合作管理委员会的"学习交流部"承担着指导家长学习家庭教育的正确方法，改善家庭育人环境的重要作用。2015年三月，担任"学习交流部"负责人的伏女士召集年级的"学习交流部"成员召开短会，听取大家在家庭教育中比较集中的问题，从中找到适合大多数家长的学习主题，开展了第一次家长学习沙龙。沙龙的主题定为"孩子呼唤我们改变"。由于沙龙的交流主题来自于家长，活动当天吸引了各个年级的不同家长。家长共同阅读，共同交流，从别的家庭中获得家庭教育的经验。活动结束后，二年级的刘女士含着眼泪说："我一直为孩子的成绩困扰，稍有不如意就冲着孩子大喊大叫。可是一直没有什么效果。有段时间我甚至觉得我的孩子就是傻瓜，生活陷入了绝望。通过今天的学习我知道，学习不仅仅是孩子在学校中的事情，也是家长的事情。今后，我要改变态度，相信老师，相信孩子。"虽然这一次参与活动的家长人数并不多，然而他们回到班级中，把正确的家庭教育的观念传递给了具有同样困惑的家长，吸引了更多的家长主动参与学习交流活动，形成了家长和孩子共同学习、共同成长的良性局面。

3. 组织汇总家长建议，形成初步方案，并招募活动志愿者

信息发布以后，班主任就要主动召集家长听取意见和建议。主要方式有，一是可以采取直接与家长交流的方式；二是可以请班级家委会成员召集；三是可以以书面的方式召集。总之，班主任可以根据实际情况来安排，但这个过程非常重要。家长如果真心投入，他们会很希望听到教师对于他们建议的反馈，所以最初的活动策划就显得非常重要。

> 作为教师，此时需要注意：一是不管采取哪种方式交流，教师本人一定要全面了解活动、清晰把握活动的教育意义；二是班主任要尊重家长，学会与家长真心沟通，长此以往，这样的活动策划就会有越来越多的家长融入。

然后就是初步形成方案，招募活动志愿者。招募的过程其实也是家校合作中一些处事机制的实施。例如：每学期期初或者具体活动前，班主任面向全体家长发出招募通知，有需求的家长会响应报名；罗列家长能参与的意向项目，便于今后的活动开展。在这个过程中，班主任需要对活动和家长资源作综合、清晰的考量。

> 【主要障碍】
>
> 　　1. 教师对于家长资源的清晰掌握。首先，教师对于家长资源的价值判断正确与否，会直接影响后续家长参与学生活动的程度。其次，教师如何捕捉和挖掘家长资源，是有挑战性的。最后，教师要就班级家长资源进行有向、有序归类，为后续活动作好准备。
>
> 　　2. 如何发动更多的家长参与。准备活动中，我们建议从多方面进行信息沟通，让更多的家长参与到活动中来。在具体实施过程中，需要班主任作为第一责任人，对活动主旨进行正确阐释，而不是以布置任务式与家长沟通，或让学生代为宣传。当然，如何发动更多的家长参与，具体的活动会有不同的方式，但互相尊重是首要前提。
>
> 【相关保障】
>
> 　　1. 发挥校级、年级、班级三级家委会组织的力量。虽然在准备活动阶段，我们以班级为单位进行阐述，但是校级家委会、年级家委会的作用不容忽视，因为这两者适用于在校级和年级活动中发动家长力量参与活动。
>
> 　　2. 班队主题活动的有序策划，将学生的力量有机融入。在活动中我们强调让学生说服家长参与学校活动，但是如何让这种说服更有力量，让家长信服，就需要班主任对班队主题活动的策划有序，并且贴合学生实际，让学生将班主任的邀请转化为自己发自内心的邀请。
>
> 　　3. 学校方需要成立活动部门，跟进并保持信息畅通。这个组织可以是校级、年级和班级的，依据活动的层级而相应设立。

二、活动开展

1. 明确任务和岗位分工，确保活动有序实施

经过前期准备后，教师和家长都知晓了活动的意义、具体的活动步骤，并且达成了共识。在此基础上，班主任就可以采取两种方式推进下一阶段活动：一是班主任直接面对参与活动的家长，对他们在活动中的岗位进行分工，并明确各岗位职责与义务；二是请班级家委会成员向家长分配任务。无论采用何种方式，班主任都是活动的统筹和协调者，是保证活动有序开展的责任人。

2015年6月1日，Q小学举行"六一"大队集会和庆祝活动。活动分为两个部分，多个场馆进行。其中"石榴花亲子义卖活动"阶段是需要家长参与的。有的家长需要参与义卖物品的筹集、整理工作；有的家长需要参与义卖当天的卖场负责工

作;有的家长需要做好义卖过程中学生的安全引导工作。在这一过程中,由学校牵头,明确义卖活动哪些环节是需要家长一起参与的,确定各个环节的家长来校人数。班主任回到班级中通过信息媒体发布需求,征求志愿者,然后根据家长报名情况和家长的个性特点进行分工。如一(1)班沈同学家长是经营服装的,对于分类整理、定价有一定的经验,于是她就承担前期的物品整理和定价工作;柯同学的爸爸善于和孩子们做游戏,他就负责孩子在义卖休息阶段的活动组织工作;小林的外婆十分细心,由她负责带领孩子进场馆购买物品;杨妈妈十分外向,她就负责场馆内的宣传工作。因为班主任对于班级学生家长的资源了解清晰,分工合理,在活动当天安排有序,每个孩子都购买到了适合自己的喜爱的物品。场馆内的义卖物品销售一空。

由此可见,在活动的过程中,班主任对于家长来参与活动要有清晰的认识,只有这样才能充分发挥家长的特长,带动更多家长参与学校和班级活动。

2. 活动实施过程中,学生与家长合作分担,教师有效协调

在活动实施过程中,要突出家长参与的价值。同时,引导学生与家长一起合作分担任务,让亲子关系在同一任务驱动下实现较好的互动。在这个过程中,班主任的着眼点不是个别家庭,而是尽量让班级所有学生、家庭都受益。只有这样,学校的活动才会吸引越来越多的家长参与。此外,班主任还可以有意识地将家庭间的资源进行有效整合,让家庭影响家庭。

【主要障碍】

1. 家长间能力差异性较大,过程中如何有效干预?家长在参与活动时会承担具体任务,但在实施中存在很多突发事件,如临时不能到岗、任务较重难以有效承担等。针对这样的突发状况,班主任首先需要有预设,以免到时手忙脚乱;在安排分工时,要注意家长资源间的互补和互助。

2. 如何使活动具有意义?家长参与学校活动的价值如何被提升?关键在于活动如何影响孩子的发展和亲子关系。任何环节的任务设置,都需要围绕这个目标进行。

【相关保障】

1. 加强活动中的人员配备。在活动中,每个岗位的人员配备都要齐全,同时还要保证家长志愿者与班级教师间信息沟通顺畅,确保在突发状况下能够及时补位。

> 2. 有效设计亲子活动。家长参与学校学生活动之所以越来越被学校重视，在于其价值不断被挖掘，特别是亲子活动的设计，能拉近家长与孩子间的关系，这样的关系改善，也是保障学校教育取得实效的方法之一。

三、活动后期

每次活动的过程都是创生的过程。活动结束后，如何选择新的起点，是个重要的问题。

1. 设计活动反馈表，汇总学生、教师、家长三方的活动体验

在每项活动完成后，建议教师、学校开展活动反馈工作。通过挖掘、总结家长在参与学校活动中积累的成功经验，通过展示、交流、现场观摩等形式，可以加强宣传、推广、教育、启迪广大家长。

其实，学校在活动结束后，设计活动反馈表，以汇总学生、家长、教师对于活动的看法和思考，是家校合作不断在一次次活动中生成新质的有效途径。因此，活动反馈表需要精心设计，以反映出活动主体真实的体验和理解；汇总的信息需要作细致的分析，为下一次活动更好地开展奠基。

2. 以主题班队会等形式进行活动后期交流

通过主题班队活动，总结和提升相关经验，也是重要的，而且情感的渲染和提升也需要这样的场景。我们建议班主任就家长参与的学生活动，设计一系列的主题班队会，每次都邀请家长一起参与，让他们感受到孩子们在活动中最真实的成长，同时也让家长们感受到自己参与活动的价值，为家校合作的后续工作作好铺垫。

3. 教师对家长参与作评价和重建

教师作为活动的直接策划者和参与者，也需要对家长参与活动做一个书面的系统分析与总结，并对过程中存在的问题作出分析，形成系统的文本。教师也可以通过直接或间接的方式，对相关家长作出有针对性的反馈。

> 【主要障碍】
>
> 1. 活动反馈表的设计如何能全面反馈活动信息？教师对于设计活动反馈表、采用相关研究方法等，相对不熟悉。这需要学校教师通过一次次的活动、一次次的尝试，在学中做，在做中学。同时，学校也需要予以一定的指导和帮助，强调调研要建立在客观、真实、全面的基础上。

2. 后期交流会如何挖掘活动的深层价值,实现家长参与与学生个体成长、亲子关系和家长个体成长的价值挖掘?后期以主题活动方式开展交流,班主任需要巧妙地设计各环节,引导、激发学生的感受与父母情感上共鸣、家长参与学校活动的价值认同、学生感受学校生活的丰富精彩等。

【相关保障】

1. 学校提供对于活动反馈表设计的相关建议和指导,且该设计表不是一劳永逸的,需要随着活动的变化进行调整。学校对于活动反馈表的设计,可以进行相关的培训,让每个教师学会这项技能。

2. 学校相应部门对于教师的评价与重建工作进行有效指导,积极回应教师需求,让教师也在反思与重建中成长。家长参与学校学生活动也是促进教师专业成长的有效途径。学校应组织相关的家校合作部门,关注对教师家校合作能力的指导。

家长参与学生学校活动,有着一定的操作流程,但也有可能遇见不同的"意外",而这恰好说明了家长参与学生学校活动的丰富性和独特性。

浙江省奉化市尔仪小学胡国栋老师撰写的《组织家长参与学校体育活动应注意的八个问题》[①]一文中,总结了组织家长参与学校体育活动时应注意的八个问题:活动日期的安排要合理;活动项目的设置应以趣味性为主;组别设置要灵活,允许一个家长参与;项目设置要符合个体锻炼的要求;比赛项目的比赛方法、规则,尽早告之家长;活动器材准备要充足、质量要保证;做好活动规则的培训工作;场地分布要明确。在这篇文章中,作者虽然没有详细说明前期活动如何筹备,但这八个问题有助于教师对家长参与学生活动进行整体思考、充分准备。

第二,广西壮族自治区防城港市防城镇第二小学陈治、禄钟春老师撰写的《让家长到学校开展教育活动的技巧》[②]一文中,以家长会为切入点,以"预先准备,有的放矢""开会交流、实话实说""学习培训、促进提高""制订计划、实做实说""参

---

① 胡国栋.组织家长参与学校体育活动应注意的八个问题[J].体育师友,2011(6).
② 陈治,禄钟春.让家长到学校开展教育活动的技巧[J].基础教育研究,2010(7B).

与活动、分享快乐"五部分,向我们呈现了如何利用家长会来有效开展家校合作。细读文章,我们可以看出一个教师如何通过自己的努力,密切联系着家长和学生,通过活动促进家校间的情感沟通,使学校教育和家庭教育形成合力,共同营造良好的教育环境。

上海市杨浦区控江二村小学周中梁老师撰写的《家长参与是学校开展科技活动不可忽视的资源》①一文中,向我们完整呈现了学校开展科技活动的方案设计。在方案中,我们清晰地看到了通过活动调动家长的参与热情,开拓家长参与科技教育的新资源,同时也丰富了学生的课余生活,发展了学生的创造性思维和动手实践能力。因此,本文提供给我们的思考是:任何一位教师都可以从自己任教的学科出发,挖掘家校合作的着力点,为学生的健康发展助力。

家长参与学校活动的研究,需要走向深入。这不只是体现在家长参与的数量增多、参与范围扩大上,还体现在参与内容的丰富和参与程度的深入方面。在此背景下,需要进一步思考以下问题:

一、当家长资源相对贫乏时,教师如何挖掘和运用?

很多学校都是普通的,面对非常普通的家长。他们的学历可能不高,职业可能不够鲜亮,甚至自信心也不会很强。那么,学校如何实现对家长的尊重、又怎样建立良好的合作关系?如何实现过程中的家长资源汇聚、辐射与创生?这需要更多的学校开展探索与研究,形成基于中国现实基础的新经验。

二、当组织建立后,如何发挥组织自身的力量?

校级、年级、班级三级家委会是需要在学生活动中实现沟通与整合的。但是,在具体实践中,我们也发现,家长参与的全面性还有待提高;似乎总是有参与度不高的家长,也会出现部分家长的替代现象。据此,仅仅依靠教师也是不够的,需要进一步研究如何发挥三级家委中家长的力量,促成家长之间的相互影响,增强家委会的自组织力量。

---

① 周中梁.家长参与是学校开展科技活动不可忽视的资源[C].上海市青少年科普促进会主编.整合科普资源,优化科教环境——第十五届上海市青少年科技辅导员论文征集活动论文汇编,2007:135.

三、家长参与学校学生活动中,如何发挥所有教师的创造力和组织力?

目前,我们发现学生活动基本上是以班主任组织、参与为主,很多科任教师对于家校合作中自己的参与意义还不清晰。这就提供给我们再思考的主题:如何促进各学科教师参与到家校合作开展的学生活动中?如何整合学科教师的力量?如何促成家长与各学科教师在学生活动中的直接合作?这自然涉及学校教师团队建设,受制于班主任的领导力,也体现着学校文化建设的质量和家校合作工作的水平。

第六章

学校决策：现代管理，过程参与

王培颖[①]

2014年6月16日晚18时30分，Q小学举行了2013学年家委会期末工作总结会。依据家委会章程，本次会议是现任家委会主任张先生主持。他先邀请一至五年级参与"课程督学部"工作的五位家长代表进行了总结回顾。

一年级家长代表刘女士以学生"绿源积点站"活动为切入点，认为当前学校组织的一些活动是基于学生成长需求，致力于从小培养孩子的环保意识。她建议这样的活动多多益善。

二年级家长代表祝女士肯定了学校管理部门及时回应问题的态度和行为，同时希望学校多举办专题讲座，让家长更多、更好地了解如何教育孩子。

三年级家长代表李先生从其自身的职业背景出发，给学校食堂的环境卫生以专业建议。他希望学校对食品选料、粗加工、烹饪、餐具进行严格检查，保障师生的食品安全。

四年级家长代表茅女士从自身督学经历讲起，分享了她对于家长参与管理和决策的校本课程越来越丰富多元的感受，同时建议学校多关注德育校本课程建设，让每一个学生在学会合作交往中天天向上。

五年级家长代表郭先生从"家长参与决策"制度的沿革谈起，从家长"相约星期一制"到如今"年级包月制"这一参与决策制度的形成与发展，感谢学校给予家长参与学校管理的平台、尊重家长资源、坚持放"四权"，[②]使越来越多的家长参与到学校各类活动建设中。同时他提出，下阶段"家长进课堂听评课"活动需要更加

---

① 王培颖，上海市闵行区汽轮小学校长，中学高级教师，华东师范大学新基础教育研究中心兼职研究员。
② "四权"指"知情权""参与权""监督权"和"管理权"。

严谨地开展,"家校共育"的制度需要传承与发展。

就各位委员的交流,主持人介绍了他所作的统计:过去的四个月中,学校"课程督导部"和"学习交流部"先后组织了87人次的家长走进课堂,参与了127节次的课堂教学和16次教学研讨活动,努力帮助家长全方位了解学生在校学习状态与生活习惯等;如果家长对学校的课程设置有不同意见,相关部门也可以及时与校方沟通。另外,在校园检查中,家委会成员共提出了17条安全隐患或建议,其中有14条属于即时改进型,2条属于后续改进型,1条属于持续改进型,8条属于特殊时期需要注意或者防范型;共有16条得到了校方的落实,如路面积水湿滑、操场花坛有杂物、窨井盖松动等;有1条尚未得到落实,即"食堂工作间达标"问题。主持人同时感言,自己通过协调组织2013年9月1日学校开展的"构建社区和谐教育新生态"多方联动现场推进会、9月18日接待美国范德堡大学代表团的来访、10月12日"让智慧托起教育梦想"主题活动、12月5日区域"智慧传递"现场活动以及"品年味·重乡情"乡土文化小课程教育活动等事例,越发认同"家校合作"是走向"未来的智慧",是"草根的智慧",是"生命的智慧"。

之后,"安全护校部"的家长将各班参与此项工作的数据进行了公示,并建议下学期各年级要保障家长的参与面,尽量让每个家长都参与。此时,主持人感言道:安全护校部的工作非常辛苦,也非常出色——因为这个部门需要花很多的时间和精力来组织并协调各方面的资源,除了每天上学、放学时维持秩序外,还要为学校不定期的大型活动保驾护航。据不完全统计,过去一年里,安全护校部成员的出勤次数为:一年级家长54次,二年级家长54次,三年级家长45次,四年级家长54次,五年级家长54次。可以看出家委会成员及所有家长对参与学校及家委会工作是非常支持的,也是非常热情的,这也充分说明这个组织越来越得到大家的肯定。

一群由非教育专业人员组成的家委会竟然可以如此参与学校管理和学校决策,让与会的教育专业人士动容,参与会议的一年级班主任蔡老师感言道:"他山之石,可以攻玉。孩子的教育一定是家长和教师共同参与完成的。我敬慕家长对学校教育影响的自组织力量;钦佩家长直言不讳地谈问题、说想法、提建议、反思和重建自己的工作。在这个过程中,家长之间的差异资源被不断挖掘、运用、吸收为学校发展的正能量,并不断衍生和传承。"青年教师小姜感言道:"现代学校制度不是一句空话,在学校的每一天,我都能真切地感受到它。家校合作真是一项促进师生、家长和学校内涵发展的生命实践研究,具有重要的促进生命成长的意义。参与这项工作,我感到自己很幸福、很充实。"(如图6-1所示)

第六章
学校决策：现代管理，过程参与

图 6-1　Q 小学家委会学期工作总结例会现场

会议后，学校随机对全体家长进行问卷调研，"非常赞成""家校合作"改善并促进了亲子关系的比例，有的年级高达 90%，最低也达 63%（如图 6-2 所示）。

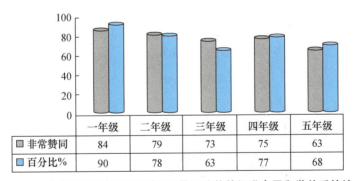

	一年级	二年级	三年级	四年级	五年级
非常赞同	84	79	73	75	63
百分比%	90	78	63	77	68

图 6-2　Q 小学家长对于"家校合作"是否改善并促进亲子和谐关系的认识

像这样的专题议事会议，在 Q 小学每学年总会有三至五次，主题与形式往往根据学生成长需求和学校管理需要而设计（见表 6-1）。

表 6-1　Q 小学家委会参与管理决策会议的形式与种类一览表

时间	主题	形式	参与对象	地点	主持方
学年初	听证	校级沙龙	学校"社·企·家·校·军"五方文明共建议事会成员	学校	校领导
学期中	议事	年级沙龙	年级家委会成员	不限	年级组长

099

(续表)

时间	主题	形式	参与对象	地点	主持方
节庆日	策划	座谈会	班级家长代表	不限	班主任
学期末	总结	交流会	全体家长	学校	家委会
学年末	表彰	推进会	全体家长	学校	家委会

综上,通过家校合作可以成功构筑和谐的家校关系;邀请家长参与学校决策的形式和途径是多元多维的,如听一节随堂课、与老师作一次交流、与同学作一次沟通、与领导作一次访谈、填写一张问卷、巡视一次校园、提出一个办学金点子等。在Q小学,推出上述举措伊始,学校也曾面临一些问题和挑战,如:"家长督学"如何产生?其功能如何协作?如何提高家长督学的水平?学校如何充分发挥家长督学的作用?如何让教师乐于接受家长督学?这些难题,在Q小学家校合作的实施过程中,正在逐一解决。

自从学校请家长一起参与决策以来,其家长主体性和活力得到有效激发。Q小学自下而上、自上而下进行协调沟通,建立了家校合作日常工作的"交流反馈机制"。

这些贴心的措施大大方便了家长从多角度了解学校相关情况,参与学校管理,并能与相关领导、教师和学生进行面对面沟通,增进相互理解和包容,有利于家长理性评价学校教育教学等工作。在2013学年第二学期期末家长会上,Q小学针对"家校合作"是否可以促进学生学业进步这一问题进行跟踪调研,至少63%以上的家长非常赞同这样的组织形式(如图6-3所示)。

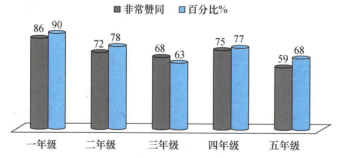

图6-3 Q小学家长对于"家校合作"是否促进学生学业进步的态度

当然,单凭家长强烈的参与愿望,是无法实现和形成支持家长参与学校决策及管理的良好氛围的,学校校长、教师、学生的态度也是极其重要的。在这项工作推行之初,Q小学教师或多或少有些思想负担,主要是担心家长过多介入会干扰教育教学工作,同时也顾虑学校是否会因家长的意见而责备教师。学校通过及时宣传家校合作共赢理念,关注并表彰督学过程中教师与家长有效沟通的案例,从善意的角度帮助那些家长督学反馈中存在某些问题的教师等,逐渐打消了教师的疑虑。为了让家长积极参与到学校教育教学管理中来,学校领导和教师指导着家长委员会定期举办有关家教方面的讲座,如《家教方法经验谈》《赏识教育漫谈》《未成年人保护法》等,让家长开拓思路,掌握方法,找出不足。

有研究表明:①学校组织的理性是一种"有限理性",为此,达成科学决策需要从校长个人决策转向教师团队、家长团队和学生团队的合谋共断,大家尊重决策的科学性,倡导决策的民主化,并期待决策随着事物的变化合理地生成。

Q小学的家校合作管理的决策方式从"无谋独断"到"合谋共断",学校从决策到实施,再到评估的全过程,都是教师和家长共同参与,民主的氛围越来越浓,其过程是变革与发展现代学校管理和领导的生态优化过程,由于不断创新家长参与学校决策及管理的形式,并形成了一定的机制,落实了章程中规定的权利,调动了家长参与学校管理的积极性。当前,学校的内外环境都更加和谐了。

一、现代学校制度建设的需要

家长参与学校决策,可以帮助学校实现决策及管理的民主化、科学化,是学校民主化与办学机制完善化的集中体现。家长参与到学校决策之中,不仅丰富了学校管理的参与主体,提供了更为丰富的智力资源,也增强了决策团体的整体力量,为促成当代学校的转型性发展贡献了积极的力量。

二、学校文化创建的需要

随着社会发展和教育进步,家长对子女教育的关注已从"送子女入学"转变为"参与学校教育过程"、促进学校办学质量提升。通过欢迎家长参与学校决策,学校的文化变得更为开发、有弹性;也因为家长的参与,学校教育工作者能够建立起与家长之间相互尊重、相互帮助的关系,从而使学校的文化建设融入更大的"家园"建设之中,融入社会文化的更新之中。因此,家长的参与,将为学校文化的创建贡献独特的力量。

---

① 杨小微.从"驭人之术"到"成人之道"——当代学校管理变革过程中的立场转换.叶澜主编.立场.桂林:广西师范大学出版社,2007:186—188.

三、家长承担社会责任的需要

家长需要合适的渠道来了解当今教育改革与发展的现状,更需要以自己的实际行动承担教育责任。在家庭教育之外,家长通过参与学校决策,既能充分认识、体验当前学校教育的发展状态,更新自己的教育理解、教育期待和教育行为,更能直接在学校中发挥自己的作用,与学校教育工作者共同承担教育子女的责任和义务。从这一意义上说,参与学校决策,是这一社会及教育责任的直接表达,也能更好地增强家长的教育意识与能力,从而影响其承担家庭教育责任。

"决策"①(decision-making)一词在中国最早出现于《韩非子·孤愤》:"智者决策於愚人,贤士程行於不肖,则贤智之士羞而人主之论悖矣。"亦可理解为"决定"或"进行选择"。美国著名学者斯蒂芬·P. 罗宾斯(Stephen P. Robbins)在《组织行为学》②中提出,"决策"就是决策者在两个或者多个方案中进行选择。《中国大百科全书·政治学卷》对"决策"给出的定义是"从多种可能选择中作选择和决定"。从上述内容可见,"决策"是人们为进行活动而采取的选择性行为,没有选择也就无决策可言。③

长期以来,人们在对决策的认识上,主要有两种类型:一是认为决策就是对各种行动方案的选择,即最终的"拍板";而另一种则认为决策是探索、判断、评价行动目标并最终作出选择的全过程。这两种认识都赞成"决策"是为实现目标而进行的行动方案的选择,区别在于前者视选择为一个点,而后者则视之为一个不断选择的过程。在学校办学实践中,如果将"决策"仅仅看作是一个行为节点,"决策"就容易变成个人权力的象征,管理者不需要征求别人的意见,自己拍板决策即可;而将"决策"看成一个过程,就在空间和时间上为决策的民主参与提供了可能。本章所讨论的家长参与学校决策,就是指这个共商议事的过程。

以往,家长只能对学校领导者和相关人员"言听计从"。而随着家长委员会这一组织系统的建立,越来越多的家长渴望拥有参与、决策、评价、监督等权利。高质量的家校合作,要求学校领导和相关人员真心诚意地让家长参与学校决策全过程,

---

① 张兆芹.学校领导决策模型的实证研究[J].教育发展研究,2010(10).
② [美]斯蒂芬·P. 罗宾斯,[美]蒂莫西·A. 贾奇.组织行为学[M].孙健敏,李原,黄小勇译.北京:中国人民大学出版社,2012:235.
③ 杨小微.近五年我国基础教育改革及其研究的进展报告[J].基础教育,2011(3).

包括"决策形成""决策执行"和"决策监督"等方面;家校双方要主动达成共识,共同遵守"目标一致""赋权承责""发挥所长"和"平等尊重"等原则。借用室内装潢所常用的话语,学校要为家长提供参与学校决策的"软环境"和"硬环境":"软环境"指家长参与学校管理的相关政策法规或运作机制,"硬环境"指家长参与学校管理的组织保障,相关组织通过定期培训家长和教师,提升其参与协作能力,使其形成合理的理念认识,扎实家校合作尤其是家长参与学校决策的思想基础。

指导家长主动参与学校决策,形成负责任的判断和选择,可从以下几方面展开:

一、建设好家长参与决策的"硬环境"

学校在建设好"硬环境"的同时,要设计适合不同群体家长参与学校决策的工作平台(参见表6-2)。可以尝试把家长在参与学校工作中的角色分为:学习者,支持者,学校活动的参与者,学校教育决策参与者。

表6-2　Q小学家长参与学校管理决策分级分层参与汇总表

对象	活动项目
全体家长	参与对学生成长计划的策划
	参与教师发展评价
	参与校本课程建设管理
"三级·九部"大员	参与学校发展规划的制定
"校级九部"大员	参与学校重大事项的讨论

学校可以采取的主要措施是:召开"办学听证会",听取家长/社会对"办学满意度问卷"(参见表6-3)的回答;广泛采集学校管理优势、潜势及相关瓶颈问题;形成"开门办学"和"依法治校"等良好的社会信任度。

表6-3　Q小学办学满意度问卷编制的相关要素

问卷项目		问题内容
家长基本信息		身份,文化程度,职业,家庭月总收入,家庭结构,孩子所在年级
家长参与学校管理现状信息	客观实际	家长和学校关系
		家长参与学校管理各层面之实际做法
		家长委员会建立和运行状况
	理论认知	对家长参与学校管理的认识
		对家长参与学校管理各层面之理论认知
		对校长、教师、学生关于家长参与学校管理的意愿的知觉
		家长参与学校管理的条件和障碍

二、优化家长参与学校决策的"软环境"

在完成相关"硬环境"建设后,更多家长的参与意愿会被激发,相关的参与知识和能力会得到发展。在这个关键时刻,学校要把参与学校管理决策的主动权真正交给每一位学生家长,包括弱势群体家长。同时,学校就家长没有时间参与这一客观问题,也需要采取合理的措施和方法,解决好家长愿意参与但没有时间参与的问题。这期间,家长先参与学校教育教学活动,重在读懂学校。如家长参与课堂教学,跟孩子一起听课;参与校外的联谊活动;参与家长会、联欢会、运动会;带领孩子参与社会实践活动等。

> 【主要障碍】
> 1. 如何完善家长参与制,真正建立家长全员参与的运行机制?
> 2. 让不同层次的家长参与学校决策管理,可能会带来各种文化冲突与挑战。
>
> 【相关保障】
> 1. 家校双方协商,共同制定合作管理规章制度和严格的权力等级,可以避免混乱和保证效率。
> 2. 学校务必要倾听家长和社会的声音,形成家校、社校信息通勤长效机制,尤其是针对办学主要问题,要真正建立对话机制。

三、引导家长参与学校决策的主要方式

学校也是一个决策型的组织,因此,学校决策是学校管理活动的必要条件。学校在确保家委会"依法、规范、有序、有效"开展管理工作的前提下,应允许乃至于支持、帮助家长参与学校决策,尤其是对事关学生、家长切身利益的措施拥有决定权;学校还应鼓励家长委员会积极参与到学校教育教学评价中来。为更好地推动家长参与决策,学校不妨尝试让家长委员会参与学生重大违纪事件的听证与仲裁,以赢得家长信任,从而减少家校冲突,获得良好的社会效应。

家委会除了帮助学校做好德育工作、安全教育工作,推动减轻中小学生课业负担,化解家校矛盾等工作外,在其发展和决策过程中,可以从学校管理角度出发,关注学校管理的各项内容,如参与学校相关制度的起草与制定;参与班级管理方

面的决策;参与对学校、班主任、任课教师的评价;参与对学校管理层的监督等。

依照循序渐进的原则,学校邀请、组织家长参与学校决策,大致可以从以下几个方面入手:

1. 家长参与日常教育教学保障类决策

任何决策都具有预见性、选择性、主观性等因素,都是由人的主观意志对客观存在的可能进行选择,且这种选择又是立足于现实并面向未来的,具有不可知性。准确地筹划未来不可知的事情,就要求凭借现有的知识经验,进行科学的预测。要使学校决策科学化,首先要建立合理的决策体制,合理地分配决策权力。比如学校自治、多元主体决策、家长参与和社会参与以及激活动力机制等,都属可以考虑之列。① 根据西蒙的"决策理论","决策"程序一般为:观察和识别(调查环境、掌握信息)——设定目标——拟备择方案——选择方案——实施和反馈。Q 小学在开放"校服"选择权问题上大胆采用了此决策流程,如图 6-4 所示:

图 6-4　Q 小学采购"校服"民主决策实施流程图

由于 Q 小学在决策的民主化过程中下放知情权和选择权,100% 的家长和学生群体参与其中,形成了多主体共同决策。其过程最为关键的是知情权的享有和赋予,它是衡量一个组织是否具有民主氛围的重要标志,也是对组织中每一个成员平等权利的尊重,更是推进参与式决策的重要前提。

在学校文化氛围比较积极的学校,教师和家长一般都能在探索中发现问题,提出创新点,学校支持推行,这是一个由下而上的改革过程。例如,学生的健康饮食安全、人身安全、校服安全、甲醛超标等问题,也是学生安全工作的重要组成部分。这些内容也是家长极其关注的,使家长有着强烈的参与决策的愿望。如果学校有意识地引导、组织家长参与对这类问题的诊断、解决,顺应家长参与决策的需要,不仅有利于学校工作的开展,而且有助于建立完整的家长参与学校决策体系与机制。

2. 家长参与课堂教学改革类决策

课堂是学生成长的核心阵地,是学校教育教学质量的核心生成域。该领域的变革,不仅仅需要在相关政策指导下进行,而且可以引导家长参与决策,共同促成本领域的变革。经过实践探索,我们大致可以从以下几方面开展:

首先是充分利用家长中的教育资源,发挥其在学生教育活动中的作用,为学生

---

① 龚波.学校组织的有限理性及对学校决策的实践反思[J].中国教育学刊,2006(2).

的全面健康成长创造条件。例如,请家长走进校园,参与班级活动,走近学生,了解学生,通过深度参与活动让家长到社会集体中来。其次是引导家长参与班级常规管理,发挥家委会的管理职能。最后是发挥家委会组织作用,开展家长培训、交流活动,激发家长参与学校教育教学的自觉性,并形成凝聚力。

例如,S小学坚持此方面工作多年,创新了"听课预约卡带您进课堂"制度,为每位家长发放课程表和预约卡,家长只要持预约卡就可以不受时间、次数的限制,随时走进教室观察孩子在校表现,了解教师教育教学情况,近距离与教师进行沟通。在听课的同时,班级家委会组织家长填写《阳光课堂教学评价反馈表》,对教师的课堂教学提出自己的意见。在"全面开放计划"实施一年中,全校家长听课2000余节,参与率达到100%。这类家长直接参与课堂教学改进的活动对教师形成了不小的压力,但从一定程度上推进了教师的专业化成长,推进了学校的评价制度改革和课堂教学改革,使新课程改革向纵深发展,其探索方式如图6-5所示:

图6-5　S小学"阳光课堂教学评价"活动决策流程

3. 家长参与课堂教学内容设计类决策

《教育部关于建立中小学幼儿园家长委员会的指导意见》将学校家长委员会的基本职责定为"参与学校管理"。然而,不少学校的家长委员会处于尴尬地位。一方面,家长委员会游离于学校管理体制之外,即便发挥作用也只是"边边角角";另一方面,学校也心存顾虑,只希望家长委员会能"为我所用",不愿让家长委员会过多地参与学校的教育教学管理。如此情形之下,家长委员会是无法真正发挥作用的。为保证家长委员会工作规范、有序、高效开展,学校要明确家长委员会的职责范围,确保其"依法、规范、有序、有效"开展工作,并及时向家长委员会汇报教育教学工作计划,随时邀请家长委员会委员列席学校的重要会议,参与重要决策,让他们充分享有知情、参与、监督和评议的权利。同时,充分发挥家长专业优势,为学校开展活动提出建议、提供支持,从而真正促进学校工作,实现家校共赢。

经了解,Q小学的家长乡土文化微课程实施,不仅以学校"共生融合"办学理念和"关注每一个孩子主动健康发展"培养目标为基点,更是从学生发展的需求出发,立足校本,开放空间,盘活家长潜在的课程资源,形成智慧合力,成功地构建起家长微型课程体系,并得以优化实施,体现出智慧的选择。

该校通过广泛发动,多途径构建家长微型课程资源库。学校对有课程开发意向的家长信息进行分类梳理和统计,构建家长微型课程资源库。在此基础上,学校根据家长拥有的课程资源优势,针对学生学习兴趣整体规划,在学校课程的大系统视野下,明确家长微型课程在学校智慧课程体系中的定位与作用,以及与校本课程间的关系,梳理出其课程结构,确立了"家乡游戏跟我学"健生堂、"谁不说俺家乡好"乡韵坊、"新年里的家乡味"喜乐会、"人杰地灵大中华"故事园和"我有一双勤劳的手"动手乐五大类微课程,形成一个由家长开发并实施的适合学生发展的课程学习模块组合。他们不仅关注课程的实施,还在实施过程中关注孩子的学习过程(如图6-6所示)。

图6-6　Q小学学生参与"乡土文化课程化实施"流程

X小学是一所普通的公立学校,他们组织了一批"故事妈妈"实施儿童绘本课程,连续多年往返于各个学校之间,给学校教育的发展注入了新的能量和活力。通过跟踪调研,笔者获得多方信息,一是"故事妈妈"坦言自己的行为是对自己孩子的回报,也是对学校教育发展,对教育事业的贡献;二是对于家校合作的生态影响。从系统生态理论出发,如果说将家校合作整个看成是一个生态系统,①"故事妈妈"绘本课程行动,无疑打破了这个生态系统,并且对此注入了活力,她们的所作所为势必会改变家长对于学校的认识,改变家长对于家校合作活动本身及其意义的认识,从而促进更多的家长主动参与到学校教育中来。这对于家校合作的发展具有更深远的意义。

4. 家长参与评价教师类决策

《国家中长期教育改革和发展规划纲要(2010—2020年)》指出,建立促进教师不断提高的评价机制。强调教师对自己教学行为的分析与反思,建立以教师自评为主,校长、教师、学生、家长共同参与的评价制度,使教师从多种渠道获得信息,不断提高教学水平。随着理念的更新和课改的推进,越来越多的人认识到:评价不仅仅是为了奖惩,更重要的是为了促进发展。与此相关的教师评价工作,就涉及一系列的决策问题,包括如何组织对教师的职业道德和专业能力的评价,其评价过

---

① 钟启泉.现代课程新论[M],上海:上海教育出版社.2003:367.

程中谁是评价的主体等问题。

让家长参与到对教师的评价决策及其具体工作中,一方面是家长应有的权利,另一方面也是促使家长了解学校和教师、形成"家校共育"合力的有效途径。此外,家长参与教师评价的决策及其具体工作,也有利于学校增强对教师教育教学活动的测评,有助于促进教师反思习惯的形成和反思能力的提高。作为校方,应以公允的态度处理各类评价结果,尤其在面对家长的意见或不满时,不可以简单地以牺牲教师的利益来讨好学生和家长,更不可以出于维护教师或校方的利益而生硬地拒绝家长的意见。校方应从多方获取信息,包括教师的自评,再对来自多种渠道的信息进行综合分析,尤其要给教师解释、申诉的机会,不要草率地下结论。这时,校方重在架起家长和教师之间沟通、理解的桥梁,重在促成问题的解决,重在促成教师进行反思和改进,而不是一个简单的"法官""裁判",这才是家长参与教师评价的真正目的。

当然,评价是一门技术,也是一种能力。由于家长参与教师评价在我国还是较为新鲜的事物,所以在家长参与到评价决策之后,有必要在家长参与教师评价之前进行必要的、科学的引导,如帮助家长了解评价的目的和内容,熟悉评价的过程和程序,以及如何使用评价工具或技术等。否则,容易在放任自流中降低评价的信度和效度,或使评价流于形式(如图6-7所示)。

图6-7　家长参与评价教师决策实施流程

5. 家长参与规范或规划的制订类决策

课堂氛围的营造需要学生配合,在教师与学生的互动中展开,课堂就不再是传统时代的一片沉寂,而是鼓励学生参与进来,特别是积极发言与讨论。课堂规范是学生在课上的行动指南,在教学改革不断推进的现时代,课堂规范也应与现时代学生相符合。教师或学校统一制订的课堂规范,往往是从个人或者学校角度出发,没能充分考虑学生的需要,不够民主。制定课堂规范可以在班会课上一起讨论,并最后决定。

在规范的制定中,也应当发挥学生和家长的主观能动性。家长对此环节的参与主要是消除一些可能带有歧视性质的条款,比如教师如何处理思想开小差或者与其他同学随便讲话,是否带有惩罚性质。家长的参与一定程度上是消除单方的独断,克服教育过程中的简单化倾向,即仅仅把教学作为知识的灌输,忽视其承担的育人功能。家长参与进来可以设计更好的激励方案,营造更活泼的课堂氛围,使学生更好地在课堂上表现出主动、积极的一面。

下面是一则 Q 小学由家长和孩子共同参与制定的班级课堂学习规范,参见表6-4:

表6-4　Q 小学亲子共同制定的"课堂学习规范"

1. 我人生中最大的挑战就是做别人认为我不能做的事。
2. 我忘记时,你提醒我;我记住时,你告知我;我明白时,你让我参与。
3. 我在教室里拥有以下权利:
a. 在这间教室里,我拥有快乐的权利,拥有以诚相待的权利,这意味着没有人会笑我,伤害我的感情;
b. 在这间教室里,我拥有安全的权利,这意味着没有人会踢我、惩罚我、推我或伤害我;
c. 在这间教室里,我拥有听和被听的权利,这意味着没有人会咆哮、尖叫、喊叫、制造噪音;
d. 在这间教室里,我拥有自我了解的权利,这意味着只要我不侵犯他人的权利,我可以自由地表达我的感情、观点而不被人打断或惩罚。
4. 如何取得好成绩:
a. 按时到校,作好上课准备;
b. 依照教师的指令做事;
c. 作业要整洁、准确;
d. 需要时请求别人的帮助;
e. 检查作业;
f. 找到学习的时间和地点;
g. 对自己负责。

规范,是对人的行为的范围、方向、方式、程序等的限制,是人们参与社会生活的行为规则。教学就是教学环境中的人们在行为时所应该遵守的,是对教学中的人的行为的限制。课堂教学需要良好的秩序,这主要由课堂规范来维系,这里重点讨论教师上课时学生应遵循的规范。一般认为,由于已经受到其职业规范的限制,所以教学规范主要针对学生,由教师执行。在我国通常意义上的课堂规范都是由教师制定的。事实上,这种带有专制和独权色彩的规范并无助于课堂秩序的建立,很多时候学生对于这样的规范有强烈的抵触和逆反心里,往往不能达到理想的效果。因此,积极吸纳家长的参与,共同讨论制定课程规范是非常有意义的,课堂学习规范对于孩子们形成良好的行为习惯具有重要的作用。

【主要障碍】

1. 影响决策的组织因素,主要有:决策体制、环境条件、组织文化、决策群体等,不能异化为校长个人决策,决策主体不能趋向一元化;

2. 影响决策的个人因素,主要有:思想观念、个人经验、决策能力、决策风格、风险态度、心理效应等(如图6-8所示),决策参与不能趋向形式化。

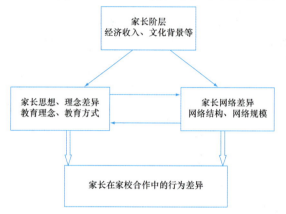

图6-8 "家校合作"决策过程中"差异"类别

3. 在学校管理过程中,决策无时不在,进行科学、有效、迅速的多元合作决策显得十分重要。学校管理决策要去"功利性",不能出现诸如"重分数轻素质""重结果轻过程""重名利而轻信仰"等的情况。

【相关保障】

1. 现状调研,厘清队伍结构。分期分批邀请家委会进校参与各类活动,了解学校情况,包括课程计划制订,课程设置原则,班级、年级和校级主题活动,包括校园主题体验活动的价值意义。

2. 架构决策保障机制。家校双方管理者要从学校整体着眼看待学校发展,掌握系统性原则、民主化原则和科学化原则。

3. 提供决策支持体系。例如,定时定点为家长参与心理健康教育提供机会。在当前的社会环境下,学生的许多心理问题激增,这直接影响到学生学业的正常进行。学生的心理健康受多种因素影响,家庭是主要的影响源,大多数心理健康问题都同家庭有关。家庭参与是心理健康教育确定成功的必要保证。家校合作是学校开展心理健康教育的一个基本指导思想。

四、加强对家长参与决策的反馈和对家长自组织力量的培育

建设家长委员会是家长和学校的共同需求,是现代学校制度建设的必然要求;家长是教育的同盟者,是最可信赖的合作伙伴。有了家长参与的学校管理与决策可以实现"1+1>2"的效应,那么究竟为提升学校内涵教育品质带来哪些效果呢?

链接 6-1

让改变发生……

2009年9月,按照区域划分就近入学原则,我的女儿来到Q小学就读,作为学校周边居民,我总感觉学校硬件没有优势,课程资源不丰富,教师队伍中年骨干力量少,一连串问题纠结着我,"试试看——"成了当时全家人最真实的心态。

第一年,女儿各方面都非常优秀,平时经常到"小岗位"工作,还参加"校园读书节""英语节""社会实践"等活动,与任课教师间也有很多有趣的互动。看到孩子的这种状态,我们觉得很欣慰,也暂时放弃了转学的念头。第二年,我们购置了新房,离学校的路程就相对较远,每天来回接送孩子时间多了一个小时,我们将转学的决定权交给女儿,她坚决地说:"我哪里也不去!"于是,我们打消了为女儿转学的念头。女儿读三年级时,我自愿加入学校组织的"家校合作管理委员会",当上了"课程督导员""参与决策员",和其他家长一起参与学校组织的"护校志愿者""乡土文化课程化实施""相约星期制家长督学""教师成长双认证"等一系列活动。通过巡视校园,走访教师,参与听课,访谈学生,检查食堂食品卫生,约谈校长等环节,直接参与学校管理,为师生发展提出了一些改进建议,比如,关于食堂成品仓库里的外包装袋、空置办公室自行车、装修后甲醛检测等问题,这些意见得到学校高度的重视,并立即整改。

最难忘的还是教师邀请家长进班听课评价,为了避免非专业人士干预专业教师的课堂教学秩序,我通过调研问卷、访谈教师、汇聚意见等途径,编制了"家长听课评价表",内容涉及"授课态度、授课内容、授课方式、授课语言、课堂气氛"五个维度和教师课堂"忌言忌行"等问题记载,促进教师教学方式转变。我也从原先只关注女儿个体发展到关注全体孩子发展,从一个教育"门外汉"成为一名非编"教育工作者"。

感谢学校领导和教师团队,正是有着"把百姓的孩子高高举起"的教育思想,我们家校合作越走越深,越做越欢;曾经的忐忑荡然无存,曾经的纠结付之

> 东流！我们家长对"好学校"的价值判断与立场发生了转变；越来越多的本地学生家长不再舍近求远，盲目择校。
>
> 感谢市、区教育界领导，在深入推进素质教育过程中，创新发展机制，强化内涵建设，提出了"让每一个孩子健康快乐成长"的核心目标，坚持"保均衡、重内涵、强特色、促转型"教育发展策略，始终把发展教育作为促进区域整体均衡发展"最有价值的准备"，并使其成为教育工作者的不懈追求。虽然我们的教育仍然面临着许多挑战，但我们对教育事业充满信心！

这位曾经忐忑的家长教育思想前后具有颠覆性的转变，其原因何在？

其一，角色由"局外人"转为"局内人"。家长逐步深入学校的决策层面，作为集决策者、合作者和公共教育购买者于一身的家长，他们以主人翁的身份参与学校决策，积极承担管理责任、履行服务义务，从而形成了富有美国特色的民主开放型的家校合作的教育管理文化。[①] 家长参与的范围已超越与学习相关的活动，他们在关注学生教育的同时介入学校的决策，参与管理计划的制订，成为学校管理的决策者和局内人。

其二，家长成为不可缺少的"民间"教育力量。通过"调研问卷、访谈教师、汇聚意见"等途径，家长们自行编制了"家长听课评价表"，内容涉及"授课态度、授课内容、授课方式、授课语言、课堂气氛"五个维度和教师课堂"忌言忌行"等问题记载，促进教师教学方式转变。更重要的是从原先只关注儿女的个体发展转为关注学校全体孩子的发展，在这个过程中，一位位家长从教育"门外汉"成为非编"教育工作者"，他们获得了另一种职业经历。

其三，家长在决策过程中迁移了"育人"思想。日常家委会工作纳入量化考核，形成了促进自组织力量发展的激励评价机制。例如，Q 小学每学年有十佳"红鹰家庭"表彰会，每学期有"优秀紫马甲大员"评选活动等；大家围绕"七个一"工作目标，即"组织召开一次家教论坛或家教沙龙、开展一次亲子共读一本书、每年参与一次好教师评选、当好一日家长教师、每月参加一次护校行动、每学期组织一次亲子作业设计和远足实践活动"等参与管理决策活动。

其四，家校共同创建一种新的学校生活形态。学校日常生活的更新改变了学校中每一人的生存方式，无论是教师、学生，还是家长，都非常关注学校管理者和教师的自我更新，关注学校组织如何促进人的主动发展。这种自我更新和主动发展

---

① 杨天平,孙孝花.美国家长参与学校教育管理角色的嬗变[J].教育研究.2007(6).

是渗透在家长参与学校决策的每一次活动之中,渗透在家校共育研究性变革实践之中,并通过反思与重建型的日常工作方式的转变而体现出来的。通过家长委员会坚定的"学校"立场、教育学立场,学校长远发展的立场,积极开发和利用内部和外界资源,将内外资源转化为变革的资源和内部建设的力量,这些都是直接影响内部组织的变革,是最具实质意义的改变。

链接6-2

Q小学家长委员会换届改选工作报告

各位老师、各位家长:

　　大家晚上好!

　　从2011年Q小学启动家校合作管理委员会即家委会至今已经4个年头了!回首4年来我们走过的历程,不得不感叹:时间过得真快!我们这个组织从刚开始的懵懂到如今已经渐具雏形并取得了一些可喜的成绩,这一切都来之不易!当然这些成绩离不开方方面面的支持和帮助!所以今天,在对四年的历程做个总结之前我先要说的是两个字:感谢!感谢Q小学的领导团队,正是因为她们开放办学的理念,才有了我们家委会这样一个充满生机和活力的新兴组织。学校团队的执着精神不但让所有孩子受益,更让我们这些家长从中受益良多,使我们在家委会的平台上快速成长。

　　当然,我们今天所取得的成绩更加离不开所有家长的支持和帮助,在这里一并感谢!

　　第一,给大家汇报一下"参与决策部"的工作。参与决策部会不定期地对其他各部门的工作展开协调、配合和支持,定期对家委会成员中的突出典型给予综合评定和表彰,通过灵活多变的形式建立分级建设,让我们的影响力贯穿到学校的各个角落中去。例如,向校方积极推荐校园内外的新人新事,对不文明或者不合理现象也及时和学校沟通并给出建议。四年以来,我们一直参加每年度的"五一"小劳模的评选,"六一"好少年的评选,"金鹰教师"的评选等活动。特别是针对新校舍的搬迁,我们就校舍安全、学生餐安全以及交通安全等若干问题都和学校作了很好的沟通,很多家长也积极参与其中并给出了很多有益的建议和很好的点子。

　　第二,给大家汇报一下"激励评价部"的工作。4年来,激励评价部一直在积极参与学校的各项管理。比如:"紫马甲"LOGO的海选和确定赋予家校合作管理委员会更深的含义;"紫马甲行动"家长建议提案的征集,使得学校能够听到所有家长的心声;集思广益推出"我的未来不是梦"系列主题活动,让我们的孩子有了更多的机会走出闵行,走出上海;暑期"童心愿""爱心妈妈集市"义卖、捐资贫困老区同龄儿童等活动让孩子们学会了珍惜和感恩并领悟了大爱无边的真正含义;在"让智慧托起教育梦想"的主题活动中,"三鹰齐飞"评选模式的创新更是让家长和孩子在评定"好老师"的过程中有了发言权,而这点是目前绝大多数学校都不具备的。这也让所有的老师明白:优秀的老师不仅仅要具有丰富的专业知识和能力,还要获得众多孩子和家长的肯定,从而不断缩小了师生、家校之间的距离。

第三,"安全护校部"的工作经过4年的发展已经越来越成熟。4年以来,安全护校部的出席天数为640天左右,在校园内外执勤达到1950人次。如果再算上为游泳的出席人次就高达2150人次左右。大家可以想想看,按照每个学期平均4个月计算,每年8个月,每月平均按照21天计算,每年学生在校天数大约为168天,4年大约是672天。我们"紫马甲"大员基本上每天都要来到校园为孩子们的安全保驾护航。大家都知道,我们小学的交通情况比较复杂,但是因为有了我们紫马甲工作人员的加入,4年来我校学生的接送过程中没有出现一次安全事故。这在另外一个层面上也充分体现了我们紫马甲队伍的努力是卓有成效的。学校搬迁后,安全护校的责任更大了,这里也顺便呼吁一下:希望所有的家长能够更加自觉地配合并服从护校家长的指挥,不要贪一时之方便,让孩子的安全受到影响,特别是在阴雨天更要注意。

第四,接下来汇报"课程督导部"和"学习交流部"的情况。两部联合,从刚开始设立的"相约星期一"轮值校长,到相约星期二、相约星期三以及相约星期四的逐级过度,形成了一个良好的循环,让众多的"紫马甲"志愿者能够更全面地接触到老师们的授课状态和情况,包括校级、年级、班级的三级九部都全面参与到了该项活动中并向所有家长群辐射。我们的老师在家长督学的促进下,也在不断地寻求更加活跃的授课模式,以求让学生在学好知识的同时学会做人,学会感恩!比如2013年三八妇女节来临之际,老师们动员孩子们用"真才实学"献给妈妈做礼物的主题活动,掀起了一股感恩回馈的高潮。

第五,关于"健康顾问部"的工作,我想也是大家关心的焦点。我们一直在跟踪并监督食堂及食品卫生的方方面面。其实,大锅饭要想做到人人满意是不可能的,这就是所谓的"众口难调"。我们能够做到的就是:保证食品的卫生;保证食材的质量;保证食物的温度;保证半成品存放的环境。我们曾经给食堂提出要求:(1) 食品成品与半成品必须离地;(2) 塑料周转箱保温性差,建议使用保温箱;(3) 汤桶用的是铝制品,应避免使用;(4) 尽量少采用半成品烹饪,因为很难控制菜的来源;(5) 尽量少烹饪油煎、油炸食品;(6) 食堂仓库要保持整洁、卫生等。

  第六,"活动策划部"工作情况。活动策划部的工作复杂而又艰辛,如何在很好地锻炼学生能力的同时,又能充分调动学生的学习积极性,一直是活动策划部思考的问题。现在的孩子学习非常紧张,压力很大,让孩子们快乐学习一直是我们小学执教的中心思想。其实这需要家校非常默契的合作和沟通,而这个桥梁就是我们家校合作管理委员会!从家委会成立开始的家庭教育讲座,到每年的新成员培训,再到每年的系列活动(如构建和谐江川教育新生态多方联动推进会;智慧传递系列活动;让智慧托起教育梦想活动;传统春节小文化、大中华活动;丰富多彩的阳光公开课活动;低碳伴我行活动;学校的春季运动会和秋季运动会;蓝天下的挚爱捐赠活动;图书义卖活动等),所有这些活动中都饱含活动策划部的心血和努力,在众多活动的磨合中,活动策划部与学校学生发展部的配合越来越完美了。这一系列的活动在带给孩子们快乐的同时,也锻炼了孩子们的组织、协调能力,让孩子们在成长的道路上没有遗憾。

  第七,我们的"乡韵传播部"和"网络信息部"在日常工作中也在奉献着自己的智慧。比如经过多年的发展和完善,"小家乡·大中华"系列微课程体验活动日趋成熟,成为校内外学生最喜欢的一门拓展型课程,也吸引着很多教育系统的专家的关注。今后,随着"学生个人成长门户"网站的优化和更新,原本纸质的成长手册时代一去不返;信息化学习方式变革,新媒体家校互联渠道的构建都将惠泽每一户家庭,每一个孩子,"网络信息部"的大员们,加油啊!

  以上就是我今天所有汇报的内容,我最后想要说的是:"紫马甲"现在已经成为我们Q小学的一张办学名片,也是为我们所有孩子成长而助力的一把巨伞,同时还是我们家长和学校坚强的后盾,希望我们所有家长都能够聚焦"紫马甲",呵护"紫马甲",给力"紫马甲"!

  感谢大家的聆听!

  这样规模较大、规范正式的家委会换届仪式并不多见。无论是现场亲临者,还是文字阅读者,最为打动人们的想必还是这么几点:一是深度的家校互动。管理决策让每一个学生的成长需要得到满足,家长的责任意识和教育潜能被开发,四年的探索实践,让一支支"小队伍"焕发出"大能量"。二是教育价值共识的眼光凝聚并鼓舞人心。这不仅体现在家长参与学校管理的数量上实现了100%,而且在家校合作管理的制度和领域上,突破了家校之间的二元对立式思维,尤其是在乡土文化课程化建设方面特别有成效。通过自己的队伍自己组,自己的组织自己建"传承交接制"的实施,让家校合作项目在Q小学得以持久。三是家校共育的动力来源于自我的成长性和家校的情谊。教师与家长间的真诚帮助,家长与家长间的热情互助,突破了城市学校里家家不主动交往、家校不联动的"各自为政"的封闭局面,为孩子的成长塑造了良好的人际交往氛围,使原本存在的文化冲突一扫而空,取代的是由内而外的认同感和归属心。

家校共育机制创新是一个从实践印证理论,以理论引领实践的不断推进和突破的过程,凡参与这个过程的教师,他们的专业能力和职业素养都在一天天提高。

> **链接6-3**
>
> **Q小学教师代表在区域家校共育"智慧传递"现场交流稿**
>
> **从"不惊喜"到"乐参与"**
>
> 我是Q小学一名青年教师,十多年来在学校文化力量的慢慢影响下不断改变思维方式,得到成长。特别是学校最近几年的"十佳金鹰教师"评选制度的改革,让我和老师们感受到了学校文化在不断传承中有了内涵的衍生。
>
> 记得刚进Q小学时,我们学校的年度"十佳金鹰教师"评选过程和结果都没有惊喜,被评上的"金鹰教师"一般都具备以下"三个特质":教学基本功过硬、荣誉证书一大堆、都是中老年教师。作为青年教师的我们也都习以为常,静观其变。可是2011年起,年度十佳"金鹰教师"评选变了样,评选的主体除了全体老师进行无记名投票外,全校学生以及"家校合作管理委员会"整个团队都要参与投票评选,并且三方也有各自的权重体现。后来,我们了解到这样的制度有一个非常学术的名字——教师成长双认证制。
>
> 可是,"双认证制"在一开始实施的时候,作为老师,我们是有些想法的。首先,让家长参与评选,选自己孩子所在班级的任课老师居多;其次,任教综合学科的老师比较有优势,因为他们任教的班级多,孩子们接触的多,他们任教的学科没有学业压力,孩子们很喜欢。最后,采取家长决定性评选,他们对老师的了解程度深吗?不过,从看到新当选"金鹰教师"的提名教师后,我的疑虑被打消了,因为评选上的老师分布在不同学科和不同的教师岗位上,有经验丰富的主课教师,有正在茁壮成长的青年教师,还有负责的后勤管理教师。我

渐渐理解了家校携手实施"双认证"评价的真正内涵了。随着家校互动的全面实施，我们家长也在不断成长着，作为老师，我始终觉得家长和我们的立场是一致的，让他们参与到学校的管理事务中来，他们思想中以前被忽略的家长责任意识就能被激发出来，所以现在，对于家长参与的教师成长双认证制，我反而觉得更加客观公正。

其实，还有一件事对我的影响很大，那就是每周都有家长到校开展"家长督学"工作，他们主要巡视校园；听随堂课；访谈师生；召开碰头会；填写听课评价表及巡视日志等。刚开始，我和同事们把"家长督学"日子称为"黑色星期一"，后来是"黑色星期二""黑色星期三"……作为老师，被同行听课是很平常的一件事，那叫互相学习，切磋教学经验，但是当家长这样一支非专业的团队进班听课，我暗暗不爽。

记得一年级新生入学四周后的"学习准备期"活动中，全部一年级新生家长都来听课了，对我而言最糟糕的是家长听完课还要写听课反馈。当时我觉得邀请家长来听听就可以了，何必大动干戈还要评课。他们大都是初中文化水平，能听得懂吗？特别是我的同事，执教英语学科的老师，她们更加有疑惑，因为期初通过对于新生家长的调研了解到85%的家长都不懂英语，他们能听得懂英语课吗？

当天的课堂里坐满了家长，有的甚至父母双方都来了。课后，家长们埋头认真填写听课评价表，我当时心中非常忐忑，他们会怎样评价我的课呢？可是，之后年级组长的反馈却让我们震惊：评课表上，家长们字迹端正、内容真实，上面记载的内容主要围绕教学设计、学生课堂表现、教师教学过程指导等展开。有的家长关注教师的教态、有的家长关注学生兴趣是否被激发；有的家长关注学生的参与状态等，甚至还有家长参照绿色指标给我们提起了建议：如果在课堂中多加朗读，会更好……各种评价中我看到了一份真诚，使之前的担心一扫而空。

随着听评课次数多了，我也逐渐适应和接受了，我还主动和来课堂听课的不同家长进行课后交流。就像我们班学生小毅的妈妈，她告诉我：在一次又一次的听课活动中，让她明白了学生之间存在着差异性，班级之间也有着不同的差异，老师也有不同的教学风格。自己以前喜欢把听课老师和自己孩子的老师作比较，现在变了，因为她觉得这是一种很不理性的行为。同时，她还作为新一届校级紫马甲成员，向其他家长宣传：作为家长，评课时一定要做到公平公正，要以客观的眼光去看待每一位上课的老师。特别是上个月刚举行的一年级家长开放日活动，更是让她觉得要当好轮值校长是一件很神圣事，要起到表率作用，不管是对自己的孩子，还是对其他孩子家长。

看到孩子妈妈的转变，我觉得自己作为老师很感动，我觉得，家长来听课对我而言是一种帮助，这样会鞭策我不断前进和提升自己在教学上的专业能力。通过这种家长与老师、家长与学校交互式的影响，让老师与家长的观念都发生了转变：家长和老师一起从专业视角关注学生成长，赏析孩子的点点进步；老师的心态更加开放了，因为我们知道家长是来帮助我们一起为学生的成长助力的。就是在这样的氛围中，家长和老师拉近了距离。家长们能体会到老师工作的辛苦，从而提高了家长自身的责任感和对老师的认可度；老师们能体会到家长最朴实、最真实的需求，从而更加注重日常的教育教学策略，做到全面了解、研究、评价和尊重学生。

我作为教师代表，特别想感谢家长带给我们对职业新的认识和感受职业的尊严！家校互动，因为有了家长和教师目标一致的共同合作，才会成就学生更美好的未来！

拓展阅读

家长参与学校管理决策是爱普斯坦（Epstein, J. L.）归纳出的家长与社区参与学校事务的其中一个方面。[①] 它是家长深入介入学校管理的表征，主要包括人事、财经、课程设置及内容、工作评价、改革计划认可、政策制定等工作。例如，美国的公立学校 PAT（父母作为教师）项目，其主要职责就包括参与学校财政预算及决策，每次涉及有关学生的重大事件或重大决策，学校都要征求 PAT 的意见，学校有任何开支都会知会 PAT。家长通过地方学校理事会来参与学校管理，主要表现在参与一般事务的管理和参与学校的决策过程。家长、教师协会，家长顾问委员会，家长委员会等，是家长参与学校管理的组织形式，其中家长、教师协会是最普遍的组织形式。具体的活动方式主要有开展研讨小组，制订课程计划，帮助课堂教学，协助课外活动。家长们通过研讨小组讨论学校系统的政策和实践、家长和教师

---

① Epstein, J. L. (1995). School & Family & Community Partnerships. Phi Delta Kappan, 701—712.

合作采用的方法以及学生成绩通知书、家庭作业、学校中的社团等问题。家长们积极帮助学校确定教育目的、具体领域的目标以及学生所学课程,并且在课程的适当性、课程修订等方面提出建设性意见。①

此外,在美国有的学区,家长通过合议制的决策机构——学校评议会等参与学校管理。如在芝加哥学区,学校评议会享有校长的选任权、工作的评价权、学校改革计划的认可权、预算的认可权等。② 在美国的"特许学校",教师、学生家长、学校创办者、教育专家和地方知名人士等一起组成学校董事会,负责筹集学校资金、聘请教师和行政管理人员等管理决策工作。③

在英国,学校理事会由家长和教职员组成,其权限和责任包括学校财政、人事、教育课程及评价、信息管理等决策性工作,并在理事会下成立了课程与学生、人事、基础设施、财务等方面的常务委员会,负责具体的工作。因此,英国的学生家长也参与了学校管理决策工作。④

澳大利亚政府于1983年通过立法,要求每所学校成立一个由家长、社区代表共同参加的学校委员会,家长、学生和社区代表的人数不得低于半数。学校委员会有权决定校长人选,直接参与学校课程开发方向的决策以及课程规划、课程编制、课程评价等工作。⑤

综上所述,从美国、英国、澳大利亚等国家家长参与学校管理决策的领域的情况来看,家长无论从法规上,还是实践中,都成为学校管理的决策者之一,甚至在学校重大事项上有参与决策权,可见西方国家的家校合作中,在学校管理决策方面,家长扮演着一个很重要的角色。

在我国香港,家长委员会首先是促进家校合作的组织,其基本职能是向家长宣讲学校校务决议、教育政策,听取家长反馈意见,并连同家长需求回馈到学校和家长委员会,以便学校、家长委员会作出及时的回应。当学校或教师与家长之间发生矛盾时,家长委员会可以及时地从中予以调解。其次,家长委员会委员可以列席校务会议,参与具体校务的决策。香港部分家长委员会有权选出学校法团校董会的家长校董,与其他校董共同管理学校。

我国台湾家长委员会有权参与校长遴选、教师评审委员会和学校课程发展委员会等的决策工作。家长委员会成员参与校务的具体决策,增加了学校管理成员

---

① 〔美〕倍根(Bagin,D.),〔美〕格莱叶(Gallagher,D.R.).学校与社区关系[M].周海涛,译.重庆:重庆大学出版社,2003:141—142.
② 李天鹰.英美法德日诸国的学校内部管理体制改革[J].外国教育研究,2004(12).
③ 丰继平.学校绩效责任关系——以美国特许学校为例[J].教育发展研究,2005(2).
④ 李宝荣.英国中小学校董事会的运行模式及职责[J].中小学管理,2005(10).
⑤ 吴刚平.校本课程开发[M].成都:四川教育出版社,2002:38—39.

的数量和管理的质量,并促进了学校发展。另外,由于对校务决策的介入,对教育政策的探讨,与教师的沟通,家长委员会可以发挥监督的作用,提升学校的办学质量。

此外,我国台湾"家长参与教育法"对家长的权利作了明确的规定,其中包括参与决策与协商权。家长行使这一权利时,分学期初、学期中和学期末有所侧重。中小学一般在每学期开学前一周至开学后二周内开设家长日,介绍任课教师,任课教师需提供班级经营计划、教学计划或学生学习计划与家长讨论;学期中安排教学日,邀请家长来校参观教学;学期末召开学习成果检讨会或发表会并邀请家长参加。此外,"家长参与教育法"还对个别家长参与和家长团体参与作了规定。家长可以个人身份,对班级、学校或其他教育事务,提出建议或共同参与;各级家长团体可依法令规定推举家长(团体)代表,参与同层级的教育事务,其方式应以家长(团体)立场参与讨论、表达意见及参与表决。

探索空间

通过这几年的改革,家长渐渐消除成见,在参与学校管理和决策各个方面积极为师生和学校发展出谋划策,贡献力量。学校也改变观念,努力创建各种条件,为家校沟通交流提供平台,为家长素质的优化提供支持。然而在日常家校合作中,各种家校、家师、生师之间的矛盾与冲突还会出现,这种矛盾与冲突看似某教育事件的后果,而其实质在很大程度上是家长教育权力与学校教育权力、教育优质对比、个人素质之间的互相博弈。针对学校教育工作者和家长这两类主体,基于家长参与学校管理决策的深度与广度值得进一步思考和探寻。

一、如何促成更多家长乃至于所有家长的决策参与?

学校的发展事关每个学生和家长的利益,每个家长都有权参与到决策之中。基于本章的研究视野,我们认为,可以继续探索以下内容:如何实现家长间的相互影响?如何促成决策机制的形成和提高组织化水平?如何探索新媒体时代的家长参与决策新方式?

二、如何改革和健全家长参与学校管理的支持平台?

虽然家长参与学校管理在我国已不是新生事物,但长期以来,无论是政府和社会层面,还是教育系统自身,都缺乏相应的支持系统,停留在形式化阶段。如何从政策法规、管理体制、业务培训以及媒体舆论等方面建立、健全家长参与学校管理的支持平台,是促使和吸引家长有效参与学校管理的必备条件。

虽然家长参与学校教育管理还面临着种种困境,但是随着社会状态的变迁和教育改革的推进,在政府、学校、家长和社会力量共同认识和努力下,这一定是未来学校组织管理变革的重要趋势。

第七章

亲师交流：师生和谐，健康成长

姜慧梅[①]　丁雨欣[②]

8月的一天，一年级的班主任拿到了新生的名单。这是一群怎样的学生？他们的生活环境如何？平时父母对孩子采用哪些教育方式？对孩子的期望值多高？这么多的问题，要求班主任必须在短时期内与家长进行一次面对面的交流。班主任和学生小陈的家长进行了电话联系。当班主任表示想去家里和家长聊聊时，家长提出孩子在外地旅游，等回来了再请老师来。数日之后，班主任再次给家长打电话，家长又推脱：这大热天的，还是不要来了，再说马上要开学了，老师也很快就能看到孩子了。是什么原因让家长一再拒绝和班主任见面？可以看出，家长还没有接纳班主任的心理准备。班主任必须要找到一个切入口，和家长进行交流。

开学几周后，班主任发现小陈是一个智力发展迟缓的孩子。孩子在说话时口齿不清，很难听懂她在说些什么。一年级的新生，家长每天都要接送，但班主任总是看不到小陈的家长。从孩子的口中得知，家长站在离学校很远的地方接她。于是，在一天放学时，班主任拉着孩子的手把孩子送到家长面前，并告诉她今天孩子在课上表现很棒。家长的脸上露出了欣慰的笑容。第二天，孩子的妈妈接送孩子时离学校近了，和班主任的心理距离也拉近了。每天放学，成了班主任和小陈家长进行短暂交流的时候。渐渐地，小陈的妈妈告诉班主任，孩子在五岁那年才学会说话。家长一而再、再而三地拒绝和班主任交流，原来是因为他们担心新的环境不利孩子的成长。班主任在得知孩子的状况后，加倍关爱孩子。一个月后，班主任在征

---

① 姜慧梅，上海市闵行区汽轮小学课程建设部副主任，小学高级教师，华东师范大学新基础教育研究中心兼职研究员。
② 丁雨欣，上海市闵行区育苗小学语文教师，教研组长。

得家长的同意以后,互相加了对方的QQ。就这样,QQ成了班主任和小陈家长交流的主要渠道。

就这样,班主任和家长在一次次的沟通过程中,形成了一股教育孩子的力量,孩子在校学习始终和其他学生一起共同前进。

到了三年级,小陈的学习压力大了起来,其母亲的焦虑情绪也在QQ聊天过程中呈现出来。在与其他家长交流的过程中,班主任发现这一现象在家长中还是比较常见的。在一次家长会上,班主任采用论坛的形式,分别请四位家长以"如何帮助孩子顺利度过三年级"为主题,结合自己的经验发言。他们阐述了自己的观点,也提出自己的困惑,在一定程度上代表了大部分家长的心声。在他们发言过后,家长们纷纷议论起来。其间,小陈家长那拧紧的眉头渐渐舒展开来。她发现自己孩子遇到的问题并不主要是孩子的智商引起,而且在这一阶段,家长要和老师一起,逐渐教会孩子独立面对挑战。此后,家长观念的变化引发了行为的变化:小陈的书包不再是父母帮助整理了,虽然她的书包有时显得很凌乱;红领巾也不是父母帮助戴了,尽管有时戴得歪歪扭扭。

为了让小陈在学习上能尽量跟上其他同学的步伐,班主任特意将班长家长的联系方式和小陈家长加在一起,形成一个QQ讨论组,为小陈家长辅导孩子的学习提供了帮助。班主任也尽力关心孩子的成长:给小陈布置的作业是她力所能及的;关注孩子在校和其他同学的融洽度,给她宽松的环境。尽管高年级的学习给了这个智商并不高的孩子很重的负担,但是,孩子的脸上依然挂着笑容。微笑,是这个孩子给予家长和教师最大的回赠,也是她在小学阶段最大的收获。孩子的快乐成长,让小陈家长感动不已。在三年级期末的最后一次家长会上,她做了至真至深情的发言,最后说道:孩子能到Q小学上学,是她的幸福。多么温馨的话语,只有无数次的亲师交流,才能换回如此深沉的情感。

五年级了,孩子们即将毕业。为了感谢学校对孩子的教育,学生、家长和老师一起策划毕业典礼。在QQ群中,小陈家长主动提出毕业典礼的方案:每个小队负责一个节目,活动主角是孩子,家长做孩子的"支柱";五年来,老师辛苦了,现在应该让老师休息一下了。在家长感谢赠言中,小陈家长写道:"亲爱的孩子们,在进入Q小学之前你们是一粒种子。当把你们撒播在Q小这块肥沃的土地上,注定你们是幸运的。在Q小学园丁辛勤的浇灌下,你们破土而出,茁壮成长。五年的学业生涯转眼即逝,迎接你们的将是一片新的土地、更广阔的天空,任你们自由生长,将来成为祖国的栋梁之才。今天你以Q小学为荣,将来Q小学以你为荣。"毕业典礼结束,班主任、小陈和家长共同合影,照片定格在幸福的瞬间。

在这个案例中,班主任通过与家长的多元交流,了解孩子的过去,和家长一起承担教育孩子的责任。亲师交流,让一个天真、可爱的孩子在五年中始终保持着快乐;亲师交流,让原本对学校教育谨小慎微的家长敞开了胸怀;亲师交流,也让一个有20年教龄的教师再次体悟这份职业的神圣性。

一、亲师交流便于学校教育和家庭教育形成合力

在良好的亲师交流基础上,学校教育和家庭教育会形成合力,建构起整体、融通的生态,从而共同促进学生的发展。反之,则会造成大量的内耗,两大教育系统相互抵消教育效应,甚至出现对立的状态;而最终受损失的,是学生、家长和教师。从此意义上说,亲师间的交流,是两大教育系统间的润滑剂,更是形成对学生而言的综合、统一的教育系统的催化剂。

二、亲师交流促成教育过程的完整性

每个学生的性格、能力、爱好、身心发育速度和状态等,都是不同的;学生在学习与成长过程中,也会出现不同的特点,如学习风格的差异,学习方法的掌握水平,或自我预期与自我认识的差异等。

如果教师与家长定期进行沟通,教师就能了解孩子在学校中不大会流露出的思想状态与行为习惯,家长也能了解到孩子在学校的行为习惯、学习习惯、学习成绩等重要信息。这样,在亲师交流的过程中,教师与家长就不仅仅能够实现信息的分享,而且能够策划出更具有针对性的教育活动,及时调整自己的教育预期、方式方法,从而直接影响学生的发展。

三、亲师交流牵起学校与家庭情感纽带

教师与家长都是普通的人,都有丰富的情感需要。在各类正式活动中,教师与家长也会有相关的情感沟通,但更多会是工作取向,指向于教育之事的完善。而在各类活动之外,或特定的交流时间内,教师与家长可以就学生发展、个体生活、共同感兴趣的各类话题展开沟通,相互倾诉与倾听。这对于建立相互间的信任与尊重关系,形成超越专业性的精神沟通,有重要的意义。也可以说,人的归属需要、爱的需要、尊重的需要、自我实现的需要等,都可以在亲师交流中得到满足和提升。

第七章
亲师交流：师生和谐，健康成长

实施细则

搭建多形式、多途径的沟通平台，是亲师交流的重要前提。尽管很多学校都有一些常规的亲师交流的形式和途径，但面对学生和家长的差异，教师和学校还需要充分结合学生的实际状况，开发、挖掘更多的交流平台。

一、家长会的策划与开展

一次成功家长会的召开，是家校合作工作中的节点事件，非常有利于建立、加强、深化家校间的沟通与联系。为让家长和教师更好地共同承担起教育的职责，每次家长会召开之前，学校、教师都需要精心设计。

家长会创意设计

一、活动目的

1. 盘点一年的收获，回顾一年以来走过的成长足迹，快快乐乐迎接新的学期。
2. 学会感恩：一年了，向辛苦付出一年的老师、家长、同学表达感谢之情。

二、过程展示

1. 座位摆放为"爱心形"，家长与孩子分别坐在爱心形的内外侧。学生可以在爱心形内表演、活动等，也便于他们之间的交流。
2. 回顾三日营：
   （1）事先做好视频，播放三日营视频与照片；
   （2）谈谈三日营的收获；
   （3）学生展示在三日营表演过的节目。
3. 全体学生快板表演：《感谢您》。
4. 任课老师跟家长交流、沟通，翻看成长手册等，并布置作业和寒假生活指导。
   （1）数学老师与家长交流；
   （2）英语老师与家长交流；
   （3）语文老师与家长交流。

关键内容：本学期的学生学习总体情况（上课听讲、完成作业、测验情况等）；中期调研后学生发展的个体情况（从有明显进步、有潜力和需努力这三个角度出发）；结合本学科期末考试的具体情况，分析优势与不足，对家长提出有关寒假作业的要求与下学期学习的各项要求。

5. 学生跟家长说一句贴心的、感谢的话(事先准备)。

6. 学生代表、家长代表发言,班主任总结。

班主任就本学期的学生发展与家长进行交流,并汇总小结。

关键内容:盘点学生在本学期各项竞赛中获得的成绩;对学生下学期的发展作一个清晰的展望;给家长若干建议(如重视对孩子的假期生活的管理,特别注意孩子的安全;讲求方法,重视与孩子的情感交流,多看到孩子的优点;重视对孩子寒假作业的检查;多与任课老师联系;请家长重视孩子英语的学习与检查,平衡发展等);请家长结合孩子本学期具体情况,提出对孩子第二学期发展的要求与建议。

7. 全体学生大合唱班歌《我们的班级是花园》(由《我们的祖国是花园》改编)送给家长。

家长会的形式可以多样化,以改善家长会的效果,并提高家长参与家长会的积极性。例如,上述材料是以主题班队会的形式开展的;Q 小学 2014 学年第二学期的一次家长会,是以家长沙龙的形式开展的(参见图 7-1 和图 7-2)。

图 7-1　家长沙龙的形式 1

图 7-2　家长沙龙的形式 2

第七章
亲师交流：师生和谐，健康成长

在座位上，改变了以往教室中学生一列列的座位方式，将座位围成一个圆，让家长们以圆桌座谈会的形式就坐。这不仅拉近了教师与家长之间的距离，也是教师与家长之间地位平等、互相尊重的体现。

在观看了三个具有典型教育意义的国外有关家庭教育的短视频之后，各班针对家庭教育的理念、方法以及家庭教育的缺失定下主题，展开了热烈的讨论（参见表7-1）。

表7-1　Q小学各班级沙龙主题一览表

序号	班级	沙龙主题	主讲人
1	一(1)班	育儿和育分，孰轻孰重	任课教师和家长代表
2	一(2)班	父母的态度，成长的摇篮	班主任和家长代表
3	二(1)班	透视微视频说家庭教育	班主任和家长代表
4	二(2)班	为了孩子，我们还可以做些什么	班主任和家长代表
5	二(3)班	来自家庭教育的力量	任课教师和家长代表
6	二(4)班	父母可以为孩子们做些什么	任课教师和家长代表
7	三(1)班	孩子的成长，有你有我	任课教师和家长代表
8	三(2)班	如何让孩子有后劲	班主任和家长代表
9	三(3)班	孩子成长，我们能做些什么	任课教师和家长代表
10	三(4)班	您是孩子成长中不可或缺的力量	班主任和家长代表
11	四(1)班	榜样的力量来自何方	任课教师和家长代表
12	四(2)班	父母的爱，从哪里开始	班主任和家长代表
13	四(3)班	如何做一个好家长	任课教师和家长代表
14	四(4)班	孩子成长，我们可以做些什么	班主任和家长代表
15	五(1)班	孩子成长仅仅需要陪伴吗	班主任和家长代表
16	五(2)班	让我们的孩子越走越远	任课教师和家长代表
17	五(3)班	携手并肩，为孩子的成长助力	班主任和家长代表
18	五(4)班	为了孩子，我愿意改变什么	任课教师和家长代表

此次的家长沙龙给家长和教师们都留下了深刻的印象。这种交流方式打破了以往教师"一言堂"的传统，是一次不同教育理念的碰撞，引发了家长自身对家庭教育的反思（参见"链接7-1"）。家长们有的分享了自己在家庭教育方面的经验和具体做法；有的交流了自己在家庭教育上的困惑和心里话；有的就目前学生中普遍存在的问题进行了探讨；有的就学生的潜质、特长以及学生未来的发展进行了探

究;有的发表了对学校、班主任工作的建议或意见。

链接 7-1

Q 小学部分班级家长沙龙记录节选

一(2)班部分家长沙龙记录节选

王家长:我从家庭分工的角度,谈谈孩子的学习及身心培育。母亲及姥姥严格把关学习,父亲在亲子关系上下功夫,周末带孩子去公园、文化馆及图书馆感悟外面的世界,培育情感,使孩子在学习之余有效解压,有放有收,收放自如。

邹家长:从学习方法的指导及习惯培养入手,对于孩子的学习要有严格的原则,对于孩子的爱不应仅仅停留在吃穿用的层次,要升华到精神层面,关注孩子爱人的能力,培育她对待生活及学习认真、积极、负责的态度。

谢家长:改变孩子先从改变父母开始,父母对事对人的态度及做法,深刻影响到孩子行为习惯的养成,要从细节处着手。

朱家长:转换角色,让孩子充当小老师,把每天在校学到的知识重新教给家长,有效提升孩子的学习效率,并富有主动性和热情。

三(4)班部分家长沙龙记录节选

王家长:有时候,我感觉孩子的脾气不好,很暴躁。以前,我经常大声地斥责她——我是在用家长的权威吓唬她,想通过大吼来镇住她。但是效果非常不好。渐渐地,我发现孩子的行为来自我的"熏陶"。所以我开始改变自己,要控制自己的情绪,不能让孩子也有坏脾气。

蔡家长:在日常生活中,我们的言行举止都是孩子学习的榜样。有时我过马路,即使红灯亮了也过,儿子就跟我说红灯亮了,我说我错了。我们走在路上,都会把手中的垃圾丢在垃圾箱里,我会强调不要乱丢垃圾。

张家长:每晚睡觉前与孩子聊天10分钟,如你今天完成计划了吗?有没有改掉不好的毛病?另外让孩子写日记,养成好习惯。

家长会只是形成学校、家庭教育合力的一种途径;家长会到底怎样开,具体的模式没有定论。但基本原则应是有利于素质教育,有利于教师与家长、学生的相互交流与协作,有利于孩子们身心健康发展。在具体形式上,也需要特别关注家长、学生的主动参与,关注教师与家长、学生之间,以及家长之间,家长与孩子之间的多维互动。

> **【主要障碍】**
>
> 　　家长会是一种面向全体家长的交流形式,这就对家长会的开展提出了一定的要求:
>
> 　　1. 每次召开家长会,来参加的人员可能是多样化的,有的是父母,有的是叔叔阿姨,有的是爷爷奶奶。不同的身份,不同的年龄,都将对家长会的结果产生直接的影响。另外,家长不同的文化层次以及对孩子不同的期望值,也使得教师对家长会的开展很难调控,特别是教育教学经验比较弱的青年教师,每次的家长会都有如临大敌的感觉。
>
> 　　2. 家长不免有带着负面情绪参加家长会的,可能会对家长会召开过程产生负面影响。虽然这类家长人数占比不大,但是影响力不可忽视。
>
> **【相关保障】**
>
> 　　1. 班主任在家长会召开之前,要从两个角度进行细致的分析:学生个体和班级集体;再从两个维度进行对比:学生前后阶段的纵向比较和同一时段不同方面的比较。详尽了解每一位学生,是体现教师对孩子关爱程度的一个方面,也是令家长感受孩子在校状态的一个角度。
>
> 　　2. 家长会召开期间,教师不能以一个教育者的高姿态进行说教,而要以与家长平等的关系、共同探讨的方式开展交流。要善于利用家长中的正向资源,巧妙地引导家长建立基本一致的教育教学目标。

二、约谈家长的形式与方法

和家长约谈是主要面向家长个体的交流形式。当然,家长可以是一位,也可以是五到六位。家长约谈的内容,主要针对个别现象商讨策略。约谈时可以引导家长改变家庭教育中的不当方法。

1. 主题式约谈

在不少家庭里,许多在学习和生活上自暴自弃的孩子,并不是真的学不会或缺乏能力,而是太多挫折感让他们对生活和学习充满了悲观的情绪。如何培养乐观的孩子,这始终困扰着不少父母们。为了更好地实现每一个学生的健康成长,让每一件小事都成为学生积极进取,追求幸福快乐人生的美好回忆,很多一线班主任和学科教师开始尝试"主题式约谈"。

例如,Q 小学一位五年级班主任从各学科教师那里获知,某学生最近情绪低落,上课消极,作业拖拉,集体活动不乐意参加……马上临近毕业,如何是好？这位班主任准备启动"主题式约谈"工作,约谈就以"教出乐观的孩子"为题。

出席这次访谈的有爸爸和妈妈,经过一番了解,这位班主任得知一位孩子妈妈是"外来妹",按照政策可以落户上海,可孩子奶奶不答应,孩子爸爸从中调和不力,孩子每天回家就被大人的琐事烦心。最不能让孩子接受的是妈妈离开了他,与爸爸过起了分居生活,本来就提心吊胆害怕失去妈妈的孩子,一下子掉进了"深渊",独自挣扎,孤立无助。于是,这位老师自行拿出《教出乐观的孩子》一书,将事先摘录下的关键性的话语提供家长阅读。

大家锁定"习得性无助"[①]这个核心词,同时根据书中第三部分给出的如何判断孩子是乐观还是悲观的方法,初步判断孩子最近的异常可能就是"习得性无助"这种现象在作祟,这种现象在孩子中普遍存在,具体表现为把失败的原因归结为自身不可改变的因素,放弃继续尝试的勇气和信心,继而表现出一种悲观情绪;而这种父母只重视孩子感觉而忽略孩子所作所为的教育方法让孩子更容易抑郁,父母刻意回避孩子沮丧悲观情绪的教育方法,反而会使孩子越来越不快乐。

这同样也是中国家庭所面临的教育问题,在独生子女家庭众多的今天,父母们对孩子盲目的溺爱和任性的满足,事事包办,只许孩子成功,不敢让孩子经历失败的教育方式,让越来越多的孩子失去了自我成就感的体验,难以体验到做事的快乐,进而变得悲观。根据书中提示的"乐观教养 ABC 法则",其父母指导必须通过积极的解释让孩子变得乐观,引导孩子敢于反驳对自己不真实的否定,让孩子学会与人相处等。这其中让孩子父母印象最为深刻的就是塞利格曼所强调的对孩子的积极解释会导致其乐观,对孩子悲观的解释会导致其悲观的观点。这往往是父母们最容易忽视,同时又最可能给孩子带来悲观情绪的教育行为。

一周后,这位班主任又去同学和任课教师那里,了解这个学生的生活和学习表现。大家一致感到,原来的他"又回来了"。后来,这位班主任从孩子妈妈口中得知,她搬回去了,也不再纠结是否可以在上海落户问题,因为孩子所在的地方就是她的家。

2. 家庭育儿方法"PK 会"

家庭对孩子的教育影响极大,教育得当能促进孩子成长、成才;教育不当会阻碍孩子的发展,影响孩子的前途。与孩子沟通时,就算是要表达同样的意思,选择不同表达方式和词语对孩子影响区别也很大,即便你认为他们有时候根本没有听到你在说什么。

[①] 这是著名心理学家马丁·塞利格曼在 1967 年读博士期间的重要发现。他和同事在实验室里用狗来做电击实验,刚开始狗被关在笼子里,被电击时无法逃脱。在持续电击一段时间后,狗就不再挣扎,只是躺在那里呻吟,最后即使实验员把笼子打开,再对狗电击时,狗依然不相信自己能摆脱电击,而只躺在那里忍受痛苦,不肯动弹。塞利格曼把实验中狗的这种表现称作"习得性无助"。

如何避开家庭教育中的不当方法呢?Q小学的教师们将排排坐的家长会"变脸",演绎为"家庭育儿方法PK会",这是怎么回事呢?原来,一年级学科团队教师在"学习准备期"结束后的调研中发现,不少"80后"家长的育儿方法二元对立式思维的比较多,不是"收买"就是"威胁",很不利孩子良好性格的培养。于是教师们精心设计策划这个会,一年级所有家长都收到了邀请函。

"PK会"由校学生工作负责人主持。她选用了三段视频作为开场热身环节,观看后又下发三份问卷作为问题反馈,根据问题呈现的类别,各班班主任选派代表进入辩论环节……近三个小时的"开放—集中—再开放—再集中"形式,逐步将议题聚焦到"威胁""收买""保证"和"讽刺"这四个常见问题上,原先不以为意的家长坐不住了,他们开始焦虑,开始自省,因为他们知道长此以往,他们的孩子会离自己越来越远。

"PK会"达成的共识有"三要做"和"四不为"。"三要做"是"多商量少命令""多引导少训斥""多交朋友少窥探'隐私'";"四不为"是"威胁是对孩子自主权的挑战""收买有时能刺激孩子而暂时达到某个目的,但却不能激励他作坚持不断的努力""父母不应向孩子保证什么,也不应要求孩子作保证""父母讽刺孩子,极大地阻碍了他的进步"。

类似这样的"PK会"如春风化雨,润泽了家长,惠泽了学生。

3. 个性化问题"面对面"

和家长约谈的教师是直接任教孩子的学科教师,以班主任为主要约谈邀请者。教师在发出邀请之前要审视约谈的必要性,要和家长一起建立约谈的意愿,而不要给家长增添不必要的负担。教师和家长之间必然存在着对教育教学认识上的差异,作为交流的主要倡导者,教师应该明确,差异是沟通的交流基础,但交流不是为了排斥差异,消除差异,而是为了更好地理解差异,求同存异。要实现有效的交流,双方参与者必须具有平等的人格和平等的沟通机会,并且都愿意倾吐自我,尊重彼此的观点,乐于积极地接纳对方。

其一,做好准备工作。要及早告知家长约谈的时间、地点与内容,征得家长的同意。在约谈前,教师要汇集、查阅这个孩子各方面发展情况的材料,进行分析,提取有用的事例。实际上,这项准备工作在孩子入校后就已开始。

其二,要以平等的身份与家长交谈。教师切勿以专家自居,采取居高临下的态度教训家长,不要发号施令似的总是说"必须""应该"怎样,更不能责怪家长;要尊重家长,多倾听家长的话。现在的家长,对教育孩子都有自己的见地、想法。教师提出共同促进孩子发展的措施时,宜采用商量的口吻,征求家长的意见。

其三,约谈内容要注意选择(如图7-3所示)。教师在约谈之前所做的准备工作,要有所选择,不可泛泛而谈,对孩子的评价不要带有主观性,既要肯定优点与进步,也要真诚地提出不足之处。约谈时要注意家长的心理变化,要根据情况,区别对待。有些家长自尊心强,把谈孩子的缺点视为对自己的批评,会感到有压力。所以,教师特别要注意方式,不要用"迟钝""调皮"等形容孩子,以免家长听了不舒服。

图7-3　约谈家长来学校了解学生在校学习方式

每次约谈完毕后,教师要善于反思,作总结,内容包括:谁提出约谈;谁参加了约谈;提出了哪些问题及解决的方案和措施;约谈的效果如何。

【主要障碍】

无论是哪一个层面的约谈,都会遇到带着情绪来学校的家长。此时,教师也会有情绪上的变化,有些经验不足的教师会直接采用回避或者对立的态度,约谈随时会陷入僵局。个别比较难缠的家长更会提出很多无理的要求,教师一时半会儿想不出应对的办法,进入进退两难的境遇。

【相关保障】

教师在掌握约谈技巧的同时,要了解一些心理知识,特别是情绪管理方面。遇到困难的时候,情绪反应比理性判断的速度要快,对于脾气火暴的人更是如此,因此人的情绪管理能力非常重要。教师的专业性不仅体现在技能技巧与业务熟练度上,还体现在内在修养方面。作为教师,应该要求自己不管遇到什么事情都不是首先发脾气的人;当对方发脾气的时候,要学会以静制动、有所忍耐,确保不再因为情绪激动而激化矛盾。

三、借助新媒体,建立亲师即时交流网

随着现代高科技的发展,电话、短信、QQ、微信等网络信息技术已成为我们生活中必不可少的,也成了亲师交流的平台。

1. 电话交流,让亲师交流更便捷

教师的手机里需要存有所有学生家长的号码,以便第一时间和家长取得联系,让家长及时、准确、具体地了解孩子在校的表现。某些重要的信息,要及时与家长交流,如某同学今天听课很认真,某同学回答问题很积极,某同学提出了一个非常值得探讨的问题;某同学今天迟到了,有没有特殊原因?等等。家长掌握了孩子的具体情况后,可以及时跟进教育,学校和家庭就实现了合作。

2. 新媒体平台,让信息的群体发布成为日常

借助QQ群、微信、飞信等,班主任和任课教师可以每天就学生的学习情况做一个群发,实现信息的群体通报。如今天语文学了第十五课,数学认识了圆,体育课上学习了前滚翻等。又如,通过飞信告知学生家长期末考查时间表,让家长知道考试时间和上课时间有变化。这样的交流,家长既感到亲切,又看到了教师的责任心。

3. 交友网站,让亲师交流更深入

目前,很多家长使用QQ这样的交流工具,教师也可以多加利用。教师可以先征得家长的同意,组成一个交流群,适时进行文字、图片和语音方面的交流互动;在交流过程中,提倡实名制交流,让教师和家长互相间的了解更为深入。这样,教师可以从家长那里了解学生在家的表现、思想状态、学习情况,也让孩子的点滴进步、细微变化都成为教师了解和研究的内容(参见"链接7-2")。

链接 7-2

Y学校"小溪流"班QQ群

2013学年,Y学校的四年级五班在班主任的带动下建立起了"小溪流"QQ群。在建群的初期,群里只有5个人左右,后来慢慢发展到现在的33人。

刚开始建群的时候,里面静悄悄的,没有人说话、讨论。为了缓和气氛,班主任带头在里面打起了招呼,群里的几个家长也应付式地聊了几句。但接下来的日子里,群里又是很冷清,都是有一句没一句的回答。经过观察,班主任发现,家长们只对他们感兴趣的话题进行讨论,如孩子的成绩、学生的表现或进步等。于是,班主任尽量找一些这类话题,例如:"上次我们讨论的是如何让孩子养成好的学习习惯。程同学的爸爸说:我们家的儿子学习成绩一点都不好,什么都跟不上,不爱学习,就爱贪玩,真不知道该拿他怎么办。"针对这个话题,戚同学的爸爸、张同学的妈妈、王同学的妈妈等,都分享了很多的方法。终于,群里的讨论开始热闹起来。有时班主任不在,家长们也在群里聊开了。

QQ群不仅促进了家长和教师之间的沟通,也增进了家长和孩子之间的感情。班里还有两名学生的家长经常出差,和学校的联系较少。自从有了QQ

群后,他们每天都可以了解到孩子在校的情况。有一次,一位家长特意给班主任留言:"谢谢老师的QQ群,虽然我身在广州,相隔千里,但是我却能在活动的当天就得知女儿在学校举行的阳光体育节中获得奖励。我及时打电话向她祝贺。"QQ群使教师和家长的交流不再受时间和空间的限制。

四、依托学生个人门户网站,让亲师交流更全面

"学生个人门户网站"[①]是利用互联网记录学生学习轨迹,内容涵盖了学生在校的点点滴滴,如学生的社会实践活动、读书活动、心得体会等。

Q小学"个人门户网站"的建立,得到了很多家长的关注。大家互相交流,共同商讨教育孩子的最佳方法,共同分享孩子的精彩瞬间。教师用一双双充满爱心的慧眼,细心地观察着孩子在学校的点滴趣事,用一篇篇文字、一张张图片将其记录在网站中,让家长及时了解孩子在校的学习生活。有家长说:"我有种'不出门便知天下事'的感觉。"

在现代信息技术飞速发展的今天,学生个人门户网站的建立,为亲师交流开辟了新的沟通渠道,在师生、家校间架设了又一座心灵沟通之桥(如图7-4所示)。

图7-4 Q小学家长在门户网站的留言

---

① 学生个人门户网站为闵行区教育局研发实施的信息化助推学生个性成长项目,以学生电子成长档案形式记载每个学生义务教育阶段的学习状况。

第七章
亲师交流：师生和谐，健康成长

【主要障碍】

在亲师交流中引入新媒体，是信息时代的需要。但是，它有一定的局限性。如有的家长不会使用微信、QQ等；有的家长受到文化水平的限制，不会书写；有的家长因为经济关系，家中没有电脑等。这些障碍很难通过学校、教师在短时间内解决。

【相关保障】

这些没有应用多媒体技术的家长，大都是一些外来务工的人员。他们的经济比较拮据，因此，要让多媒体在亲师交流中发挥更多作用，需要社会来关注这些群体，整体提升他们的信息技术和经济能力。

五、设计告知家长书

"告知家长书"也是一种交流形式，目的是使家长合理安排时间参与学校活动，重视、理解学校组织的各项活动，并更新家长某些教育观念。这是教师主动与家长交流的一种正式方式。

例如，一年级新生的家长告知书，可宣传学校办学理念、治校特色、管理要求、育人氛围，使家长更好地了解学校，配合学校做好学生的教育工作；可以号召家长密切家校联系，共同研究对策；可以充分发挥家庭教育在促进学生良好品格的形成、文化知识的掌握、身心素质的全面发展等方面的积极作用，提高家长的自觉意识。

链接 7-3

Q 小学写给一年级新生家长的告知书

家长朋友：

您好！相识即缘，很高兴我们能够因为孩子从陌生人转变为朋友。

今天，孩子完成了从幼儿园到小学的过渡，成为一名真正的小学生；今天，你们的身份也发生了改变，成了一名光荣的小学生家长；角色的改变，意味着我们要重新审视自己的责任，重新给自己定位。从今天起，你我就要携起手来，共同引导孩子走上人生最为重要的求学之路了。相信我，我一定会尽心尽力地做好您孩子的老师和班主任。我们彼此的信任是合作的基础，也是对我最大的支持！

孩子从幼儿园到小学，需要一个过渡期。突然改变的作息规律可能让孩子很不适应，突然改变的学习方式也会让孩子很难接受，家长一定要保证让孩子吃好、休息好、心情好，多和孩子谈心，多给孩子鼓励，查阅相关的资料，帮助孩子平稳地度过"断奶期"。

一年级新生入学学习的头两个月最为关键，也是最困难的两个月。家长要关注好学校的作息时间表，提醒孩子上学、放学要按时；为孩子准备好一块手帕，帮助孩子养成良好的卫生习惯；关心孩子每天的学习状况，特别是孩子的学习兴趣、学习态度和学习习惯。

如果我和您能达成共识，形成合力，帮助孩子顺利地度过这段时期，那孩子以后的学习就会显得相对轻松了。

亲爱的家长，谢谢您以家长的身份迈入Q小学的校园，从今天起，您和我将共同见证孩子的成长。面对孩子以及我们"崭新"的一年级，我们真诚地请求您的支持与配合。让我们从现在开始，带着爱与责任，为孩子护航！

再如，学校要组织春游活动，有的家长会认为学生的任务就是学习，没必要参加其他校外活动，所以根本不关心；有的家长认为春游活动就是让孩子吃喝玩乐，纯粹是浪费钱；有的家长认为集体活动缺自己家孩子一个没有关系，所以带着孩子去做家里的私事。这些行为不但影响了学校教育的整体性，在学生和家长中形成一定的消极影响，而且更不利于孩子的健康成长，致使其丢失开阔眼界、陶冶情操、发展综合能力的机会。此时，"告知家长书"就能起到向家长宣传先进教育理念的作用。

链接7-4

Q小学"五月亲子游"告知家长书

尊敬的家长，您好！

又到一年阳光灿烂，春暖花开时。Q小学将开展学生前往上海野生动物园走进大自然、亲近小动物一日亲子游活动。殷切地希望广大家长到时能抽出时间陪同孩子们一起度过快乐而富有意义的一天。

一、活动目的

1. 走近大自然，感受大自然的美好和神奇，培养学生保护生态环境的意识。

2. 通过观赏各类野生动物,增长见识,培养学生爱惜动物的观念。

3. 让孩子在活动中,培养感受力,勇于表达自己的想法,学会与人沟通和交往,提升自立自主精神。

二、活动时间

五月底六月初的一个周末,具体时间另行通知。

三、活动地点

上海野生动物园。

四、活动安排

1. 8:30 在 Q 小学集中。

2. 8:40 发车。

3. 9:30—14:00 参观游玩。

4. 14:30 回程。

五、温馨提示:

1. 遵守时间和活动规律,听从统一指挥,发扬团队协作精神,倡导自助和必要的互助相结合的活动理念。

2. 请注意环保,不要乱扔果皮纸屑,热爱大自然,保护生态环境。

3. 在亲子游到来之前这段时间,请家长通过电视、网络、书报等途径同孩子一起初步地认识和了解一些动植物。

以上类别的告知家长书,往往将活动目的和活动安排详尽地告诉家长。家长们大都会接纳这种交流方式,从而也会支持学校的各项活动。

一、"孩子们心目中的家长会"①

家长会对于成人而言,顶多就是与教师的沟通、交流、合作;而对于孩子来说,从他们的神情中可以看出,家长会意味着——

---

① 摘自上海市闵行区育苗小学丁雨欣老师的工作笔记。

1. 不安

从孩子们写的日记明显可以读到。如张同学写道:"妈妈去开家长会了,我这心里很不安。这段时间,自己感觉得到学习有点不用心,成绩也下降了。不知道老师会不会和妈妈说。"杨同学写道:"爸爸今晚去开家长会了。上次的亲子作业没有认真地完成,不知道丁老师会不会单独找爸爸谈话?爸爸会不会生气?很担心!"程同学写道:"这几次的测试,成绩都不是很理想。丁老师肯定要找妈妈说了。怎么办?还有上次,作业没有按时完成,这次老师会不会……"

这是大部分孩子的心理,大多写的是不安、害怕和矛盾。或许在孩子们的眼中,家长会就是批斗会、揭短会吧!

2. 遗憾

张同学写道:"由于爸爸出差,家里还有弟弟和一位刚出生不久的妹妹,所以妈妈没办法去参加家长会。由于离学校比较近,我悄悄地跑到学校里去看了看。由于不敢被老师发现,只能躲在角落里,看了教室里一眼。教室里全是黑压压的人头,我还看到了李同学的爸爸妈妈都来了,真好,真幸福,好羡慕!看到教室里的老师和同学的家长,或许,我永远也不知道他们究竟说了什么。"

看到这里,我心里酸酸的,眼眶湿润了,我很自责,今天的这项作业对于有的孩子来说,是困难的,有障碍、甚至有伤害的,我没有考虑到,家长也会有他们的无奈。有的孩子可能还是单亲,这对于他们来说,是多么大的一个打击。我很自责,不是一位合格的老师。以后,在说一句话或者作一个决定的时候,一定要面向全体,更多地去关心每一个孩子的内心感受,尊重孩子的选择和自由。可是现在的我,该怎么去抚慰那些受伤的心灵?

3. 惊喜

黄同学写道:"正当我准备睡觉的时候,妈妈回来了。我的心里吓得砰砰跳,心想这下完了,肯定又得挨骂了。我悄悄往房间走去。妈妈叫住了我:'怡怡,你过来,我有话和你说。'我心里七上八下的,忐忑不安地走到妈妈身边。妈妈把我拉到怀里,语重心长地对我说:'怡怡,对不起。爸爸妈妈平时的工作太忙了,没有真正地关心到你的学习,有时候还对你发了脾气,是爸爸妈妈不对。丁老师说了,你的亲子作业虽然完成得并不是最优秀的,但却是画得最有心得的一幅。图画中你把爸爸妈妈都画在了上面,在旁边辅导你的作业。可是这幅画我们自己知道,这是你自己独立完成的。妈妈很惭愧,对你的关心太少了,真的很对不起。'说着说着,妈妈流泪了。"

第二天,这个孩子主动找到我说:"老师,谢谢你。"我很疑惑:干嘛要谢我?她说,昨晚的家长会让她妈妈更关心她了。后来,我想了想,这是孩子自己收获的惊喜,我也惊喜着她的惊喜。这是她第一次主动找我说话,心里美滋滋的。

4. 关爱

宋同学写道:"妈妈开完家长会回来了。妈妈看见我,满脸的笑容。我还在回想(平时在学校里捣乱,欺负同学,上星期还把同学的文具盒弄坏了),还没等我反应过来,妈妈叫我到她的旁边。看见妈妈高兴地笑,我也顾不上那么多了,着急地问:'妈妈,今天老师说什么了吗?'妈妈说:'这段时间你很乖,学习也进步了,上课的小动作也少了,作业也能够及时完成,和同学也能够友好相处了'。我听后不太敢相信。看着妈妈认真的表情,也不像是在骗我。终于我开心得手舞足蹈,原来,老师还是喜欢我的。晚上我还做了一个美美的梦呢!"

看到孩子的这篇日记,我的脑海里闪现出的,是昨天晚上会后,我和他妈妈单独交流的情景。我是这么和他妈妈说的:"宋同学妈妈,终于把你给盼来了。你看看你们家孩子的作业,和第一本的相比一下,看看这个字写的……他最近很调皮,是不是你们这段时间太忙,没时间辅导他呢?作业也做不好,老是偷工减料的,上星期二还把同学的文具盒给弄坏了。看来你们回家得好好地管管了。"非常感谢这位聪明的妈妈,用特别的方法鼓励了他,让孩子感受到了老师的关爱。

从孩子们的日记可以看出,其实老师和家长之间的沟通,他们非常在乎。他们会在开家长会的时候反复叮嘱家长一定要去,不能迟到;但也有孩子是怕老师和家长交流的,因为自己调皮、成绩不好、在家不听话等,怕家长向老师打小报告。于是,每次在开完家长会,或者是我和某一位家长沟通了之后,我都会私下从孩子、家长两方面来调查一下效果。

通过调查发现,大部分的家长都说,来开家长会,孩子很开心,反之就会在家里闹、不开心。这说明孩子也重视老师、家长之间的交流。有的家长告诉我:"每次开完会回去之后,小家伙都会跑来问我:'妈妈,今天老师有没有说什么呀?'我就立马回了一句:'老师夸奖你这段时间表现很好,希望你再接再厉。'听到这些话,孩子很开心、很满足地笑了。相反,如果告诉孩子说,老师说你不听话、成绩有所下滑,那她的情绪就很低落。"

是呀,在孩子幼小的心灵里,会很在乎教师的夸奖的。所以,大部分的家长会,我都是以鼓励为主,那么第二天,就会看到一群活泼可爱的笑脸。作为教师,心里也会欣慰很多;孩子开心了,自己也就开心了。尽管他们当中会有调皮的,但看到他们天真无邪的笑脸,也会更有信心地去做自己的工作了。

二、创新家长会形式①

1. 寓教于乐

虽然家长会的核心内容很难改变,但我们可以适当改变家长会的组织形式,在中间增设一些寓教于乐的活动。比如,在家长会中我们有一项重要内容就是向家长传授家教知识,在传授知识的时候,可以设计一些亲子游戏活动,让家长参与互动;有时也会请家长观看一些有关家庭教育的小品,这样家长就不会觉得家长会空洞乏味了。

2. 分专题

家长会要让家长有所得才会有吸引力,这是打造魅力家长会的根本。召开家长会,总的原则是不一定面面俱到,但一定要有所得。所以在召开家长会的时候,我们可以结合本班、本年级、本学校的实际,充分考虑家长的知识水平和职业特点分专题召开家长会。可以将家长会开成班级教师推荐会、家校合作研讨会、家长经验交流会、学生才艺展示会、学生思想汇报会、教育问题咨询会等。

3. 分层次

家长在百忙之中到校来参加家长会,既想有所收获,又不想太失面子,特别是学困生的家长。一个班级几十名学生,他们的基础参差不齐,成绩差别很大。为了维护学生的自尊,也为了照顾家长们的情绪和面子,所以在家长会上对于学生所存在的问题,班主任往往不可能一一指出,也不可能一一提出要求,只能在班级层面对家长们提出一些统一的建议,这就导致家长较难全面了解教师的真实意图,使家长会起不到应有的作用。而分层家长会,既能保护学生的自尊,又能保护家长的面子,还可以就学生的实际问题展开座谈,征求家长的意见,共同探讨解决问题的方法,从而提高教育效果,让家长感到有所收获,有效激发他们积极参加家长会的兴趣。

4. 让家长唱主角

家长会,顾名思义,就是家长的会议,家长们才是家长会的真正主角。以往我们的家长会,家长的主体地位常被忽视,家长自然提不起兴趣。因此,要想让家长会发挥应有的功效,我们就必须还原家长的主体地位。在家长会上,应有意识地把时间留出一些给家长,让家长站到讲台前讲述自己在教子方面的收获、困惑,针对家长们所提出的问题,及时组织讨论,并在交流探讨中帮助家长寻找妥善有效的解决方法。这样,家长们就会感到家长会是与自己紧密相关的,自然就会积极参与讨论,家长会的目的也就在互动交流中实现。

---

① 程显龙.家长会,该拿什么吸引家长[J]. 现代教学.2014(3B).

第七章
亲师交流：师生和谐，健康成长

现如今，家长、教师、学校的教育理念发生着根本性的变化——从育分到育人，家长和教师、学校也开始通过亲师交流的各种形式产生多个交织点。但是这些交织点的出现还缺乏整体的规划。因此，亲师交流的主体在不断寻找着突破，它还更需要得到社会的支持，让我们的亲师交流更贴近需求、更有价值，让师生在和谐的氛围中获取快乐。

一、不同类型的家长，如何建立不同的交流渠道与沟通方式？

教师职业的特殊性之一，是要面对一个个独立的生命体，学生如此，家长也如此。不同类型的家长，其思维方式、教育理念、家庭教养方式、交往习惯等，都可能有很多差异。教师需要研究家长，建立起有针对性的、多元的交往渠道和沟通方式，积累具体的交流技巧。

二、如何在交流中更多地反思和重建？

教师会在亲师交流的前期做比较细致的准备工作，过程中也能就沟通的内容做一些记录。一旦遇到难缠的家长，有些教师就不知道该怎么继续交流，沟通的任务有时会交给管理层或者校级层。而事实上，教师可以通过一个个案例，在教师例会中共同讨论，以一鉴十，从成功或者不成功的案例中截取经验，为其他教师的亲师交流提供可借鉴的案例。这样的机制建设、意识形成和教师个体的发展，还需要更多的探索。

三、如何通过交流，达成家庭教育与学校教育的合理分工关系？

家庭教育和学校教育是相互影响、相互渗透的。亲师交流的理想结果，是家长和教师能形成立场的共识与教育过程的合作。然而，家庭教育和学校教育毕竟还是有不同的职责，有的家长过于热情，就发生干涉学校教育的现象。通过交流，教师了解家长对教育的需求值，家长熟悉孩子成长过程中需要关注的点，各司其职，才能更好地促进学生的成长。

四、如何让学生也成为亲师交流的主动参与者？

亲师交流的核心就是学生。学生应该成为教师和家长的纽带，必须是交流过程中的参与者。很多学生看到家长和教师交流就害怕，担心自己哪里做错了。教师和家长有必要共同探索新的方法与形式，使学生能主动参与到亲师交流中。

第八章

组织建设：制度保障，内涵发展

董菊芳[①]　吴　青[②]

每天上、下学时间，在 Q 小学校门口，人们总能看到一群身穿"紫马甲"的人正在认真维持学生出行的道路安全，原来他们全都来自学生家长志愿者，义务护导，风雨无阻。

每周星期一，Q 小学又会出现身穿"紫马甲"的家长走进校园和食堂，巡视安全、排查隐患、随堂听课的情景，原来他们是学校家校合作管理委员会聘任的家长"轮值校长"，听课以后还要对上课教师进行评议记录；中午，"轮值校长"又和孩子们同吃午餐，同时将饭菜质量情况反馈给校方。

每学期开学前夕，学校召开办学听证会，Q 小学的家长代表盛装出席，和其他社会各方代表济济一堂，就学校新的办学目标和各项事宜建言献策。

每年度校本课程展示活动和教师节"金鹰教师"评选活动，也能看到"紫马甲"家长的身影，他们走进教室，组织学生问卷并汇总提名，积极参与课程建设、布置，甚至上课、示范。

每天、每周、每学期、每年……组成一张纵横交织的家校共育组织生态网，全方位地呵护和促进孩子们的全面发展。

2013 年 12 月 5 日，多家电视媒体记者和同行们来到 Q 小学，亲身参与了"年级九部"交接仪式（如图 8-1 所示），大家忍不住好奇地问：Q 小学生源结构复杂，却如此关注并积极、努力地探索"家校互动"机制创新工作，这样一套"家校共育"组织体系是如何精心架构起来，又是如何有序运作、保障实施的呢？

[①] 董菊芳，上海市闵行区汽轮小学人事干部，小学高级教师。
[②] 吴青，上海市闵行区育苗小学英语教师，教研组长。

第八章
组织建设：制度保障，内涵发展

图 8-1　Q 小学"年级九部"交接和家长全员入会仪式

时光转回 2010 年，Q 小学主动加入上海市"家校合作体制机制创新"项目组，参与探索"家校合作"机制创新。为了达成预期的目标，他们在理念和组织层面系统设计，形成了独特性举措。

经过一次次的调研访谈，大家坚持做到"放四权"——参与权、知情权、监督权、评价权；做到"五变革"——变革组织架构、变革形式与内容、变革家长资源观、变革决策评价制度、变革持续推进方式。这样，从原先单一的家长方主任，学校增设了"社会志愿者"担任的社会方"主任"，形成了"双主任议事制度"；又通过每天的护校行动、每学期的乡土文化资源"课程化"实施、每年度的教师评价"双认证"等一系列推动"家校合作"常态化、制度化的举措，不仅激活了家长、重建了家长资源观，还引领家校合作工作不断深化。

大家将这一系列工作概括为"紫马甲行动"。

在城市化进程中，Q 小学生源中 70% 以上来自全国 18 个省市，本地和异地文化冲突问题屡有发生。学校突破传统的单一组织管理方式，实施家校合作机制创新，通过一段时间的探索实践，激活了大多数家长参与学校管理的热情，打开了家校合作的新局面。

一、建立"家校合作"组织是现代学校制度建设的需要

为深化学校管理体制改革，教育部在《2003—2007 年教育振兴行动计划》中就明确提出"深化学校内部管理体制改革，探索建立现代学校制度"，要求"积极推动社区、学生及家长对学校管理的参与和监督"，形成"自主管理、自主发展、自我约束、社会监督"的机制。2010 年 7 月，国家颁布了《国家中长期教育改革和发展规划纲要（2010—2020 年）》，提出"建立中小学家长委员会，以推进现代学校制度建

设"。为贯彻落实这一要求,2012年2月,教育部又出台了《关于建立中小学幼儿园家长委员会的指导意见》。2012年6月,教育部官方网站公布了《依法治校——建设现代学校制度实施纲要(征求意见稿)》,在该纲要中,"中小学应当逐步建立健全班级和学校两级家长委员会"又一次成为政策热点。

只有学校和家庭志同道合,抱着一致的信念,开展一致的行动,儿童才能获得全面和谐的发展。那么,实现家校合作的纽带与桥梁是什么?家长委员会等相关组织就是密切家校联系的纽带与桥梁。为此,中小学需要对家长委员会参与学校管理的功能重新定位:家长委员会服务于学校的教育教学,对学校教育工作进行指导帮助,在此基础上起到决策、监督、创新的作用。

二、建立"家校合作"组织是促进学校民主管理的需要

目前,我国学校普遍实行校长负责制。这一制度的主要内容是校长对学校的发展规划、教育教学、财务管理、人员聘任、后勤保障等工作负总责,党支部起监督、保障作用。但是在实际运行中,由于尚无完善、有效的学校自我管理与监督的机构与其配套,校长负责制往往变成校长"一长制",甚至走向校长"专治"。学生家长参与学校管理,无疑是学校民主管理体制建设的重大突破。由于阅历和时间上的限制,学生无法参加学校的管理活动,所以当由家长来代表学生一方参与磋商、参与决策,会使学校的工作更加切合实际。在学生的利益和学校的利益可能发生矛盾的时候,怎样保证学生的权利就成了棘手的问题,而一旦家长参与管理学校,类似的问题就可以迎刃而解。

随着我国中小学教育管理改革的不断深入,很多学校在政府的倡导下,建立了不同名称的家长组织。如何营造学校、家庭、社会"三位一体"的教育格局,让家长全方位、多层次地参与到学校教育中来,理解、支持、监督学校的各项工作,形成家校合作教育的组织力量,是学校教育工作必须重点考虑的问题。

重视家校合作中的组织建设,笔者及所在的团队一般从以下几个环节入手(参见图8-2)。

第八章
组织建设：制度保障，内涵发展

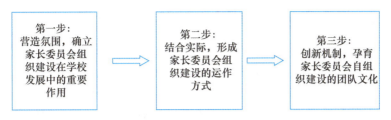

图 8-2　家校合作领域组织建设实施路径

一、营造氛围，确立家长委员会组织建设在学校发展中的重要作用

1. 从价值取向维度，关注人的主动发展

学校是生存于现实的社会中的，它的发展离不开物质支持、制度保障、政策导引等各种外在条件，但是，这些都不是学校发展的最终动力，无法形成、更无法替代学校内部的发展动力。学校的组织变革就是致力于现代学校制度建设。早在1985年《中共中央关于教育体制改革的决定》颁布实施后，基础教育开始进入一个不断变革的时期。三十多年来，在学校改进的研究和实践中进行了很多大胆的尝试和实验，积累了丰富的改革经验，取得了一定成绩。在近些年的相关研究中，大部分研究者主要从学校的组织文化、领导者的理念、教师的专业发展、学校的组织结构和制度、教学内容和教学方式、学生等方面进行了研究。

通过这些研究的深入实践，很多家长能以教育者、管理者的身份平等地参与到学校的事务当中来，促使"家校合作"常态化运作；与此同时，家长与教师能够拥有更多的时间进行沟通交流；但要实现育人目标，一定需要学校、家庭和社会三者紧密配合，才能实现"教师用心，家长关心，学生开心"的三赢局面。

2. 从思维方式维度，致力于教育的一贯性和一致性

以促进人的发展为本的学校组织是人的各种关系的集合体，人的发展是在关系和活动中得以实现的。家长委员会这一组织形式的特点是决议与执行，实现扁平化管理方式，即由有关负责人代表委员会去集合多数人的智慧，对问题作出明智的判断和决定，同时也避免权力过于集中现象，为学校管理者提供"第三只眼睛"。为此，不少学校成立"三级"①管理网络，它可以促成学校和家庭的相互沟通，使双方利益得以合理表达，确保家长各项权利和义务的实现；也有利于逐步提高家长和教师的参与意识和能力，并在参与过程中，培育公民思想，促进教师和家长之间的平等对话与协商，全息地洞察学校的整体性、深层次的变革背景。

---

① "三级"指"校级、年级和班级"。

二、结合实际,形成家长委员会组织建设的运作方式

家长组织建设可以根据学校实际,从班级起步,通过家长自荐和班主任推荐,逐步建立年级和校级组织机构,这是自下而上的过程。家长组织建设亦可以从区级、校级层面开始建立,这是自上而下的过程。学校向家长详细介绍家长组织的构成、组织运行形式,引导家长参与的学校管理的有效方法。这类组织可以由家长单独组成,如家长协会;也可以由教师、家长与普通市民共同组成,如家长教师协会;还可以由教师、家庭教育志愿者组成。

以上海市 Q 小学为例,该校先从校级层面进行顶层设计,根据家长的工作性质、特长和自愿的程度,招募家长委员会九大部门成员,然后由校级成员组织年级、班级家委会成员的招募,并与学校共同商议制定《家校合作管理委员会章程》,其会员是在本校就读的全体学生家长。这个组织的全称是"家校合作管理委员会",与一般意义上的"家委会"是有差异的,最主要的区别是把学校教师和社区工作者纳入家长委员会组织中,分设"九部·双主任制"①,形成了实践操作层面上的管理体系(如图8-3所示),特别具有实践价值。

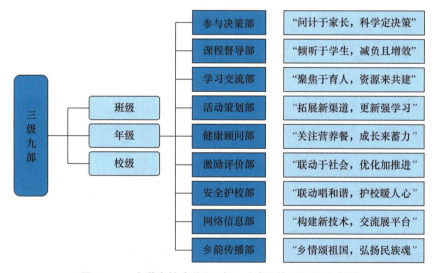

图8-3　Q 小学家校合作"三级·九部"管理网络示意图

学校还从社会上聘任了热衷为儿童成长服务的"专业人士",他们是"法制教育辅导员""医教保健辅导员""科创课程辅导员""乡韵传播辅导员""自救自护辅

---

① "九部"指"参与决策部、课程督导部、学习交流部、活动策划部、健康顾问部、激励评价部、安全护校部、乡韵传播部、网络信息部"。

导员"等，极大地弥补了学校家长群体专业结构不足的遗憾，形成了"多元参与，多点推进"的家校合作管理新机制，更好地放大了教育优势，转化了薄弱环节，开发了资源潜势，全员、全程、全域构筑和保障了未成年人的健康成长环境。

再以上海的Y小学为例，这所学校针对外来务工随迁子女家长，学校主动介入，推动建立了"班级""年级"和"校级"家长委员会，以下简称"家委会"。

班级家长委员会由家长民主选举产生。首先要做的是动员告知。教师可以在学生中动员，让孩子直接回家跟自己的爸爸妈妈介绍家委会；可以直接发通知给家长；可以在QQ群中动员等等，明确向家长告知成立家委会的意义，家委会的工作权利和义务等；还可以以其他与家长联系的方式动员。

通过上述工作，学校非常明确地告知家长们成立这个组织的意义、组织成员的权利和义务等。在完成这阶段工作后，就进入正式组建阶段。班主任可以用一次正式的家长会形式，再次明确向家长们介绍家委会成立的意义，详细介绍家委会组织的职责和分工，使家长们能根据自己的能力和爱好，选择适合自己的工作岗位。此时，可以预留10分钟左右的时间让家长们讨论对家委会的理解与想法，并考虑自己想要任职的岗位。之后，家长自己推荐或自荐家委会主任和副主任人选，经家长们民主选举最终确定相关人选。之所以先选主任和副主任，是针对这一家长群体的特点，先形成领导、示范力量，之后再由他们去发动、组织更多家长，最终形成完整的家委会。

> 在选举活动中，特别要考虑：家长是否有时间？家长是否有精力和足够的水平？家长是否愿意支持学校工作？等等。
>
> 如果家长们没有积极参与家委会建设运作的热情，就更要靠班主任的激发和鼓励了。
>
> 为了让家长们明晰家委会成员的责任，学校和教师需要明确表达相关建议，如家委会成员应在学校的指导下履行如下职责：
>
> 1. 参与学校管理。对学校工作计划和重要决策，特别是事关学生和家长切身利益的事项提出意见和建议；对学校教育教学和管理工作予以支持，积极配合；对学校开展的教育教学活动进行监督，帮助学校改进工作。
>
> 2. 参与教育工作。发挥家长的专业优势，为学校教育教学活动提供支持；发挥家长的资源优势，为学生开展校外活动提供教育资源和志愿服务；发挥家长自我教育的优势，交流宣传正确的教育理念和科学的教育方法。

> 3. 沟通学校与家庭。向家长通报学校近期的重要工作和准备采取的重要举措,听取并转达家长对学校工作的意见和建议;向学校及时反映家长的意愿,听取并转达学校对家长的希望和要求,促进学校和家庭的相互理解。

在班级委员会领导人员形成后,教师就需要进一步推动、帮助形成完整的班级家委会结构。Y小学一年级4班在2014年9月首先选举了班级家长委员会主任和副主任,班主任与他们一起合作,根据班级的实际情况和孩子们的需求,创立了以下几个家委会的项目组,并招募相关家长参与其中:

(1) 家长义工部:负责学生上学放学时的安全秩序维护等工作。
(2) 宣传部:负责向学生或学生家长宣传学校的一些通知等工作。
(3) 活动策划部:负责开展学生活动的一些策划和组织工作。
(4) 学生作业督导部:负责统计学生家庭作业的完成情况和学习方面的相关问题等工作。
(5) 课程督导部:监督学校课程的发展情况。
(6) 读书项目组:管理学生和家长一起每月一次的班级读书活动(包括小故事、小新闻等)。
(7) 特长爸妈俱乐部:负责邀请有特长的家长来学习,并为孩子们上一节或几节脱离校本课程的课。
(8) 后勤部:负责孩子的学习后勤保障工作。

至于年级家长委员会,要视班级的规模而定:班级在5个以上10个以下的,可以每班推选3—5名家长,组成年级家委会。如果班级较少,可以不成立年级家委会,直接成立校级家长委员会。

校级家长委员会的组建过程,可以视学校规模每班推选1—2名组成校级家长代表大会,再由家长代表大会推选出家长委员会委员、常务委员,再由常务委员推选出主任委员等人选。

有条件的学校可以为家长议事会配备办公室,给每位委员配发证件,凭证可以随时出入校园。每一次参加学校教育教学活动的家长代表必须是由家长委员会推荐的,必须要有不同的阶层、区域、文化水平和学生情况的家长代表,要让每一方的人都有说话权利,这样才能真正发挥家长代表的作用。

三、创新机制,孕育家长委员会自组织建设的团队文化

在建立家委会组织,并实现规范化运作后,就需要尊重组织发展的特殊性,培育自组织的文化。

例如，Q 小学"家校合作管理委员会"成立历时三年，期间，工作例会、轮值督学、"五方联动"听证会、年度总结会，大大小小活动和会议不计其数。"三级九部"正式建立后，需要有相关组织标识。于是在 2013 年下半年，家委会发动全体师生、家长，共同征集"家校合作管理委员会"LOGO，活动策划书如表 8-1 和表 8-2 所示。

表 8-1　Q 小学"紫马甲行动"LOGO 征集活动策划书

尊敬的家长：

2011 年 6 月，我校有幸加入"上海市基础教育阶段家校合作架构与运作机制的实践研究"课题项目实践与研究。这两年来，一支身着"紫马夹"的家长队伍活跃在校园里，参与"相约星期一"轮值校长、安全护校行动和学校的每项开放活动，"紫马甲行动"已经成为家校互动的一个代名词。

为了扩大行动效应，经家校合作管理委员会与校方商议，决定在全体学生家庭中进行"紫马甲行动"LOGO 征集大赛。

活动时间：2013 年 10 月 16 日—11 月 1 日。

征集要求：

1. 作品必须是作者原创，没有用之参与其他类似的比赛活动；

2. 作品应符合"紫马甲行动"开展的家校互动活动特征，构思新颖、内涵丰富、图案简洁大气、色彩明快；突显创新、发展、携手、共赢特质；

3. LOGO 作品呈现于一张 A4 纸上。

评选方式：成立由学校教师、学生家长共同参与评选小组，评选出的一、二、三等奖，入选作品将冠名，进行表彰与奖励。

表 8-2　Q 小学家委会 LOGO 征集大赛填报表格

学生姓名		班级	
设计理念：(300 字左右)			
设计图案：			
诠释图案寓意：			

之后,学校在家长设计理念的基础上进行了提升,和广告媒体制作公司一起确定了Q小学"家校互动管理委员会"的组织文化标识(见图8-4)。

图8-4　Q小学"家校互动管理委员会"组织文化标识

在形成相关文化意识之后,学校与家委会合作,进一步探索形成家校职能工作对接制,体现为组织机构、功能开发、资源整合和管理机制这四大领域发生对接,形成家校互动管理的"四大运行机制",即"家校合作九部对接制""轮值督学相约星期制""家委双主任分工推进制""评价反馈与激励完善制"(如图8-5所示)。

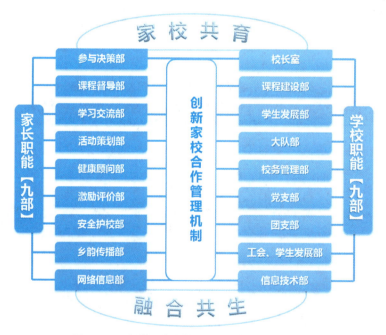

图8-5　Q小学日常家校职能"九部"对接示意图

相关家长在家校合作过程中,及时把发现的问题反馈给学校相关职能部门予以改进落实。有了这个家校双方直接对话平台,家长方与校方能实现信息畅通,形成"凡事有准则,凡事有程序,凡事有监督,凡事有负责"常态化运行机制。

Q小学还实施了"双主任分工推进制"。学校实行"两正两副"的"双主任制",这两位主任的身份有所不同,其中一位是在校生家长,主管"九部"中的"在校生活类"活动;另一位不是在校生家长,而是学校聘请的社区工作者,主管"校外生活类"活动(如图8-6所示)。

图8-6　Q小学家委会"双主任"结构

明确的组织分工,让每一位参与者的民主意识和参与能力在培育过程中建立,也逐渐改变了学校和家庭的身份与地位,一种"我们共同的学校""我们共同的班级"的理念慢慢形成于教师和家长的观念中。

【主要障碍】

1. 来自组织

(1)家委会如何处理与学校领导及老师的关系?现实中不乏以对抗心态处理与校方及教师关系的个例。

(2)家委会可以参加学校哪些会议、活动?家委会的成功运作,将对学校教学、后勤、学生管理方方面面工作形成监督约束,后勤和学生管理工作中存在的问题很容易被家委会找到,而应试教育导向的教学也必然引发校方、教师与家长不同的教育理念的碰撞,这些都使得校方对家委会建设持消极态度。

2. 来自教师

(1)认为家长不懂学校教育教学管理,"轮值校长"就是给学校找茬;同时轮值校长巡视固定在每周一,没有达到全员、全程督查。

(2)认为由家长评选"好老师"有个人倾向,对教师不公正。

3. 来自家长

(1)认为自己专业水平低,评价容易带有个人因素,不敢对学校各领域管理"指手画脚"。

(2) 深度参与学校管理的个体能力不够。

(3) 没有充裕的时间参与到学校的活动中来。

【相关保障】

1. 调整完善组织架构和组织章程,根据学校家长群体具体情况确立适应其文化诉求的组织机构。如改进"轮值家长相约星期制"的时间安排,由五个年级家委会循环轮值,确保各年级家长志愿者每周都有轮值机会,实现督查学校管理家委会全覆盖。

2. 建立科学、合理的家委会评价学校、教师的机制。通过"优秀家庭"等评选、期末家长网上问卷、校级家委会总结汇报等方式,改变家校合作中家长个性与共性的关系处理。如家校双方讨论设定教师评优过程中家长和学生意见的比例,并由家委会成员主持学生问卷的下发和汇总,保障评选的公正合理。

3. 实施学校与家委会的工作对接制度。学校及时回应家长的诉求,定期调查、汇报家校合作各项工作的实施情况及成效。由社会方设立专项奖励基金,鼓励更多的家长、社会人士深度参与到探索"家校合作"管理建设中。

拓展阅读

越来越多的家长开始关注学校教育和家庭教育的融合,以更积极的姿态投身到学校各项改革教育中来。国内外已有不少新模式,致力于进一步推动家校互动管理机制向深层次、多元化、互联网方向发展。

一、"家长义工制":让家长走进学校[①]

江苏省常州市觅渡桥小学按照5%的比例评选优秀家长义工,有力地推动了家长义工工作的开展。现在,更多的家长走进了义工的行列。为了使义工制度更加完善,学校做了如下工作:

(1) 为义工办公室配备电脑,让义工定期上网收集家庭教育、学校教育方面的优秀文章,作为培训家长义工的资料。

---

① 薛丽君,王小萍."家长义工制":让家长走进学校[J].中小学管理,2008(7):23—24.

（2）发挥网络的作用，定期发布家长义工的工作经验，表彰认真负责的家长义工。

（3）挖掘家长义工的资源，让他们走进课堂，感到自己不是旁观者，而是学校主人翁。

（4）把由学校组织逐步转变成由家长学校牵头，学校参与指导，建立家长义工协会，让家长们掌握工作的主动权。

（5）由家长委员会召集家长茶话会，交流教育心得，分析教育得失，让家长在交流中受到启发。

二、上海市嘉定区建立区级家长委员会[①]

2009年嘉定区家长委员会章程（摘录）

第一章 总则

第一条 为了规范、协调各学校家长委员会工作的开展，完善区、镇、学校三个层面的家长委员会工作体系，促进学校、家庭与社区的沟通与联动，更好地推进现代学校制度建设，尽快实现本区教育现代化，根据《教育部关于加强依法治校工作的若干意见》和《上海市未成年人保护条例》，建立嘉定区家长委员会。

第二章 性质

第二条 嘉定区家长委员会是在区教育局领导下代表全区在校学生家长参与学校教育、教学工作和学校民主管理的辅助机构，是促进学校、家庭、社会三结合教育工作的群众组织形式。在国家宪法和有关法律、法规规定下开展各项相关教育活动。

第三章 宗旨

第三条 嘉定区家长委员会的宗旨是宣传和贯彻国家有关教育法律、法规和教育方针、政策，充分发挥家长对学校教育、教学工作的参谋、监督作用，积极推进家长参与教育、教学改革、督导评价、学校管理和涉及学生利益的重要决策，使家长成为学校教育的合作者和推进者，促进我区素质教育工作不断完善，办人民满意的学校。

[①] http://jwh.ijd.cn/list.asp? id=456.

> 第五章　职能
> 第十条　嘉定区家长委员会通过区内各级家长委员会及家长代表发挥以下各方面作用:
> 　　1. 加强学校和家庭的沟通,密切保持学校和家庭、社区的联系,促进学校、家庭、社区教育一体化的形成。
> 　　2. 参与学校民主管理,支持学校的教育、教学改革,督促学校全面贯彻教育方针。
> 　　3. 配合学校共同研讨教育、教学的相关问题,全面推进素质教育,切实提高教育质量。
> 　　4. 保障家长对于学校教育的知情权、选择权、监督权、评价权和参与决策权。
> 第十一条　指导和推进区内各学校的家长委员会工作。

三、"家校互动"系统在上海正式开通[①]

在家轻松点击网页,便可查看学校的最新通知、孩子的学习情况和当天的作业,并且随时可以通过网络解疑释惑、倾吐心声,从而不必担心因工作太忙而无暇顾及孩子的健康成长……2007年4月,以便捷教育信息服务为目的的"家校互动"系统在上海正式开通。这一系统,让教师、学生和家长实现了"零距离"沟通。根据推进计划,2007年,上海市中小学校和托幼机构的任课教师将全部使用该系统,与此同时,首批100万户家庭也将从中受益,体验到教育信息化带来的新变化。

四、构建学校、家庭、社会三结合教育网络的运行机制[②]

实现学校、家庭、社会三方面教育的有机结合,学校教育方面要充分发挥其主动性和主导性,通过管理改革,使班级成为三结合教育的基本点和生长点;要动员和组织广大家长和社会各界人士,组织班级、校级、县(区)级家长委员会和校外辅导员队伍,使之成为一种相对独立的教育实体;在此基础上,加强教委、家委、关工委之间的横向联系,使学校教育与家庭、社会教育相互沟通,建构起上下一致、校内外一体的教育工作网络。这一网络的建构,涉及教育观念的更新,教育资源的

---

　　① 刘鹏. 从"独角戏"到"家校共舞"[J]. 上海信息化,2007(6).
　　② 张建国. 构建学校、家庭、社会三结合教育网络的一种运行机制[J]. 湘潭师范学院学报(社会科学版),2001(1).

开发和配置,乃至教育管理体制的改革和创新,是一大系统工程。

推进家校合作的正式组织建设,形成相关运作机制,是转型时期学校、家庭、社会三位一体、合力育人的必然要求。在家校合作管理新探索中,家长参与的学校组织建设还有很大的探索空间。

一、如何尊重"新"家长的特殊性?

现阶段,中小学将迎来大批"80后""90后"家长,他们的学历水平和专业素养相对以前普遍有所提高,与外来农民工子女家长、与"80后"教师在教育"独二代"的教育观念、教育目标、教育内容、教育方法、教育途径、家校合作、家教指导、教育艺术、教学艺术上存在较大差异,需要作更多的实践研究。

二、如何进一步发挥学校的引领作用?

家委会等组织建立后,学校依旧需要在合作中推动家长组织的完善和更新。特别是在当前终身教育体系建构过程当中,学校可以引导家委会组织在"公益事业联办,校园安全联防,文体活动联谊,社会责任共担"上下功夫,梳理出学校发展坐标,不断追求家校合作管理机制建设"新时空"。

第九章

教师家访:有教无类,因材施教

谢晓东[①]　蔡　颖[②]

家访是进行家庭教育个别指导的一种常用且有效的方式。Q 小学对于教师家访有量的要求:新接班的班主任利用暑假和学科教师一起进行家访,且家访率达到 100%。

蔡老师在九月的开学季迎来了一年级小学生。这些懵懂的孩子踏出了走向社会生活的第一步,正式开始了小学阶段的学习。家长们的心态是忐忑的,因为他们不知晓学校、老师会怎样关注、培养孩子,不确定孩子能不能适应学校的规章制度,不清楚孩子能不能接受老师所传授的知识。同样老师也是有担心的,因为他们也不知道这届学生的个性品质、学习状态如何。有关一年级新生的信息,老师手头只有一张薄薄的新生登记表,家长则对任教老师几乎一无所知。家长、教师、学校三者间需要一座沟通的桥梁。家访,正是三方了解、建立信任的第一步。

七月,一年级新生家庭普访工作就正式列入教师们的日程。为了提高家访的有效性,学校要求教师们做到:家访前熟记学生的基本信息,约定家访时间;家访中交谈热情有礼,告知家长入学前的准备工作;仔细聆听家长对学校的诉求,了解孩子的个性特点和学前准备;家访后,整理搜集到的信息,建立学生个性档案。

一年级新生中的小补同学在报名时表现出过分的活泼好动,当时就引起了老师的关注。班主任决定把这个孩子作为重点家访的对象,同时也设定为教育跟踪

[①] 谢晓东,上海市闵行区汽轮小学学生发展部主任,中学高级教师,华东师范大学新基础教育研究中心兼职研究员。

[②] 蔡颖,上海市闵行区汽轮小学教师,小学高级教师。

对象。在家访前,班主任仔细研究了学生的入学登记表,得到了小补同学家庭的基本信息(参见表9-1):

表9-1　Q小学一年级＊班学生家庭基本信息表

	称谓	文化程度	职务	备注
家庭成员基本情况	母亲	大专文化程度	外企职员	
	父亲	大专文化程度	公司打工	
住房情况		购买二房一厅		
面试情况		能回答老师的问题		
整体情况		B等		

在与家长确定家访时间后,班主任和数学老师一起进行了第一次家访。小补同学的父母非常热情地接待了老师们,也谈了一些关于孩子教育的想法。小补同学在和老师对话的五分钟内,一直以一种扭动的姿态站立着,没有站直的时候。这一情况引起了班主任的关注。随后班主任具体了解了小补同学出生后的成长路径,了解到小补从小由外婆抚养,直到入学前夕,才回到父母身边。

通过交谈,班主任介绍了学校的发展态势、任教老师的情况以及一年级新生入学的有关注意事项,并给了家长一份温馨提示单(参见表9-2),让家长知道学校的作息时间以及家长需要作的其他各种准备。

表9-2　Q小学一年级入学准备温馨提示单

Q小学一年级入学准备温馨提示单
一、作息时间
1. 学校上学时间为八点钟,家长不要在七点三十分之前送孩子上学。
2. 放学时间为三点五十分,请家长一定准时接孩子。
3. 午餐时间为十一点三刻开始。
二、学习用品准备
1. 书包要轻巧、方便,不要拉杆书包和有过多装饰的书包。
2. 准备三到五支HB铅笔,每支要削尖。在学校里,不允许削铅笔。
3. 准备一到二块绘图橡皮或4B橡皮,不要使用各种造型或过香的橡皮。
4. 准备一把直尺,能看清刻度,不要太多图案。
5. 准备包书纸,孩子的书本都要包好并写好姓名。

（续表）

三、个人卫生准备
1. 带好一块小手帕、一只茶杯、一包餐巾纸。
2. 每个星期剪好手指甲。
3. 衣服整洁、宽松，适合小学生活动。脚上要穿运动休闲鞋，学校每天有一小时锻炼。
4. 准备好餐垫。

四、心理准备
1. 可以带孩子去上学的学校看看，熟悉学校的环境，减轻孩子的紧张情绪。
2. 取消孩子的午睡时间，让孩子尽早适应学校的作息时间。

通过第一次家访，老师们看到了孩子家庭的真实状态，了解到了家长的需求，发现了孩子的特质，这为今后孩子的个性化教育奠定了基础；家长在这次家访中也认识了老师，了解了学校，尤其是清楚了作为起始年段家长的自身教育责任。家访结束后，班主任根据家访时所见、所闻、所谈、所知、所感，对小补同学的基本信息表进行了充实(参见表9-3)。

表9-3　Q小学一年级＊班学生家庭基本情况补充信息表

	家庭成员	教育方法	住房	家中环境布置
学生家庭基本信息	母亲	有一定育儿理念，不溺爱孩子，但对孩子无可奈何。	房子不大，但收拾得非常整洁，孩子有自己的卧室和书桌。	家中布置非常简洁，没有书橱，也没有书籍。
	父亲	意识到自己孩子发展有问题，喜欢武力教育。		
	外婆	无文化，溺爱孩子，不允许父母打骂孩子。		
学生基本信息	识字量	计算	口头表达	个性特点
	识字量不多，不超过几十个，拼音不认识。	会计算10以内的加减法。	能比较清楚地表达自己的愿望，能和教师进行互动。	性格爽朗，但缺乏规则意识，不知道自己即将成小学生，缺少专注力，不能安静十分钟。
家庭教育环境	优势	父母有一定的文化素养，愿意配合老师一起教育孩子，也能客观评价自己的孩子。		
	劣势	孩子从小生活在外婆身边，外婆由于缺少文化，没有对孩子的各种顽劣行为进行教育，所以养成了孩子为所欲为的习惯。孩子的父母由于缺失了孩子1到6岁的教育，对孩子的现状束手无策，只能武力教育，更激起了孩子的反抗。		

开学一周后，班主任根据家访后得到的信息，综合小补同学在校表现和学习状况，建立了小补同学的个性化档案(参见表9-4)。

表 9-4　Q 小学一年级新生个人基本信息表

姓名	小补	年龄	六周岁半
在校表现	上课：注意力只能集中五到十分钟，其余时间不是在玩学习用品，就是在玩自己的辫子，以及一切能玩到的东西。但不和同学说话，只沉浸在自己的世界里。 与同学相处：没有找到好朋友，很有破坏性，同学们不喜欢她。 个人卫生：经常披头散发，不剪指甲，不擦鼻涕，忘带茶杯、手帕。 纪律：不遵守任何规则，我行我素。 作业：在老师的紧盯之下，能完成作业，口头作业在父母逼迫下完成。		
情况分析	由于小补同学婴幼儿期和父母分离，祖辈采取散养方式，没有及时发现孩子的异常行为；父母虽有感觉，但也只是一味认为小孩子顽皮是正常的。小补同学的在校表现异于同年龄的孩子。她的注意力难于集中，不适应学校生活，也难以和同学友好相处，存在着小儿多动症的症状。由于孩子的父母拒绝对孩子进行治疗，现阶段老师所做的只能是耐心辅导、说服教育。		
教育建议	1. 课堂教学中多关注这个学生，多给予她回答问题的机会，多让她参与教学中的小游戏，吸引她的注意力。 2. 采用行为矫正法，鼓励她自行完成作业，有意识训练她的坐、立、行、走，逐步提高她注意力集中的时间。 3. 多和家长联系，让家长清醒地认识到孩子的情况，配合老师进行家庭训练和作业辅导。 4. 各科老师对小补一定要有耐心，既不要放弃，也不要过于着急，尽可能为她创造一些宽松的学习空间。		

在学校和家庭的共同努力下，一个学期后，小补同学的行为习惯有了明显的改善：上课不再随意发脾气，专注的时间从原来的 2 分钟延长到了将近 5 分钟；下课活动期间与同学发生摩擦时，能用语言进行沟通；耍赖、打闹的现象减少；有了学习的愿望，课堂作业能够在老师的提醒下完成。

教师家访是传递教育之爱的机会，也是为之后持续表达教育之爱的起点。通过家访，不仅为教师的正常教学作好了充分的准备，而且直接建立了与家长的合作关系，形成了对家庭教育指导的基础。

在这个案例中，教师明确家访的目的、意义和内容，掌握了学生家庭的基本资料，这是家访成功的基础。教师在家访前后详细记录相关信息，并根据学生在校内的学习、行为表现，结合家访中了解的材料，对学生进行分析评估，制定方案和措施，进一步深化对学生的教育。学生个性档案的建立，也为教师们的因材施教提供了第一手资料。小补同学一入学就得到了各学科教师的关注，并针对她的具体情况实施教育，为她创设了健康发展的空间。

项目意义

家访是教师到学生家里，与家长交流学生各方面的表现状况，对家庭教育进行有针对性的指导活动。[①]

教师家访是教师和家长近距离情感交流的有效途径，是教师做好教育教学和管理工作的重要手段。它是以一种温暖体贴的姿态，维系着教师、家长、学生间的纽带，是沟通学校、家庭、社会的桥梁，在学校教育中起着不可替代的作用。家访也是学校教育及家校合作不可缺少的内容。即使现代通信技术再发达，电话、电脑及网络再普及，家访还是具有独特的、不可替代的功能。教师走进学生家庭，真正了解了孩子的家庭环境、家长的教育方式、孩子在家中的表现，才能深入了解学生、理解学生，才能酌情设计出有针对性、有梯度、把握都比较准确的教育策略。

一、教师家访是家庭、学校、社会教育的重要纽带

家庭、社会、学校教育之间需要密切联系，协调一致，相互补充，相互完善，以教育目标为指针，形成教育合力。

我们过去在处理家庭、学校、社会三者关系时存在着以下问题：一是过分强调学校教育，而忽视了家庭和社会教育的价值，低估或无视家庭和社会的教育力量，使其潜力不能充分发挥；二是表面上重视家庭、社会、学校的教育价值，但苦于找不到三者之间的汇合点，未能形成最佳教育效果；三是三种教育不但不能形成合力，有时来自三条渠道的教育甚至背道而驰，形成相互对抗的态势。

教师家访的作用就在于它能把三者沟通起来，在充分发挥学校教育主导作用的基础上，去挖掘、利用家庭教育和社会教育中的积极因素，使它们在目标、内容、计划、措施等方面协调一致。

教师家访在沟通家庭、学校、社会教育三者关系方面具有以下几个作用：

首先，教师把家访作为了解家庭教育和社会影响教育现状的有效途径，通过教师（特别是班主任）到学生家去作调查、座谈，可以了解学生的居住环境、家庭结构、学生家长的教育观念以及学生的社会人际交往等，摸清学生的校外影响源。

其次，教师把家访作为向家长宣传学校教育情况的好机会，通过教师的讲解，使家长了解学校教育的内容、计划、方式、目标，以便家长积极主动地配合学校教育。教师还可趁机把家长对学校教育的新要求带回学校，使学校教育更加适应社

---

① 殷飞.班主任的家校沟通[M].上海:华东师范大学出版社,2013(7):47.

会需求。

第三，通过教师家访，可以有效地巩固和延伸学校教育的成果，了解、调整学生的社会影响源，以便克服和纠正家庭、社会教育中的消极因素。

二、教师家访是有教无类、因材施教的基础

教师要顺利地进行因材施教，其基础就是尽可能详细地了解每个学生的个性心理。要做到这一点，除了在学校教育过程中认真细致地观察、分析每个学生的特点以外，还要勤于家访，这样才能从更深一层了解学生个性形成的客观环境，协调各方面的教育影响，最大限度地发挥因材施教的教育效能，真正做到一把钥匙开一把锁。

教师家访主要从家庭的物质环境、精神氛围和教育方式这三个方面入手，把握学生的特殊性，特别是家庭教育方式方面。家庭教育一般有诸多类型，如：(1) 民主型：家长遵循儿童身心发展规律实施相应教育，尊重儿童的合理需要，采取循循善诱、以理服人的教育方法；(2) 专制型：无视儿童正常需要，对子女行为严加管制，其一切言行均服从家长；(3) 放任型：家长对子女的学习不闻不问，父母辈与子女缺乏交流，两代人之间关系比较淡漠；(4) 矛盾型：父母双方在教育态度、教育方式上各执一词，子女不知所从，久而久之谁的也不听；(5) 溺爱型：父母过分迁就孩子，不能对孩子的需求作正确引导，只是一味满足。

教师通过家访，可以清楚地了解造成学生个性心理差异的家庭因素，以便在学校教育中有的放矢，使不同类型的学生都能健康地发展，并能有针对性地为家长提供支持和帮助。

三、教师家访是建构良好师生关系的契机

师生关系是学校中最重要、最基本、最具体的人际关系。[1] 教师去家访，和学生的距离拉近了，更利于了解学生的日常家庭生活、思想。在家长、学生、教师三方面对面的时候，这种直接的交流更容易使师生间产生信任感，使沟通进入良性的快车道。

教师亲自上门家访也能让孩子们从心里体验到"荣耀"。青少年学生正处在自我意识的迅猛发展时期，他们迫切希望引起别人的注意和关心，对别人对待自己的态度非常敏感。尤其是状态不佳的孩子，他们渴望得到老师的关注、同学的友谊。教师家访能使学生产生一种被重视的感觉，觉得老师是关心自己的，而且老师对自己是有期待的，自己也是有潜力的，进而树立起学习信心和动力。良好师

---

[1] 张琴.浅谈如何构建和谐师生关系[J].中国校外教育,2011(7).

生关系的确立和维持既需要一定时间的潜移默化，也需要一种契机，促使量变向质变的转化。

家访是教师和家长沟通的重要渠道，是教师、家长、学生面对面真诚交流的最佳时机。为让家访顺利进行，可以从以下几方面开展：

一、准备阶段

1. 选择家访对象

学校的工作是很繁忙的，教师要对全班几十个学生全部进行家访，工作量是巨大的。因此，除了一年级新生需要百分百地走进学生家庭进行普访，其他年级教师可以有选择性地进行家访。

（1）一年级新生的普访

一年级学生刚进校门，此时，家长、学生、教师三者之间的关系就如白纸一张，家长往往不熟悉任教老师，不明确学校办学理念。有的家长道听途说，有的家长盲目相信网上的信息，都可能会让家长对学校、教师产生误解。所以，一年级的普访工作在七月份就应展开，教师和家长近距离的沟通、交流，相互间奠定信任的基础，联接情感输送的纽带，双方为孩子幼升小的平稳过渡保驾护航。

（2）接收新班有目的家访

每年暑假，一些班级的任课教师、班主任会发生变动。在交接班的过程中，原任课教师、班主任会对班中学生情况作介绍。此时，接班教师就应做一个有心人，记录下班中学生的状况，对一些特殊情况的学生给予关注，第一时间进行家访。家访中，教师应聆听家长的诉求，阐述自己的教育理念，适时提出一些自己的看法，争取家长的认同。

（3）学生出现问题及时家访

学生是未成年人，他们在成长过程中一定会出现这样那样的问题。对于学生出现的问题，教师应理性分析问题背后的原因：是学习习惯问题，还是行为习惯出现偏差，或是同伴相处中出现问题……此时家访，更多直面症结所在，携手家长，商议教育孩子的最佳方法。

例如，Q小学四年级的小周同学曾脾气暴躁，只要觉得同学啰嗦，就是拳头出手。家访中发现，孩子的父亲是个话痨，在家对孩子一百个不满意，从头批评到脚。孩子虽反感，但不敢反抗，唯恐挨揍。可怜的同学就成了他的出气口。了解情况后,教师和家长达成共识:不随意辱骂孩子,尽力看到孩子的进步之处。几次沟通以后,孩子的父亲改变了行为,孩子也没有再出现打人现象,学习成绩也稳步上升。在后续跟踪中,小周同学考入了理想的高中,其父母欣喜异常。

(4) 学生情绪波动时联系家长

小学生还不会掩藏自己的情绪,他们的喜怒哀乐都清清楚楚表露在脸上。如果一个学生突然性格大变,情绪强烈波动,很大一部分原因是因为碰到了他们能力范围内无法解决的事情。此时,教师的家访着重在于引导家长正确处理孩子的情绪问题,关注孩子的身心健康。

例如,Q 小学五年级的小汤同学在 2013 学年开学后常常一个人掉眼泪,询问他才知道他的父母要离婚,妈妈已经不住在家里了,爸爸要把他送回扬州老家,不让妈妈见到他。得知实情后,班主任分别找了孩子的父母谈话,告知他们孩子现在的情绪不定,希望家长在处理感情问题时,尽量考虑孩子的感受。孩子的母亲表示可以让孩子回扬州,她定期探望孩子。孩子的父亲在听了老师的分析以后,答应让孩子在上海读完小学课程再回扬州,不让孩子中断学业。在后期跟踪中得知,孩子的父母已离婚,孩子现在扬州读中学,已接受父母离异的事实。

(5) 学生成绩下滑时告知家长

学生在校的学习成绩虽然并不代表学生的全部,但也是学生学习过程中的一个重要组成部分。一般学生成绩都有上下浮动的时候,但如果出现成绩大幅滑坡现象,说明学生遇到了学习上的障碍。此时,和家长的联系要更为理智,不能一味指责,要和家长一起分析原因,制定措施,帮助学生调整好学习状态。

(6) 发现学生特长时深入沟通

有些学生在某一方面有天赋,有特长,还有兴趣,但有的家长并不支持孩子的兴趣爱好,教师可以从自身教育者的角度出发,和家长进行沟通,引导家长换位思考,站在孩子的立场考虑,尽可能创设条件培养孩子的兴趣爱好。

由于每一个学生都是独立的个体,学生出现的状况也各不相同,班主任和任课教师可以根据学生的实际情况及时家访。

2. 制订家访计划

家访事先要有计划、有准备,对于要了解什么、阐述什么、需要家长协作解决什么,教师心里要有底。[①] 家访的目的要和探索与寻找学生成长的资源结合起来,以便在家访过程中有的放矢,避免形式化、客套化、告状化。因此,家访计划要确立家访的主题,或是学生在学校的学习情况,或是学生的行为纪律,或是家庭对孩子的教育态度(参见表 9-5)。

---

① 李全.班主任家访技巧[J].教学文摘,2012(2).

表9-5 Y小学教师家访工作计划

Y小学教师家访工作计划

一、学生家庭教育情况分析

我校学生95%以上是随迁农民工子女,家长文化水平偏低,初中学历、小学学历占大多数。他们没有科学的教育理念,更没有科学的教育方法,只知道让孩子上好学、考个好分数,却不知道如何提高孩子的素质。传统的棍棒教育在他们的思想中根深蒂固,和学生座谈时不少学生反映他们的父母都打过他们,没有挨打的学生寥寥无几,"打"成了这些家长教育孩子的法宝。由于忙于生计,家长们对孩子的教育投入,包括精力和财力,极少。不少家长认为教育孩子是老师的事,把孩子交给老师就算完事了,孩子的成绩好坏和自己没关系,没有认识到家庭教育的重要性。更让人担忧的是一些家长在教育孩子时,往往灌输一些不健康甚至不道德的思想,致使一些学生思想落后、行为恶劣,给班级管理带来困难。总之,文化水平偏低,对教育认识片面,缺乏科学的教育方法,是本校学生家长的普遍特征,也是本校学生家庭教育的基本状况。

二、家访目的要求

1. 了解学生的家庭教育情况,了解学生在家的表现;
2. 了解家长教育孩子的方式方法;
3. 征求家长对教师教学、班级、学校管理的意见和建议;
4. 向家长宣传教育政策及提供先进的教育信息;
5. 纠正家长错误的教育方法,向家长传授较科学的育儿方法;
6. 家访时要与家长共同探讨教育孩子的问题;
7. 家访后要及时记录和整理,不断总结经验教训。

三、家访重点

1. 学习不理想的原因及在家表现;
2. 个体行为出现偏差,了解在家表现及家庭教育情况;
3. 学生家庭发生特殊事件,学生近期行为失控。

以上家访计划是Y小学针对全校教师的一份指导性计划,对于个体学生,每一次家访前,还应具体问题具体分析。

以下是Q小学的教师在一次有针对性的家访后所作的记录(参见表9-6)。

表9-6 Q小学班主任家访后记

学生姓名	李＊＊	家访时间	2014年3月15日下午17:00
家访事由	进入四年级后,数学作业经常不完成。好几次收作业都谎称作业忘记在家。数学作业的质量较差。		
家访目的	1. 了解学生在家的学习和作业情况,找到不做作业的原因。 2. 寻求家长的配合,共同帮助孩子树立学习数学的信心。		

第九章
教师家访：有教无类，因材施教

(续表)

学生姓名	李＊＊	家访时间	2014年3月15日下午17：00
	到学生家中时，家里只有父亲一人。家长对老师反映的情况已有所知，明知孩子学习态度懒散，却撒手不管。值得庆幸的是，经过交流，家长感受到老师的诚意，终于愿意和老师沟通解决孩子的问题。 从家长口中得知，孩子存在着以下几方面的问题： 1. 性格内向，和父母缺乏良好的亲子互动。 2. 好玩懒惰，极度钟爱看电视，沉迷于电视剧剧情中。 3. 厌学，尤其讨厌数学。 家长方面存在的问题有： 1. 无教育意识，孩子以散养为主，出现问题就推给老师。 2. 缺少时间，不能辅导孩子功课。 达成以下教育共识： 1. 家长尽量调整工作时间，保证每天晚上有一小时看孩子做作业。 2. 控制孩子看电视时间，逐步戒掉孩子的"电视瘾"。 3. 教师争取每天一对一辅导学生，解决她对学习的畏难情绪。 4. 降低对该生的作业要求，鼓起她学习的信心。		
备注			

从上述材料可以发现，通过制订学生个性化的家访计划，有助于解决孩子成长阶段出现的突发问题，对孩子的教育也更有针对性。

【主要障碍】

在家访的准备阶段，出现频率最高的问题就是教师对于学生问题的误判。教师轻率地从学生的外在行为给予学生问题归因，而没能把握学生问题背后的成长需求，最终导致家访的目的性和指导性不明确。

【相关保障】

1. 学校要加强教师的专业学习，增强教师解读学生行为的能力。引导教师从多个方面思考学生行为背后的真正原因，正确认识学生问题。
2. 班级的所有学科教师要形成团队，一旦某个学生出现问题，可以借助团队的力量进行在校表现的综合分析，从课堂教学、师生关系、生生关系等多方面解读学生。
3. 班主任在设置家访目标时，要明确，针对性要强。

二、实施阶段

1. 确定家访时机

怎样选择合适的时间,把握家访的最佳时机,是关系家访有效性的最基本的一个问题。① 有的教师会认为,家访应该视自己的具体情况而定,有空就家访,没空就以后再说;学期开始比较空,就家访,开学后忙了,就算了。在笔者所在学校的一项调查中,针对"你希望老师何时去家访",学生希望老师在学期初进行家访的占25%,学期中家访的占60%,期末家访的占15%。这说明学生更希望老师在开学一段时间后再进行家访,以使家访更有针对性。而家长因为忙于生计,在具体时间上,希望老师周一至周五晚上家访的占26%,双休日家访的占60%,随便何时的占14%。

教师在一个星期中选择最合适的一天进行家访,也体现了教师教育工作中一切以学生为本的教育理念,也往往更受家长和学生的尊重和爱戴。最后还要考虑学生的问题是否是要急于解决的。总之,班主任在家访时要根据实际情况全面考虑学生表现、学生心理、家长作息规律,以便确定最佳家访时间。

2. 落实家访计划

家访要言之有物、言之有理、言之有据、言之有情,双方的交流才能畅通、有效。家访前教师应做好充分的准备工作,梳理孩子在校的表现,确定本次家访的主题,预估家访可达成的效果,切忌信口开河、无重点、无主题。

家访中对孩子的总体评价要客观公正,可以从多角度、多方面来叙述孩子的情况,如上课、作业、劳动、行规、交往等。这方面的内容家长比较感兴趣,可选取印象深刻的几件事例加以说明。切勿在家长面前给孩子贴上某一方面的标签,毕竟每个孩子都是父母眼中的无价之宝。

家访中对于孩子存在的问题,应一分为二地分析,尊重家长的话语权,在充分了解情况后,提出有针对性、建设性的意见。绝对不要居高临下,指责家长,批评孩子。表9-7对各类家访内容进行了简单梳理,作为提示,仅供参考。

表9-7 教师家访种类及若干注意事项

种类	注意事项
一年级新生普访	1. 向家长介绍学校的情况,帮助家长了解学校的各项规章制度,介绍任课教师,留下联系方式,迈出家校合作的脚步。 2. 观察孩子的家庭状况,知道孩子的个性以及学前掌握的知识。

---

① http://www.chinadmd.com/file/avotcutzsvvxsxi6ox3txu6e_2.html.

第九章
教师家访：有教无类，因材施教

(续表)

种类	注意事项
一年级新生普访	3. 提醒家长做好开学前的准备工作,包括对孩子的心理疏导,推荐一些有关家庭教育的书籍给家长。
教师新接班家访	1. 告知家长教师的变动,介绍接班教师,阐述自己的教育理念,加深彼此的了解。 2. 倾听家长的述说,肯定家长教育孩子已有的好经验,再谈谈自己的观点,尽快建立良好的家校关系。
问题学生的家访	1. 实事求是阐述孩子出现的各方面问题,以事实为依据,让家长明白放任孩子的严重后果。 2. 和家长一起分析问题背后的原因,达成教育的统一。
出现异常情况时的家访	1. 和家长详谈,寻求孩子异变的内在因素。若涉及家庭隐私,则委婉提出看法,希望家长能把孩子的教育放在第一位。 2. 有可能的情况下,教师、学生、家长可以在比较融洽的气氛中沟通,鼓励孩子大胆交流,一起寻求解决方法。
特长学生的家访	1. 向家长展示孩子在学校里取得的成果,让家长看到孩子的另一面,取得家长的支持。 2. 对家长的疑问尽量给予解答,也可邀请发现学生特长的教师一起家访,让家长得到专业的信息与建议。

3. 灵活使用家访形式

通讯技术的发展,使得现今的信息交流越来越方便、快捷,教师家访既可以走访,也可以电话联系,还可以运用QQ、微信、邮件等各种形式。我们可以根据学生的实际情况选择。新接班、起始班的第一次家访一定要实地走访,多搜集学生资料,全方位了解自己的学生;学生发生突发事件,第一时间电话联系家长,迅速告知家长所发生的情况以及采取的措施,免除家长焦虑、担心;学生一段时间内反反复复出现异常情况,则可以利用QQ、微信双向交流,交换信息,关注孩子的一举一动。

【主要障碍】

第一,教师对家访工作的重视程度有待提高。有的教师家访是迫于学校要求,这样的家访是任务式,只求完成;有的教师是"蜻蜓点水"式,每个学生家都访到了,就是尽责了;有的教师不善于与家长打交道,对家访则是能推就推。

第二,由于现实原因,家访的时间通常会安排在晚上或者是双休日进行,这无形中占用教师大量的休息时间,且目前对于教师家访没有相关的激励措施,教师不愿意经常家访。

第三，现在家庭的构成比较复杂，对于有些家庭（单亲、两牢人员家庭等），教师不愿意进门家访，感觉安全得不到保障。

第四，部分家长重视家庭隐私，不欢迎教师进门家访。

第五，家访时，家长回避孩子身上的问题，对教师提出过分的要求。

第六，现在学生上学、放学基本都有家长接送，教师与家长接触的机会较多，认为没有必要再进行上门家访。

第七，家长对教师存在偏见。部分家长认为，教师家访就是为了图利，为了推卸责任等，也反对教师家访。

【相关保障】

针对以上存在的问题，可以通过以下途径进行解决：

一、学校相关部门形成家访管理机制，把家访工作纳入班主任日常工作管理绩效，并对认真家访的教师采取奖励机制。

二、形成班级学生工作团队，家访并非只是班主任的工作，而应该是班级团队的共同工作，避免班主任单独家访，排除不安全因素。

三、改变以往家访即告状的方式，从欣赏学生、发展学生、指导家长的角度进行家访。

多元化的家访形式，能使家庭教育和学校教育更为紧密地结合在一起。教师可以灵活选择和组合，追求家访的最大教育效应。

三、总结反馈阶段

有的教师重视家访，却忽略了家访后的反馈，其实家访后的反馈、后续跟进更为重要。

（1）认真观察学生的表现。家访后，如果学生的学习态度、行为表现有了改善，能完成教师布置的任务，也愿意参加学校的活动，或者更主动地和教师交流，肯寻求教师的帮助，这说明家访给学生带来了促动，增进了学生对教师的信任。这样的观察，能够提供给教师反思与重建的资源。

（2）体味家长态度变化。家访后，如果家长增加了与教师的联系次数，能主动了解孩子在校表现；当与孩子发生冲突或碰到教育孩子方面的麻烦时，能寻求教师的帮助，形成教育共识；理解学校的相关工作，并能出谋划策，积极参与，这些行为和态度的变化，说明家长对学校教育增加了责任感，家访取得了双赢的效果。

(3) 认真记录家访反馈表。家访后,教师要详细记录家访反馈表,把家访过程、达成共识,以及家访受到的启发或发现的问题一一记录下来,再根据学生在校表现,结合家访中掌握的资料,对学生进行重新分析评估,制定新的教育方案和措施。

以下是 Q 小学小补同学升入二年级后的跟踪家访反馈表(参见表 9-8)。

表 9-8　Q 小学教师跟踪家访反馈表

姓名	小补	性别	女	年龄	七周岁	类型:行为偏差
家庭情况	1. 父母为大专学历,有一定的文化修养,在前期的数次沟通中,已意识到孩子存在行为偏差,愿意配合老师的教育,尝试一些行为治疗法,但拒绝去医院治疗。 2. 最宠溺孩子的外婆在教育孩子的问题上和女儿、女婿发生了极大的冲突,甚至上升到了动手地步。孩子的外婆现在已回老家,孩子放学后在培训班的晚托班里完成作业。					
在校表现	上课:能集中注意力十到十五分钟左右,其余时间自得其乐,游离于课堂之外。但已经意识到上课要听讲,在老师的屡次提醒下,还能再坚持五分钟。 作业:作业时间不得超过十五分钟,超过时间就会罢工,进入休眠状态,需在老师"人盯人"的状态下完成作业。语文考试常常只能完成半张试卷,剩下的就没心思做了。 同伴相处:有了规则意识,小伙伴们愿意和她玩了,表现出"女汉子"的个性。 兴趣:近阶段迷上了看漫画书、笑话书,常常一看就是二十分钟,有了一定的专注度。					
与家长达成共识	1. 孩子的确存在着多动的现象,现阶段,重心在于训练孩子的注意力,找到孩子的兴趣点。 2. 不打骂孩子,每天规定好孩子完成作业的时间,以奖励为主,培养她的学习兴趣。					
教育措施	1. 理解孩子由于身体原因带来学习上的障碍,不苛责孩子,尽量鼓励她。 2. 对于孩子在课堂上的一些行为,只要不妨碍其他同学,暂时忽略。下课后,再和孩子交流,正面教育她。 3. 孩子的学习成绩现在肯定落后于班中同学,平时,利用课余时间给她补课,让她跟上教学进度。					

家访后的反馈是一项长期的工作,具有延续性、可变性、系统性。教师对学生一次次家访后的反馈记录,形成了一份学生成长的曲线图,可以动态观察学生各方面的变化。同时,这样的反馈记录也把学生家庭环境、家长教育方法记录在案,教师在教育学生时,就可据此引导家长合力帮助学生。更重要的是,家访后的总结反馈,改变了教师以往家访"就事论事"的散点式工作方式,即学生发生问题后,教师找家长反映,家长给予解决、配合。这样的家访方式"重结果,轻过程,无反馈",只看到了家访短期效应,而没有关注家访后学生的后续发展。家访后的反馈是对学

生后续跟踪教育、学科团队教师合作教育、家长教师共同教育的系统总结、记录。

【主要障碍】

　　学生成长过程中出现的问题是需要学校、家长、学生个人三方共同努力解决的。在后续的学生跟踪教育计划中需要教师团队的协作。但现在学生问题成了班主任和家长的责任,更多的学科教师则是问题的反馈者,不是所有的教师都能成为协作者。

　　其次,有时由于学校工作的需要,一个班级的团队经常会发生变动,也不利于对家访后学生的跟踪教育。

【相关保障】

　　针对以上存在的问题,可以通过以下途径进行解决:

　　一、学校要形成团队的氛围,让每一位教师形成"我是学生成长的助力者,而非知识的传授者"的理念,共同承担学生成长阶段的责任。

　　二、对于每一学年的学校的任教管理,校方要有长久的打算,尽量不要频繁改变一个班级教师的构成,形成长效的跟踪机制。即使发生任教管理的变动,也能有跟踪资料的交接和延续,保证学生教育的系统性和连续性。

一、"电子家访"方便省时[①]

　　"今年暑假,学生家长有什么事情都可以在 QQ 上跟我了解咨询。"江苏省南京市某小学班主任张老师说。根据媒体调查,电话、QQ 群、微博等通讯工具和网络交流方式的迅速兴起,让传统上门家访变得渐行渐远。以前学生都是就近入学,教师家访起来很是方便。如今却不然,一个班的学生可能分住在城市东西南北,要想做到逐一家访,简直就是不可能的事情。况且,现在许多家长为生活所迫,不是长年加班,就是到处奔波,很难抽出时间留在家里等教师上门。家访的目的在于真实全面地了解学生个人及家庭教育状况,教师通过 QQ、电话或其他电子通讯工具,同样能够达到这一目的。另外,相对于传统家访,电子家访既不受场地的限制,亦能节

---

① 孙曙峦."电子家访"方便省时[J].教育,2012(27).

省教师与家长的大量时间,可谓优点多多。

当然,作为一种新家访形式,电子家访也算不上十全十美,教师很难了解学生真实的生活环境,从而全面了解学生的成长背景。这可以通过家长的努力得以弥补,比如,家长可以通过照片、视频等形式,帮助教师全面了解。

二、"变脸"的家访让人爱①

从2008年底开始,笔者确定了以"走近学生生活"为主题的家访活动,明确了家访的目的不是去告状,而是去了解学生的家庭生活,与家长交流、沟通。

自从学校制定"走近学生生活"的家访制度后,班主任老师积极行动起来,数学老师也积极参与,他们利用课余时间去学生家,了解学生在家的学习环境、表现,与家长倾心交流,消除了学生对老师的敬畏感,与家长多了一份友谊。现在,老师们已经把家访当做自己教育生活的一部分,当做教育生活的延伸。

1. 家长精心育儿,激发教师责任感

老师们走近学生,走进家庭,看到了平时在学校里看不到的一幕幕感人场景:李芷萱家的墙壁上贴了三张纸:作息时间表、小学低年级孩子应了解的性知识、写好看图写话的要诀,无一不彰显出家长在孩子教育上的理性。朱棣文家的"家庭朗读大赛"每周举行一次,一家三口既是参赛成员,又是主持人。她家的"美术作品拍卖会",是将孩子每次参加美术班的作品悬挂于墙上,到了年末,举行拍卖会,来家里的叔叔、阿姨、伯伯们都会以五元、十元的价格买走自己喜欢的。这些都大大地激发了孩子的兴趣。这些发现,深深震撼了老师们的心,家长在孩子教育上如此尽心,我们做老师的,有什么理由不做好本职工作?有什么理由不把每个孩子尽力教好?有什么理由不让每一个孩子健康快乐成长?

2. 孩子全心接待,促进教师全面了解

在家访的过程中,孩子们更是显示出小主人风范。他们跑过几条街巷迎接老师;为老师们拿拖鞋、端茶、递点心;洗耳恭听老师与家长的交流,不时地点头、微笑或坚定地作出承诺,他们还会带领老师参观自己的小天地,拿出小时候的照片给老师看,给老师表演自己的拿手节目,展示自己的所学特长;有的还把自己亲手做的卡片送给老师。

有一个孩子竟然自己熟练地拿起水壶灌水,打开煤气灶烧水给老师泡茶;一个孩子的欢迎仪式更是别出心裁:墙上挂着一块花花绿绿的小黑板,上面写着"史老师,欢迎您!"爸爸解释说:"听说您要来,她一回家就在忙着布置,这是她写的欢迎语!"这可能是她最高级别的欢迎方式了。

---

① 田亚君,宿发红,彭春芳. 老师,不能没有家访(上)[J]. 湖南教育,2011(3).

难怪范老师会说:"在校时的孩子和在家里的孩子有点不一样,他们的可爱令人刮目相看。"难怪刘老师感慨:"孩子情,暖人心。"

难怪周老师坦言:"其实,只要跳出学校的空间,跳出狭隘的师生关系,跳出静态的知识领域,怀揣着对孩子的关爱、对孩子的好奇、对孩子的希冀去家访,我们会发现孩子更精彩的一面。"

难怪戴老师会心疼地说:"孩子的问题大多是家长的问题。体谅学生的苦衷,我们就会更有同情心,不会一味地指责,一味地愤恨,我们就握着一把钥匙,一把让学生走向成功的钥匙。"

难怪也有老师说:"每一次家访,都让我全方位地重新认识一个孩子——自觉自律的孩子……"

一、现代信息技术如何合理介入家访工作?

现代社会,信息科技高度发展,人与人之间的沟通随着媒介技术的发展进入一个媒介多元化的现代消费时代,人与人之间的交流变得越来越顺畅、方便、及时。针对教师家访占据太多休息时间的现实状况,我们是否可以让信息化的沟通方式走进家访,让一部分的实地家访改为信息化家访?

二、如何增强双方直接交往的质量?

当这些社交媒介渠道为我们带来便捷性的同时,也要防止网上交流带来的代入感。网上交流缺乏面对面交流所带来的眼神、肢体的语言,容易陷入自我设定的理解中去。信息化带来的联系是方便了,可事实上,人与人之间的距离却疏远了,产生了一种交流的无奈。这两者之间的关系,我们又该如何平衡?

三、如何基于家访建立相关学生成长档案?

教师较多的家访,是在学生出现各种行为问题后,这种家访针对性很强。但对于学生的成长还缺乏系统性和阶段性的思考。能否建立一个长程的学生家访资料库,形成学生成长的系统性的家访案例? 这是一个针对学生个体成长的教育过程的累积,也是学生成长轨迹的记录。但这项工作牵涉到学校的方方面面,增加了教师个体的工作量,学校应该建立怎样的运行机制保证这项工作的顺利进行?

第十章

亲子作业:言传身教,相互滋养

徐洪玲[1]　李　艳[2]

"在完成亲子作业的过程中,我们不分大小,孩子也不再是单纯地去执行或完成家长和老师布置的作业,家长不再是高高在上,而是跟孩子成了并肩作战的朋友,我们两个人需要不断的交流、探讨、相互学习,我可以从中了解平时我们不知道的孩子的一些想法和思维,也可以更多地和孩子相处、增进感情。"

"通过亲子购物,使孩子有自主选择的机会,培养孩子对事物自主选择的能力;孩子在购物时还可以充分表达自己需要什么。亲子购物单是这次活动中我最满意的地方。孩子设计购物单,包含对美术、算数、手工及书写等能力的培养。在这个过程中,大多孩子都能依靠自己以前的美术功底进行构思排版。亲子作业得到了家长及老师的表扬,孩子们的自信心也提高了。"

以上两段分别来自上海市 Y 小学一年级某班级于 2014 年 6 月 1 日所开展的亲子作业展示活动中,家长与教师的发言。从中我们能够瞥见亲子作业所具有的教育意义。

让人最有感触的还是某班级所开展的亲子作业——教爸爸、妈妈学英语儿歌。英语对于进城务工随迁子女学校的家长来说是有一定困难的,原因之一是大部分家长的英语都是零基础。因此,老师提前三周布置了这项作业——回家教爸爸、妈妈读唱书上第 15 页的英语儿歌。

一周后,老师通过与孩子们的交流发现,全班大部分孩子的家长已经基本学会了这首儿歌。最让老师欣慰的是:这一次没有一位家长抱怨儿歌太难学了,或者是

---

[1] 徐洪玲,上海市闵行区育苗小学语文教师。
[2] 李艳,华东师范大学教育学系研究生。

找借口说自己学不会,家长们对这次亲子作业格外重视,他们很乐意去做一件对孩子成长有意义的事。

图10-1　父母与孩子一起完成亲子作业

虽然亲子作业是在老师的布置与引导下完成的,但是做亲子作业的过程充满了兴奋与快乐。家长和孩子们一起学习英语、一起唱、一起跳、一起感受学习英语的乐趣。在"学跳集体舞"作业中,孩子们看着爸爸、妈妈、爷爷、奶奶那些并不优美的舞姿,他们跳得更加有激情,学习起来更加地投入。更重要的是,孩子们是首次体验和爸爸妈妈在课堂上共同表演。

在当天的亲子作业展示活动中,家长没有掩盖住自己内心的羞涩,但都勇敢地完成了孩子教给他们的儿歌;孩子们也亲眼见证了爸爸、妈妈在课堂上精彩的表现。看着爸爸、妈妈们唱着自己一字一句教给他们的英语儿歌,他们心中充满了喜悦、幸福。爸爸、妈妈们的言传身教,无疑让孩子们懂得了很多。

以前,家长们忙于工作,没有太多时间关注孩子的家庭教育,大部分家长在家都是用传统的教育方式——严厉管教,使孩子在压迫的环境里学习,他们忽视了孩子的兴趣,没有意识到孩子其实更喜欢被表扬,更渴望得到爸爸、妈妈的认可。

在做亲子作业的过程中,家长和孩子的角色发生了互换,让孩子来教家长,让父母体验了孩子的耐心和学习英语的困难。在以后的作业辅导中,家长们普遍多了份耐心。在亲子作业展示活动会上,家长们纷纷说出了自己的困惑和需要解决的问题,并欣然采纳了老师们的合理建议。随后,家长们通过孩子的学习记事本,每天都给老师留言,反馈当天孩子的家庭学习情况,家长们更加关心孩子的学习。

通过后期跟踪访谈,得知家长们在家庭教育观念和教育行为方面都有了可喜的变化。家长间也更加积极主动地交流,家长自身也得到了一定程度的提高。

Y小学的亲子活动已形成作业菜单,分层次、有过程、有反馈,并定期展示每一项亲子作业成果,亲子活动按照年级已经形成序列。

第十章
亲子作业：言传身教，相互滋养

项目意义

众所周知,在基础教育中,作业问题已经成为众矢之的:孩子们争相抱怨"作业真多",家长们连连吐槽"作业辅导真难、没时间",教师们委婉坦言"没办法",研究者们也陆续揭露家庭作业问题,并使作业研究进入持续的活跃期。实际上,学生作业是家长能够介入并促进孩子学习的重要教育事件,因此,家长的作业辅导行为不仅对孩子的学习、成长意义重大,而且是践行家校合作理念的重要举措。然而,亲子作业是对家长作业辅导行为的超越,因为做亲子作业的过程,是辅导的过程,更是积极主动引领、促进孩子成长的过程。在这个过程中,家长也会有所感悟、获得成长。

本章是对亲子作业内涵及行动过程的总结,但并不意味着做亲子作业是家长参与孩子学习活动的唯一之举。我们认为亲子作业作为家长参与孩子学习活动的"高级事件",涵盖着作业辅导的教育意义,同时也能彰显家校共育的精神主旨。

亲子作业不仅使家长完成了对孩子的作业辅导,同时使孩子在做的过程中体验坚持的意义、成功的喜悦。家长的言传身教对改善亲子关系、提升家庭生活品质具有重要影响,同时,家长也能真正地参与到孩子的教育中来。

一、亲子作业能为参与主体建构起"从做中学"的新场景

在传统教育中,"从听中学""从坐中学"是学习的主要特征,学习和生活是断裂的。在现代社会中,"从做中学"逐渐受到人们的重视。因为儿童的人格不能分裂成为两个互不接触的世界——在一个世界里,儿童像一个脱离现实的傀儡一样,从事学习;而在另一个世界里,他通过某种违背教育的活动来获得自我满足。[①]"从做中学"的内容使儿童关心的并不是那些客观事实和科学定律,而是直接材料的操作和简单能量的运用,以产生有趣的结果。[②] 因此,"从做中学"将会有助于教育与生活以及学校与社会的密切联系。

实际上,家庭作业作为中小学教学活动的重要组成部分,是连接学校、教师和家长的重要纽带。[③] 但在我国,存在着家庭作业泛滥、学生负担沉重等现实问题。教师布置的亲子作业能够改变往常家庭作业的形式、减轻孩子负担,同时,为参与

---

① 联合国科教文组织国际教育发展委员会.学会生存[M].华东师范大学比较教育研究所,译.北京:教育科学出版社,1996.
② 单中惠."从做中学"新论[J].华东师范大学学报(教育科学版),2002(3).
③ 刘建梅.美国中小学生家庭作业研究及对我国的启示[D].沈阳:沈阳师范大学,2013,6.

主体提供"从做中学"的新场景。首先,亲子作业不同于以往的家庭作业,亲子作业多以手工操作类、智力开发类、技能锻炼类等活动形式开展,内容也突破了分科的局限,使孩子能够投入其中。其次,亲子作业的设计考虑了多重因素,包括孩子的年段特征、作业的难易程度以及蕴含其中的教育意义等,因此,亲子作业既有参与性,同时又能使学习发生。最后,亲子作业的开发具有连续性,孩子更愿意参与其中,学习也更具有持续性。

除此之外,家长参与作业的完成能够为孩子带来不同的体验,而且能使家长在做亲子作业的过程中言传身教,同时发现平时在孩子身上易被忽视的闪光点,更加了解孩子,改变自己的家庭教育策略,增长教育智慧。

二、亲子作业能够实现学校教育的专业力量对家庭生活的影响

亲子作业是教师基于学生发展的立场布置给孩子及家长的,其中蕴含教师在遵循教育规律的基础上生成的教育内涵。正如一位家长所说:"平时上班忙,与孩子交流的时间较少,亲子作业的出现使我有了和孩子交流的机会,增进了与孩子之间的感情。同时在这个过程中我也发现了一些孩子身上平时看不到的闪光点,这让我非常欣慰!孩子需要帮助时,也能让孩子更多地了解家长。"[1]亲子作业的教育价值在孩子及家长的践行下确实有所体现。

值得注意的是,亲子作业对提高家庭生活质量起到了一定作用,给家庭带来了欢乐。[2] 亲子活动要设计出让家长和孩子共同参与的内容,前提是要贴近学生的生活,符合学生的成长轨迹,在内容和形式上体现层次性与个性化,在活动效果上做到有利于正确引导家庭教育,有利于增进家庭教育和学校教育的文化交流,有利于促进孩子的进步。[3] 这样才能最大程度上激发家长们的参与热情,深度挖掘其中蕴含的教育作用。

重要的是,孩子及家长在完成亲子作业的过程中都获得了一定程度的发展,包括认识及态度上的改变,亲子关系的改善以及社会性、情感性、学术性等方面的发展。家庭生活主体的发展反过来必然会对家庭生活品质有一定的提升。

除此之外,亲子作业以及作业辅导等都能使家长更全面地了解孩子的学习情况,帮助孩子养成良好的学习习惯,同时为孩子的学习进步出谋划策,促进教师的成长。在这个过程中,教师要格外注意引领家长鼓励孩子动脑筋、想办法,提示孩子多问几个为什么;还要引导孩子变换角度思考问题,引导孩子善于发现和总结规

---

[1] 来自2014年6月16日对Y小学某班级中一位家长的访谈.
[2] 郭毓成.让家校联系充满生命活力[J].现代教学,2014(3B).
[3] 育苗小学.以专业的力量创生家校合作新局面[J].现代教学,2014(8AB).

律性的东西,鼓励孩子大胆质疑,培养孩子具有刨根问底的品质和精神。

三、亲子作业能使家长真正参与到孩子的教育中来并实现家校共育

近年来,家校合作已日益引起教师、家长、研究人员及政策制定者的重视。学校和家长如何密切合作,形成教育的最大合力,已经是每一个教育工作者和家长不得不关注的十分重要的现实问题。① 在实践中,家校合作多由学校教师主动发起,因此,教师处于主导地位,家长处于配合学校工作的从属地位。②

地位不平等的原因是多方面的,其中之一是教师对家长存在"傲慢与偏见"。③ 实际上,家长已经变了:家庭教育的条件已经大为改善,家长的学历提升,教养方式倾向于民主积极的方式,家长更新了对教育的理解等。④ 所有这些,均对教师及学校提出了挑战。从教育专业性的视角去认识家长,是使家长真正参与到家校合作中的前提。我们认为,家长具有教育方面的专业性,家长这一或强或弱的专业性,既体现在学校管理、学校与社会关系等领域,也体现在具体的教学与活动开展领域。⑤ 承认家长教育方面的专业性,是家长能够真正参与到孩子教育中的根基。

亲子作业是一类典型的家校合作活动,它是一种在教师指导下、在家长帮助下,用孩子的表达方式完成的作业。⑥ 家长在参与的过程中,能够见证孩子的表现,言传身教并促成孩子的发展,实现家园共育。

孩子的学习是学校教育的核心活动,也是家长最为关心的问题。在学校发展的过程中,如果无视家长参与学校教育的重要性、忽视孩子学习的规律,有可能使学校教育脱离社会,造成孩子学习的低效率。在繁重的家庭作业日益引起人们诟病的同时,思考开发作业的新形式具有现实意义。

---

① 彭茜,郭凯. 家校合作的障碍及其应对[J]. 教育科学,2001(4).
② Cairney, T., Ruge, J., Buchanan, J., Lowe, K., & Munsie, L. (1995). Developing Partnership:The Home, School and Community Interface, Canberra: Common Wealth of Australia Publishing.
③ 李家成. 傲慢与偏见,抑或尊重与合作——走进班主任研究的异域空间之五[J]. 班主任之友(中学版),2012(9).
④ 李家成. 家校合作的问题反思与发展可能[J]. 班主任之友,2013(Z1).
⑤ 李艳,李家成. 是家长的教育参与,还是家长的教育干涉?——论家校合作中教师与学校专业性的重建[J]. 班主任之友(中学版),2015(3).
⑥ 黄碧玉. 小学语文亲子作业存在的问题及其解决策略——以小学高年段语文为例[J]. 教师,2014(22).

亲子作业是家长参与孩子学习活动的重要形式，创设不同类型的亲子作业，并明确其操作细则对学校教师来说具有借鉴价值。

一、活动前：亲子作业的准备

要想使亲子作业成为一件蕴含教育意义的事件，亲子作业的目标应是孩子经过努力能够达到的，既要考虑孩子群体的共性，又要兼顾孩子个体之间的差异；亲子作业的内容要注意动静交替，集体活动与分散活动相结合，活动量适度；亲子作业的过程要关注家长和孩子的互动，也要有教师的指导；亲子作业的实施要考虑到家庭的实际情况，使亲子作业具有可操作性，让所有的家庭都能参与。因此，亲子作业的合理设计显得尤为重要。

1. 亲子作业的设计

亲子作业的设计要有整体概念，设计者要明确亲子作业的过程。

如活动开始前要用简洁的语言向家长说明活动主要做什么，对他们提出要求；活动进行时，教师要注意引导家长观察孩子的活动过程，积极鼓励孩子去完成任务，鼓励孩子提出问题，开展有针对性的指导，并以身作则，实现对孩子的言传身教；活动结束后，要进行简单小结，向家长提出要求，鼓励家长创编新的活动形式和方法。值得说明的是，以班级为单位进行亲子作业的展示活动，是引起参与主体重视的重要激励措施，因为展示在这个过程中有评价的意义。

要设计出让家长和孩子感兴趣并乐意积极参与的活动内容，前提是要贴近学生的现实生活，遵循学生的成长规律，内容和形式上体现层次性和个性化；并能恰当地影响学校教育重要的同盟者——家长，增进家庭教育和学校教育的相互理解；还要最大程度地促进孩子综合能力的发展，使亲子作业发挥更好的教育作用，达到更好的实际效果；尤其在社会融合的意义上，孩子在社会性方面的发展显得尤为重要。

为使亲子作业形成序列，设计时可以同时考虑以下几个方面的因素：

年段特征是亲子作业设计时首要的考虑因素。低年段的孩子刚从幼儿园以玩为主的生活方式转化到小学阶段以学为主的班级生活中，学习环境、学习内容、作息时间等都发生了很大的变化，他们的好奇心强，亲子作业的设计应多体现出趣味性，并能促进其良好习惯的养成；中年段的孩子注意力得到提高，从经验中学习的能力加强，他们喜爱有组织性的游戏，从事有竞争性的活动，男女同学的兴趣开始出现差异，此时，亲子作业的设计要体现过渡性，并加强孩子某方面的学习；高年段的孩子自主性增强，开始了解自己的能力并渴望得到别人的认可，因此，亲子作业的设计应体现学习性，让孩子在做的过程中有所收获。

时间也是亲子作业不可忽视的影响因素，春秋季节适宜安排室外活动，夏冬季节适宜安排室内活动;节日是孩子生活中的重要事件,可根据中国节日的特点,渗透中国传统文化,同时促进孩子的成长。此外,中国是一个多民族国家,在亲子作业的设计过程中,尊重、了解并弘扬不同民族的文化,可以开阔孩子的视野、积淀文化底蕴。

当然,学校的力量是有限的,借助外力可以促成亲子作业的科学设计。尤其在大、中、小学合作不断深化的背景下,高校的引导是保障亲子作业能够顺利实施的条件。如上海市 Y 小学的亲子作业菜单就是在大学教师的指导下完成的活动序列(如表 10-1)。

表 10-1 Y 小学亲子作业系列设计

类别\年级	一年级	二年级	三年级	四年级	五年级	备注
体育类	队列游戏	亲子集体舞	亲子棋类游戏	亲子武术操	亲子羽毛球	
艺术类	亲子绘画	亲子合唱:教爸爸、妈妈唱首歌	亲子树叶画活动	亲子书写活动	亲子音乐欣赏 30 分	
文化类	亲子英语儿歌	亲子朗诵	教爸爸、妈妈、爷爷、奶奶学英语	亲子阅读活动	亲子写作	
休闲类	亲子旅游	亲子旅游	亲子旅游	亲子摄影	亲子视频制作	
社会类	亲子逛超市活动	亲子走进菜市场	亲子体验家长工作	亲子志愿者	亲子调研	

2. 亲子作业的宣传与引导

亲子作业的宣传应达到提高家长的参与率、参与水平,并激发家长的持续参与的效果。亲子作业的宣传可以从以下几个方面展开:

(1) 充分利用学校可以利用的宣传工具。可以在家长宣传栏、学校网站,发表亲子作业专题,向家长介绍亲子作业的目的、意义,明确活动中家长应承担的角色以及家长需要注意的事项等。

(2) 合理调整亲子作业的活动时间。亲子作业尽可能安排在节假日或家长下班后,使活动时间不影响家长的工作。

(3) 积极开展亲子作业活动所需相关技能的培训。由于家长的文化水平参差不齐,他们在教育孩子过程中存在各种各样的困惑,学校要对他们进行专门的亲子活动技能、技巧的训练,使亲子作业成为家长力所能及的事情。

(4) 让家长去影响家长。可以先在较积极的家长中宣传亲子作业,在积极的家长中形成榜样,进而去影响其他家长。

(5) 及时给予家长肯定和鼓励。可以利用对个别家长积极参与的肯定去鼓励其他家长的参与,教师的肯定和鼓励可以激发家长的参与热情。

> 【主要障碍】
> 　　亲子作业的设计有必要考虑家长这一影响因素。而家长主体的多样化,如教育背景的不同、教育理解的差异及教育目的的迥异等,会影响其做亲子作业的积极性以及参与过程中与孩子的交流、互动情况。如何在全面了解家长背景的基础上设计、宣传亲子作业,是实践过程中不得不考虑的因素。
>
> 【相关保障】
> 　　在设计亲子作业前,教师需要通过问卷或者家访的形式,了解家庭的基本情况,并展开有针对性的宣传,提高亲子作业的实效性。

二、活动中:亲子作业的实施

亲子作业设计完成后,每个班级的孩子与家长都会领到相应的亲子作业。在做亲子作业的过程中,极易出现以下情况:

1. 家长参与极少,作品由孩子一人完成,或为完成任务家长大包大揽

亲子作业应由孩子与家长共同来完成,可是,在做的过程中,由于种种原因,如时间问题、耐心问题、能力问题等,亲子作业的完成存在孩子一个人完成或者家长大包大揽自己完成的现象。这样,亲子作业也就失去了应有的意义。

2. 孩子与家长的能力有限,教师指导不到位

有些孩子不能完成亲子作业的主要原因,是家长不知道如何去做。同时,教师并不是万能的,对某些技能型的亲子作业,如手工制作类、绘画类、摄影类、表演类等,指导不具有专业性,使亲子作业无法深入下去。

3. 亲子作业的内容以及开展形式单一,家长的参与兴趣淡化

亲子作业基本上以单个家庭为单位,家庭间的联系、孩子间的合作很少出现。亲子作业的形式与内容单一,孩子的参与热情逐渐减退。如 Y 小学某班级的"做龙舟活动"的亲子作业更适宜家庭联合,这样既可以促进家长群策群力、取长补短、相互学习,又可以增进独生子女家庭之间的交往,营造浓浓的邻里感情,促进孩子的成长。

4. 亲子作业评价、反馈不完善，教育效果需要提升

教师对学生的评价往往只依据孩子的成绩，亲子作业作为家校共育的手段，对孩子成绩的影响缺乏测量。同时，亲子作业在设计前没有倾听孩子、家长的想法，往往在一定程度上造成亲子作业的适宜性、有效性有限。因此，亲子作业需要完善，教育效果需要提升。

上述情况确实会影响亲子作业的教育效果，这需要家长转变教育观念，教师不断发展自身，不断完善亲子作业。

孩子与家长在完成亲子作业后，教师一般应在适当的时间内进行亲子作业的集体展示。以展示为手段，一方面可以督促家长和孩子认真完成亲子作业，一方面可以回顾亲子作业完成的过程，互相学习，深化教育意义。

【主要障碍】

1. 完成亲子作业的相关材料不齐全；
2. 孩子的参与积极性不高。

【相关保障】

1. 设计亲子作业时，要保障相关材料容易得到且价格合理；教师可以鼓励家长去引导孩子开发可以替代的材料。
2. 亲子作业的设计应符合孩子的成长需要。家长应鼓励孩子积极参与，多与孩子互动交流，探明其不愿参与的真实原因。

在亲子作业布置后，教师要积极引导亲子作业的开展，鼓励家长与教师沟通，并做到言传身教，成为孩子的榜样，有针对性地指导每个家庭的亲子作业。教师还要发动孩子认真记录亲子作业的完成情况，认真感受家长的投入，并努力实现对家长的影响。

三、活动后：亲子作业的反思

亲子作业完成后，除了进行亲子作业的集体展示活动外，教师还需要反思亲子作业的教育价值：亲子作业对孩子及家长分别有哪些影响，亲子作业对亲子关系有无影响等。教师也需要反思亲子作业如何更好地开展下去，家长、孩子对亲子作业有怎样的期待。这一系列的工作都需要教师进行系统的设计。

从对亲子作业的认识上来说，孩子及家长对于"亲子作业是什么"的认知一定意义上会对参与状态产生无形导向。亲子作业仅仅是教师布置的作业？亲子作业

有无趣味性,对孩子的成长有无影响？参与主体对这些问题的认识将影响其参与积极性及实践表现。

从在亲子作业中的实践表现来说,孩子在做亲子作业的过程中有没有主动地与父母交流、讨论,能否与父母很好地合作,能否认真且有创意地完成亲子作业等问题都是教师应该关心的重点,因为参与状态影响参与主体的收获。

从亲子作业所产生的影响来看,通过做亲子作业,孩子的合作能力、创造能力、责任心、做中学习的能力等有无改变,亲子关系有无改善等是教师最为关注的问题,因为设计亲子作业的初衷就是促进孩子的成长,实现对家长的影响。

另外,由于教师并不是亲子作业的直接参与主体,教师不能直接感知孩子在亲子作业中的表现及亲子互动的状态,所以,教师借助学生访谈、家长访谈(表10-2)及问卷的形式调查孩子在亲子作业中的表现是科学且便捷的方式,同时借助这种方式,教师的专业能力可能获得提高。

表10-2　Y小学家长及学生访谈提纲

家长访谈提纲：
1. 您是否直接参与了孩子亲子作业的完成？
2. 您觉得亲子作业对孩子的成长有没有价值？有什么样的价值？
3. 在参与亲子作业的过程中,您最满意的地方或获得的最大收获是什么？
4. 您在参与亲子作业过程中遇到的困难有哪些？最大的困难是什么？您是如何克服这些困难的？
5. 您觉得亲子作业还有哪些地方需要改进？希望如何改进亲子作业？

学生访谈提纲：
1. 在这次活动中,你的参与的积极性、创造性、结果状态等是怎样的？
2. 在这次活动中,家长参与的积极性、创造性、结果状态等是怎样的？
3. 通过这次活动,你是否得到了发展？在哪些方面得到了发展？
4. 通过这次活动,家长是否得到了发展？在哪些方面得到了发展？
5. 你还想做哪些亲子作业？

在亲子作业完成后,可以采用自编问卷(见表10-3)对全部学生或具代表性的学生及家长进行调查,问卷设计应尽可能使调查对象易理解,增加调查的客观性。

表10-3　Y小学亲子作业展示活动学生调研问卷

Y小学亲子作业展示活动学生调研问卷
（本问卷请班主任用10分钟时间指导学生在校内独立完成）
第一部分:请在相应的选项后打钩或直接填写
1. 姓名:_____(请填空)
2. 我的性别是:① 男　　② 女
3. 和我一起完成亲子作业的家长是我的:_____(填爸爸、妈妈、爷爷等)

(续表)

4. 你对自己在亲子作业中的表现是否满意?
① 是　　　② 否
5. 你认为自己在此次亲子作业中最大的变化是什么?(选出表现最明显的几项,并按照程度由大到小进行排序,最多选3项)
(1)_____(2)_____(3)_____
① 学习了更多的知识　　② 完成作业的责任感提高了　　③ 变得更自信了
④ 更有创造性了　　　　⑤ 更感谢、感恩父母了　　　　⑥ 会与父母合作了
⑦ 动手能力提高了　　　⑧ 能主动解决问题了　　　　　⑨ 会在做事中学习了
⑩ 更能表达自己的想法与特长了
6. 你对爸爸妈妈在亲子作业中的表现是否满意?
① 是　　② 否　　(若选择②,则直接跳至第8题)
7. 你对爸爸妈妈在此次亲子作业中哪些方面的表现最满意?(选出表现最明显的几项,并按照程度由大到小进行排序,最多选3项)
(1)_____(2)_____(3)_____
① 爸爸妈妈在亲子作业过程中不断地与我讨论交流
② 爸爸妈妈在亲子作业过程中能够尊重我的意见
③ 爸爸妈妈很愿意和我一起做亲子作业
④ 爸爸妈妈投入了很多精力完成亲子作业
⑤ 爸爸妈妈在完成亲子作业上给了我很好的意见
⑥ 爸爸妈妈做亲子作业过程中展现了他们的才能
⑦ 其他(请填写)
8. 你在完成亲子作业的过程中,遇到的最大困难是什么?(_____)(多选题)
① 爸爸妈妈没有时间　　　　　② 爸爸妈妈缺少相关的知识和技能
③ 爸爸妈妈不懂得如何与我合作　④ 完成作业的材料不全
⑤ 老师的指导不够　　　　　　⑥ 我对亲子作业的内容不感兴趣
⑦ 其他(请填写)

第二部分:请在相应的选项中,确定唯一选项打钩

一、请根据父母在亲子作业中的实际情况,选择最符合的选项打钩。

主要内容	非常符合	比较符合	比较不符合	非常不符合
1. 父母对亲子作业没有兴趣				
2. 父母不太愿意花时间和我一起做亲子作业				
3. 父母忙于工作,没有时间和我一起做亲子作业				
4. 做亲子作业的过程中,父母不断与我沟通和讨论				
5. 父母在做亲子作业过程中会尊重我的意见				
6. 父母不懂得如何和我一起做亲子作业				

（续表）

主要内容	非常符合	比较符合	比较不符合	非常不符合
7. 亲子作业一结束,父母很开心				
8. 亲子作业不适合我的父母				
9. 父母希望学校可以继续布置亲子作业				
10. 现在父母与我一起玩的时间比以前增多了				
11. 现在父母比以前更愿意抽时间关心我的学习				
12. 这次亲子作业后,父母更懂得如何指导我的学习了				
13. 这次亲子作业后,父母与我的关系更加亲密了				
14. 这次亲子作业后,父母更清楚地了解我的优点和缺点了				
15. 这次亲子作业后,父母对我的批评更多了				

二、请根据自己在亲子作业中的实际情况,选择最符合的选项打钩。

主要内容	非常符合	比较符合	比较不符合	非常不符合
1. 我和父母完成这次亲子作业用的时间超过了1个小时				
2. 我在亲子作业过程中能与父母很好地合作				
3. 我很主动地和父母交流、讨论如何完成亲子作业				
4. 我很愿意花时间做亲子作业				
5. 做亲子作业是一件非常有趣的事情				
6. 我很喜欢和父母一起做亲子作业				
7. 我能很有创意地完成亲子作业				
8. 完成亲子作业后,我再三地修改、完善				
9. 参与亲子作业主要是完成老师的任务				
10. 亲子作业对我的成长有积极的价值				
11. 亲子作业不难,很容易完成				
12. 我对完成的亲子作业很满意				
13. 班级里大部分同学完成的亲子作业质量都比我完成的好				
14. 我不希望学校再布置亲子作业				
15. 这次亲子作业后,我更了解父母的才能了				
16. 这次亲子作业后,我更愿意和父母沟通了				
17. 通过亲子作业,我更能理解父母了				

这些调查工具的使用,能够使教师全面了解班级亲子作业开展情况,使教师从家长及孩子的角度去理解亲子作业的价值,并反思亲子作业的合理性。教师应对所收集到的资料进行科学的归纳、分析、统计。在此基础上,教师可以更加明晰亲子作业的实践意义并引领其发展。当然,教师基本的数据统计能力是实现正确分析的根基。

通过分析对 Y 小学家长的访谈可知,家长普遍认为亲子作业为孩子提供了从做中学的机会。孩子通过做亲子作业,变得更加热爱学习,提高了学习的自觉性,而且孩子的想象力、动手能力等学习力在不同类型的亲子作业中都有不同程度的发展。孩子的自信心、责任心、感恩心等情感在做亲子作业过程中都有一定程度的满足,孩子的合作意识、表达能力、问题解决能力以及人际交往等社会性方面都得到了不同程度的锻炼。

> "在整个过程中,感受到孩子具有的责任心以及为人小师傅的快乐;由原来的不自信到自信的转变,是我感受最明显的。"
>
> "亲子作业是亲子旅游,孩子觉得我们非常关注他的作业。旅游后,学习积极性特别高,和我们关系特别亲,什么事都和我们交流。"
>
> "孩子看到一起完成的作品,心里很有成就感。做亲子作业的过程可以使孩子体验到只要用心去做,没有做不好和做不到的。"
>
> "孩子在家学习,家长和孩子多一份交流,让孩子感觉学习不是靠家长的监督,是和大人一起学习,家长可以给孩子树立榜样,让孩子多一份责任心。"
>
> ——摘自 2014 年 6 月 25 日对 Y 小学学生家长的访谈

实际上,家长在与孩子互动、交往的过程中,也有所感悟。家长与孩子以亲子作业为载体,在一定程度上达到了相互滋养、共同成长的教育目的。

就一般的家庭作业辅导而言,家长也需要系统、有针对性地进行:辅导前,确认作业内容及重难点;辅导时,做到心中有数,并不局限于作业;辅导后,进行反思并与教师沟通。在这个过程中,离不开教师的悉心指导,当然,教师指导的前提是对每个家庭的了解。教师尤其是班主任要多渠道与家长沟通,了解家长,让家长了解家庭作业对于孩子的学习及成长的重要性。在与家长交流的过程中,教师可以给家长一些指导孩子作业的想法,并鼓励家长坚持下去。教师还可以在家长中推广"学生作业辅导",让家长去影响家长,请一些"成功家长"进行经验交流、分享,可以建议家长买书籍或通过网上学习来提高自己的辅导水平。

当然,家长具有多样性,在作业辅导的过程中不可避免地会出现一系列问题,如家长的包办,或过于"精心"的辅导,使孩子依赖性较强;购买教辅"开小灶"导致孩子厌学;不管不问,制造"问题孩子";由于家长的知识、能力的缺乏导致误导。这些问题的解决,需要学校组织教师对家长进行作业辅导的培训,并加深家长对作业辅导的教育理解；也需要家长积极配合，提升个人知识、能力。

总之，从学校的角度出发，不论是亲子作业还是一般的作业辅导，教师都应是一个助手的角色，通过引领每一位家长的参与，促进每个孩子的成长。

作业辅导是极为常见的家长参与事件，亲子作业是对家长参与作业辅导这一活动的改革。在实践中，还有哪些创造性的成果呢？

一、幸福作业，牵手社区——"幸福作业暑期版"之"由我做主，玩转暑假"[①]

作业能成为一种幸福吗？我们五(8)班的同学会响亮地回答你："能！""有趣高效，一举多得，亲子共赢"的幸福作业，通过一学年的实践，深受我们每个同学的喜爱，还在我们学校其他班级都得到了推广。这不？这个暑假，我们已经不再满足于往年的作业模式，我们和老师一起，通过问卷、访谈，了解了同学和家长的想法，请教了综合实践老师，策划了以"社区项目研究"为主要内容的暑假版幸福作业，以自由组合的小队(本班同学、同小区的不同年级小伙伴、家长志愿者)为单位开展活动，以活动为载体，既有小队层面的成果展示，又有依据自身学习特点的"个人秀"，两者互相整合，让我们的学习和能力共同发展。

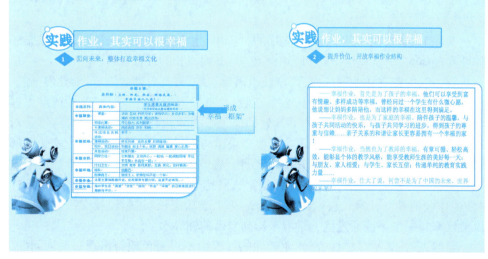

---

① 参见 http://www.lhtxx.net/ktwz/detail/1.html？infoid=1197

7月27号,天气晴朗、万里无云,是我们"幸福军团小队"隆重出场的日子。
　　下午2:00,在玲珑社区服务中心二楼的会议室,我们小队的"由我做主,玩转暑假"活动即将开始啦!看着来参加活动的观众在签名处排起了长队,我们不禁有点紧张起来,但想起之前一次次的策划改进,一次次的刻苦排练,一次次的奔波购买道具,一次次地与社区工作人员商量沟通……我们相互用眼神鼓励打气:一定要展示最好的自己!
　　瞧,我们的小主持拿着话筒出场了,活动拉开了序幕。小桐伴随着音乐的节奏,将拉丁舞的似火热情点燃开来;"干瞪眼""饼干快到嘴里来"……一个个小游戏让大小观众玩得不亦乐乎;我们自编自演的小品《卖水果》,更是让全场笑翻了天;有奖竞答则让大家奖品拿到手软,没答对的同学则拥有了一个才艺展示的机会,他们有的表演魔术,有的歌声优美,有的轻轻松松做俯卧撑,有的表演"瞬间流浪"演技不输明星……雷动的掌声,欢乐的笑声,一次次响起,让我们真切地体验到了一首歌的境界:来到初次的舞台,听到第一次喝彩,我们的心里有无限感慨……

　　活动结束后,我们请观众填写了一张"活动满意程度调查表",他们都对活动表示满意,表示"学中玩,玩中学,让暑假生活不再无聊""参与了,很快乐"……并希望"能多多开展"。同时,也对我们提出了一些友好的建议,如"主持时要面带微笑""将现场秩序控制得更好"等。
　　我们自豪,我们创造了不一样的"暑假作业",给社区的人们带来了不一样的快乐;我们收获,我们在经历的"第一次"中累积自信、勇气与经验,相信我们一定能不断实现人生中的第二次成功,第三次成功……
　　"幸福作业",伴我们走向幸福人生!

二、高安路一小：亲子游戏或能提升儿童注意力[①]

"孩子上课总是东张西望的,看他的课堂表现我真是崩溃了！""小孩回到家做作业总是一会儿抠橡皮一会儿玩笔,读几句课文总磨蹭到八九点。"

日前,高安路一小举行了一年级家长开放日活动,为了解答新生家长的教育疑问,学校在听课后安排了家庭教育专场咨询会,来自《东方教育时报·家庭教育周刊》的两位编辑及三位家庭教育专家共同接受了家长的咨询,整个过程持续了一个多小时。"注意力不集中"成了家长咨询中的关键词,纷纷寻求集中注意力的宝典。

高安路一小的教导主任赵树平反映,上课时,坐在最后两排的学生由于受到的干扰比较多,纪律往往也稍差一些；学校每周有两次红领巾广播,没有了视觉上的刺激,许多学生往往神游。"小学课堂是和幼儿园完全不同的教学形式,对一年级新生的注意力提出了很高的要求。"

对此,家庭教育专家、上海东加西人才咨询研究所所长张静涟告诉家长："幼儿园是以游戏为主的教育模式,没有上课铃声,吃完午饭有午睡,进入小学后,校园生活发生了大变化,学校对学生的要求也随之增加,孩子不能集中注意力往往是不适应的表现。"

针对孩子好动的表现,家长在家如何对孩子进行注意力的训练？张静涟建议可以全家一起做游戏,例如"找数字"游戏,把十个数字打乱写在白纸上,家长和孩子根据要求一起找数字；再比如"大家来找茬"游戏,在两幅看上去一样的图画中找寻不同之处。家长半信半疑：这能有用吗？张静涟介绍说：心理学上认为,注意力方面最重要的品质是稳定性,而这些训练恰能培养孩子这方面的品质。此外,做游戏也是亲子沟通的一种,在这过程中,家长可以示弱,可以鼓励,锻炼孩子品格的同时,也增进了亲子间的感情。

赵树平建议家长从小事中训练孩子的注意力,例如要求孩子说话和听人说话时要看着对方的眼睛。这一习惯如果延续到课堂上,孩子的眼睛能紧盯黑板,思维紧跟老师,那么课堂效率将显著提高。

赫聆咨询合伙人刘玉东认为,注意力不太集中的孩子往往能量较大,他建议家长多带孩子做运动,让孩子的能量有所释放,到了课堂上,他才有可能安静下来。

在咨询中,专家们说得最多的是："等等孩子,慢慢来。"张静涟说,家长不妨从抓好孩子每天的作业来观察他的表现,化焦虑为行动。

[①] http://www.shedunews.com/zixun/shanghai/quxian/xuhuiqu/2013/12/23/598774.html.

第十章
亲子作业：言传身教，相互滋养

就学校而言，家长的综合能力、教育背景、教育理解与教育期待各不相同，家长间的差异性是学校布置亲子作业不得不考虑的现实因素。就教师而言，是否认同家校合作，是否认同亲子作业背后的教育意蕴等问题将影响亲子作业实施的最终效果。就孩子而言，能否真正地参与到亲子作业中是决定亲子作业教育结果的重要因素。因此，亲子作业中尚存在诸多可以探索的领域。

一、如何激发家长参与亲子作业的热情？

亲子作业的实施会面临一些问题，如家长的时间问题、能力问题，完成亲子作业的材料难以找到等，这些问题或大或小会成为家长参与的障碍。所以，尽可能地激发家长的参与热情是亲子作业能够实施的前提。具体而言，从亲子作业的设计到教师的激励、孩子的鼓舞都是应该考虑的角度。作为教师，激发其参与热情的前提是对家长教育参与的价值认同，而这一前提在现实中也存在挑战。因此，根据对这一简单教育事件的态度可以折射出更为深层的教育价值取向。

二、如何测量和评价孩子在亲子作业中的成长？

在教师的指导下，亲子之间围绕一个目标共同前进所具有的教育价值，需要测量和评价。因为评价作为一种活动，渗透在人类生活的各个方面，在社会历史的长河中，人们时时都在对自然、社会、他人和自己进行评价，同时也被他人评价着；而且评价在社会活动和日常生活中的普遍存在激发了人们对它进行探索和思考的热情。[1] 教育活动也不例外。在教育评价中，应以促进人的发展为主题。[2] 但如何科学地测量和评价孩子的成长，是一大难题，尤其是在家长参与的活动中。

三、如何使亲子作业融入日常的家庭作业中？

近年来，关于家庭作业的研究逐渐增多。在中国，有研究表明，家庭作业量大，家庭作业渐渐演变成了师生共同的沉重负担，也给家长造成了额外的负担，大量的书面作业难以发挥家庭作业本身的积极作用；家庭作业的内容与形式过于程式化、机械化；家庭作业的内容只强调死记硬背、机械训练，学生在完成作业的过程中，遇

---

[1] 刘志军. 教育评价的反思和建构[J]. 教育研究, 2004(2).
[2] 龚孝华. 教育评价主题：促进人的发展[J]. 教育理论与实践, 2003(9).

到的情感态度与价值观、创造力与实践力等却被忽略了。① 而亲子作业能使孩子和家长在做中学,对双方的认识态度、情感、价值观等都有影响。在极力主张减轻中小学生学业负担的背景下,如何使亲子作业融入日常的家庭作业中,并减轻孩子的负担是重要的思考问题。

四、家长如何深度参与到孩子的学习活动中?

学生作业是孩子学习的重要部分,家长的参与能够促成学习的发生。课堂学习、社会实践活动等,是孩子直接的学习活动;校本课程建设、校园文化建设、学生评价等,也与孩子的学习相关。家长能否参与到孩子的直接学习活动中,并参与其他与孩子学习相关的学校活动与家校合作研究领域,关系到孩子的成长。那么,如何使各类家校合作活动深入孩子的学习活动之中?尚有一系列理论与实践问题需要探索。

---

① 刘叶. 小学生家庭作业现状调查与对策研究——以沈阳市为例[D]. 沈阳:沈阳师范大学,2013(3).

第十一章

家庭活动:科学育儿,其乐融融

孙 勤[1] 华 艳[2]

Q 小学在 2014 年 2 月开始开展"我有家规育儿女"的征文活动,吸引了广大家长的积极参与。在众多征稿中,有一篇名为《"华氏宝典"开启育儿之路》的文章得到了一致好评。

"华氏宝典"开启育儿之路

我的孩子从小到现在,有 9 条家规是我一直强调的,包含品德、习惯、好学、自信、耐心、责任、惜时、感恩、快乐 9 个方面。这 9 条家规在我家被称为"华氏宝典"(见表 11-1)。

表 11-1 "华氏宝典":家风家训家风尚

序号	名称	培养点
一	待人真诚有礼貌	品德
二	养成良好的学习习惯	习惯
三	每天坚持阅读	好学
四	相信自己是最棒的	自信
五	做任何事情都不轻言放弃	耐心
六	对人对己对事要有责任心	责任
七	珍惜属于自己的时间	惜时
八	与人为善,学会感恩	感恩
九	最重要的是要做快乐的自己	快乐

---

[1] 孙勤,上海市闵行区汽轮小学人力资源部主任,小学高级教师。
[2] 华艳,上海市闵行区汽轮小学教师,小学高级教师。

这9条家规是我们家行为处事的基本准则,是培养孩子未来发展的起点,作为家长希望通过自己和孩子的共同努力,让孩子成为一个有责任心、自信又阳光快乐的人。"华氏宝典"并不是什么苛刻的教条,而是为了让孩子能懂得遵守规则、学会做人、主动成长。家长作为养育者和教育者,只有树立了正确的育儿观念,才能帮助孩子往更好的方面发展。家规就像是培养孩子在思想品德和良好个性方面的尺子和天平,让我和孩子时刻朝着正确的方向发展。有了这个宝典,我也能够合理地把握和衡量好教育孩子的尺度。

　　我家"华氏宝典"所确立的家规,并不是一成不变的。在9条家规形成的过程中,我根据孩子成长各阶段的身心发育程度予以分层推进,有量变到质变的过程。因此,在实施"华氏宝典"过程中,我们和孩子一起力争做到有针对性、实效性和长远性。

　　在孩子年龄比较小时,"华氏宝典"的具体内容是比较原则性的,更是简明扼要、容易遵守的。如"见到长辈要问好、玩好玩具及时放入收纳箱、饭前便后洗手、在规定的时间内吃完饭"等,以礼仪、卫生、安全等为主。在对孩子讲这些要求的同时,我也会和孩子一起做,在潜移默化中给孩子做榜样。例如,孩子吃饭很磨蹭,常常需要大人催促,最后饭菜都凉了,她还在饭桌边慢慢吞吞地吃。于是我给孩子制定了一条30分钟内把饭吃完的规定。如果没有在规定时间内吃完,就不能再吃了,也不可以吃零食。如果能按时吃完并坚持一段时间,就可以得到一个自己喜欢的小礼物。在刚开始的时候,孩子仍是慢吞吞地吃饭,边吃边玩。于是我就收走了孩子的饭碗,并告知孩子没有东西可以吃了。孩子眼泪汪汪地看着我,而我也狠下心不去看这"小可怜"一眼。因为一旦制定了规则,就要去严格执行;特别是在执行的起步阶段,家长更要坚守规则不动摇。每当孩子吃得又快又好时,我就奖励孩子最喜欢的小兔玩偶或是一本书。现在孩子吃饭总是吃得香香的。其实只要养成了好习惯,受益的还是孩子。

　　当孩子上幼儿园后,我家"华氏宝典"的具体内容就偏向于良好的学习习惯的养成。如孩子在幼儿园时喜欢上了画画,每逢周日就要到老师家去学画画。在学画画之前,我和孩子就说好:"要坚持做自己喜欢的事情,不轻言放弃。"由于对画画有兴趣,最初几周里孩子都兴致高昂。但是几周之后,随着老师要求的提高,画画的难度加大,孩子就有些打退堂鼓了。一次,外面下着倾盆大雨。孩子听着窗外"哗哗"的雨声,对我说:"妈妈,今天雨下得那么大,可以不去学画画吗?"我看着孩子期望的眼神,摇摇头说:"画画是你喜欢的事情,如果因为下雨天就不去学画画,说明你还不够喜欢画画。一次不去,老师教的内容就会不明白,下次又要学新的内容,这样不就越欠越多吗?你先想想看自己到底喜不喜欢画画,是不是真的想学好画画,然后再决定今天去不去,好吗?"说完,我就静静地看着孩子。孩子低下头,眼眶里泪水在打转。想了一会儿,她对我说:"妈妈,我喜欢画画,我不能因为下雨就退缩,我会坚持的。我们走吧!"正因为我的这份坚持,孩子也做到了坚持,在幼儿园大班时,就拿到了儿童画的四级证书。

家规一经确定,就要同孩子一起恪守。有时我们在面对孩子哭闹时会心软,在遵守家规时会出现"两天打鱼三天晒网"的不守规则的情况。而规则一旦被打破,想再去执行,势必又要和孩子大动一番干戈。因此家长在让孩子遵守规则时,自己要权衡清楚,到底要孩子做到什么程度,自己又能执行到什么程度。没有严格的要求就没有教育,如果家长自己都出尔反尔,又有什么理由一定要孩子按规则做事呢?诚然,只有家长和孩子共同制订的家规,才会促进孩子的健康成长。这表明,规矩能够让孩子在成长过程中萌生一种界限感,明确什么是可以期盼的,什么是不可能达到的,并且自觉自律。

十多年来,"华氏宝典"在我家两个孩子成长的过程中还真的起了不小的作用。

Q 小学　＊＊班＊＊＊同学家长
2013 年 8 月

上述这则以"华氏宝典"为例的家规家训,它承载着我国传统的家规风尚,具有一定的民族核心价值观;在实施素质教育的今天,突显出其特殊的地位和价值。因此,家风、家规是每个家庭成员都值得学习、借鉴和创设的,是促使并保障每个家庭成员参加各类活动的基本保障。

项目意义

一、家庭活动是优化亲子关系的育人载体

父母作为孩子的第一任启蒙老师,自身有着什么样的价值观念,什么样的生活方式,甚至包括一些细小的生活习惯,都会在孩子身上烙下深深的印记。家庭教育中对孩子影响最深入、最全面的,并不是一些空洞的说教,而是父母以身作则的生活态度和生活方式。通过家庭内部成员在家庭中进行的文化学习、亲子互动、家规家风等活动,可以增进亲子间的交往,给孩子创设一个安全、健康、和谐、快乐的生活环境。

二、家庭活动可以直接促进孩子终身发展

在家庭中开展一系列健康、有意义的活动,不仅能提升家庭的生活质量,还能

直接满足孩子的安全需要、亲子需要、尊重需要、自我实现需要以及归属感等。就学生的素质发展而言,孩子的认知、情感、社会性的发育,都可以在家庭活动中实现。

家庭活动是儿童生活的直接环境,在家庭活动中,儿童的天性更容易释放,参与的活动类型更为综合和多元。因此,家庭活动蕴藏着极其丰富的资源,当家长善于利用时,儿童的健康成长是可以直接实现的。

三、有意义的家庭活动本身也是促进家长自育成长的过程

家长的家庭教育素养是作为社会公民的重要素养之一,也是对儿童发展负责所必需的素养。这类素养不能简单地通过读书和接受培训来提升,更需要在实践中反思、形成和更新。因此,家庭教育活动的开展,就是家长教育素养形成与发展的基础。

随着家庭结构的变化、家庭生活内容的改变和家长自身素养的提升,家长需要更自觉地反思自己的教育理念,提高自己策划、开展家庭教育活动的能力,形成与学校教育的合作意识。而这一系列素养的提升,都需要在家庭教育实践中实现。

作为家长,要知道家庭生活是孩子学习合作的摇篮,通过各种丰富多彩的家庭活动,感受到教育孩子并不是一件苦差事。作为教师,应如何干预或帮助家长提升家庭活动的质量呢?

一、了解学生的家庭情况,使指导更具有针对性

教师对学生的家庭情况要有一个全面的了解,根据实际情况对学生的家庭教育施以科学的指导。一方面,了解家长的职业类别、家长的文化程度、家庭的内部结构、家庭教育状况。其中,家庭教育状况又可以分为这样几个层次:对教育的关注程度、对教育的投资以及亲子关系。在学校活动中,教师有了这些第一手资料后,无论遇到哪种情况的学生和家长,都可以对家长进行科学、合理的指导。另一方面,结合学校开展的家校合作等活动,教师可以把家长的资源与学校的课程资源融合起来,这样能够给孩子们增加一些丰富的教学体验和生活体验,同时也可指导家长和孩子一起进行一些科学的、合理的、丰富多彩的家庭活动,从而增进亲子关系,提高家长的育儿素养,提升家庭活动的质量。

二、给家长提供对照式家庭活动菜单,保证家庭活动的质量

我们从儿童真实的家庭生活出发,结合上海市妇联开展的寻找"最美家庭、和美家庭"活动,提供给每个家庭对照式活动菜单,通过活动让每个家庭积极传承夫妻和睦、尊老爱幼、科学教子、勤俭持家、邻里互助的家庭美德,力求让学生的家庭生活更加温暖、更有质量。

(一) 寻找最美瞬间"照相册"

我们提倡每户家庭定期开展各类活动,因为在活动中能够反映家庭美德和家庭文明新风尚,同时在此过程中积累并制作相关的纸质和电子照相册,留住并传播与弘扬这份温馨(如图11-1所示)。

图11-1 Q小学二年级××班瑛瑛家庭的生活一景

（二）寻找最美文字"阅读录"

儿童没有阅读,他的人生经历一定会有欠缺,通过阅读带来的启发,能解决孩子视野和品格方面存在的问题。

链接 11-1

Q 小学四年级××班学生家长"亲子读书乐"活动感悟

最能致远是书香

常言道:阅读的厚度决定着一个人的高度!读书是一种有益的活动,能够得到很多的知识,让生活充满绚烂的色彩,净化纷乱的心绪,让自己在各方面更加完善,而一个充满书香气息的家庭,对于孩子而言,更是获益匪浅。家长与孩子一起徜徉在书的海洋里,不仅能提高孩子的阅读能力,而且还能让家庭的阅读氛围更加浓郁,使孩子和家长在阅读中共同进步。

作为家长,除了在子女的品行修养方面要教育外,还要重视对子女的阅读教育。"立身以立学为先,立学以读书为本",这是北宋诗人、政治家、文学家欧阳修的名言,也是我在引导女儿读书之路上的一句座右铭。在陪伴孩子读书的这条路上,最难的就是要做到坚持不懈,持之以恒,尽管工作很繁忙,有时候很累,但无论多忙,我每天都会抽出 20 分钟到 30 分钟的时间,陪伴孩子遨游在书海中。

人非生而知之,唯有大量阅读,才能读到精品之作,让人明理。读到一本好书足以怡情,品到一本好书更可以成为我们一生享用不尽的精神财富,好的读物可以给孩子带来快乐的感觉,拓展孩子的课外知识,并能塑造良好的人格。要让孩子喜欢读书,家中首先要有读书的氛围,从女儿上幼儿园开始我就通过潜移默化的榜样作用让女儿循序渐进地进行阅读并爱上了读书,我还时常和孩子沟通,交流阅读后的想法,不让阅读流于形式。培养孩子读书的好习惯并不是一日之功,家长要和孩子同步参与到快乐阅读中,一来可以督促孩子养成读书的好习惯,二来增进亲子关系,三来家长可以在阅读中提升自身的育儿理念和教育方法。

在我们家,每当孩子写作业时,我便捧起一本《读者》或是和我工作相关的专业类书籍,静静地陪伴着女儿,随着自己阅读量的增大,看待事物方面也较之以前更全面了,同时在阅读中也逐渐消除了一天的疲累。阅读点亮了我心中的一盏灯,为我指路,为我导航。为了更好地和孩子一起阅读,我和女儿还共同制定了一份家庭阅读计划,每个家庭成员都有阅读的任务,同时还交流彼此的阅读心得。亲子共读,我们一家享受着读书带来的快乐和幸福,享受着书中的静谧安详,享受着书中丰富的知识,天南地北,大家畅所欲言,全家其乐融融,阅读书籍让我们全家架起了一座心灵的桥梁,在沟通中让我们走进了孩子的内心世界,让孩子更懂得世间有真情和爱的存在!

在女儿的书房中,有着各种类别的书籍,有古色古香的中国名著《西游记》《红楼梦》,有温馨经典的《安徒生童话》,有教人处事的《伊索寓言》,有提高英语口语的《英语角》,有让人开怀畅笑的《幽默与笑话》……这些书籍被女儿分门别类整齐地堆放在收纳箱中,只要她一有时间便会捧着自己心爱的书籍如饥似渴地阅读着。她最喜欢《绿野仙踪》中的小女孩多萝西,因为女儿觉得她勇敢正直,有一颗善良的心;喜欢《尼尔斯骑鹅历险记》中那个调皮率真的尼尔斯,因为觉得他从一开始总是和大人作对,经历了种种磨难后成为了一个为人和善、懂得帮助人的孩子;还喜欢《西游记》中专打妖魔鬼怪的孙悟空,因为觉得他本领高强,保护唐僧去西天取经……孩子在阅读中体会着做人的道理,体验着阅读的愉悦感,领悟着书中的真善美,感受着语言文字带来的魅力。

作为家长,看到这样一幕,心中是欣喜的,因为孩子沉浸在阅读中是那样地专注,那样地投入,从原先只能看好看的插图,逐渐到有着大幅图片配一两个句子的拼音书籍,再到如今图文并茂或是通篇文字的书籍,从简单的童话类故事到中外世界名著,她畅游在书海中,汲取着书中的精华,同时也提高了对阅读的理解能力和写作能力。

古语云:腹有诗书,其品自高;腹有诗书,其德自谦;腹有诗书,其身自正。相信我的孩子一定会在书香中成长,在书香中成人,更会在书香中成才!在阅读的道路中,我要当好孩子的守护人,让书籍永远陪伴孩子快乐地成长,让书香永远在我家香醇飘逸!

(三) 寻找最美意境"漫画林"

这种形式的活动,不仅能够反映家庭美德和家庭文明新风尚(如图11-2所示),还能够体现活动的原创性、主题的鲜明性和成员身心素质的健康性。

漫画题目：《全家总动员》

漫画作者：三年级xx班 王xx同学

漫画简介：

每到周六就是我们家庭的劳动日，我、爸爸、妈妈全家总动员，一起唱响"锅碗瓢盆交响曲"……

图11-2　Q小学某同学家庭漫画《全家总动员》

（四）寻找最美家风家规家训"语录集"

中华民族素有"礼仪之邦"之称，向来重视家教。历史上见诸典籍的家训并非鲜见，为后人称颂的也很多。家风是一个家庭在世代传承中形成的一种较为稳定的道德规范、传统习惯、为人之道、生活作风和生活方式的总和，它首先体现的是道德的力量，注重家风建设是我国历史上众多志士仁人的立家之本。从古至今，颜之推的《颜氏家训》、诸葛亮的《诫子书》、周怡的《勉谕儿辈》、朱子的《治家格言》以及《傅雷家书》等都在民间广为流传，闪烁着良好家风的思想光芒。历史上的"孟母三迁""岳母刺字"等，同样展现着良好的家风。

每一个家庭都有淳朴的家风，每一个家长都会以自己体悟出来的处世之道来教育自己的孩子。"非淡泊无以明志，非宁静无以致远""常将有日思无日，莫待无时思有时""莫贪意外之财，莫饮过量之酒"等教子中的古训至今为世人尊崇。好的家风不但对自己有利、对子女和家人有利，也逐步影响着大众的道德水平与社会的风气。

此外，家是孩子成长的第一空间，在孩子身上处处会烙有家风的印记，可以说，家风就是文化和道德的言传身教，是智慧和处事方略的潜移默化；如何在家庭活动中体现家庭美德和文明新风尚呢？寻找最美家训语录是营造良好家庭氛围的有效切入口(参见表11-2)。

表 11-2　Q 小学寻找最美"家规家训"语录集锦

"家风"	"家规"	"家训"
(家风是上辈人对下辈人的言传身教,是靠自身的行为影响下一代)	(家规是祖上对家族内人的行为规范。一般是由一个家族所遗传下来的教育、规范后代子孙的准则,也叫家法)	(家训是指对子孙立身处世、持家治业的教诲)
孝,孝顺 勤,勤劳 恭,忍让 善,友善 俭,守法 礼,舍得	1. 自己能够做到的事情要独立完成,今日事今日毕,不可马虎了事,不可依赖父母,不可无故拖延 2. 要吃饱吃好,保证全面营养,不可挑食、厌食、少食 3. 每天坚持看书两小时,要坚持课前认真预习,课堂认真听讲,做好详细笔记,课后认真温习,完成各科学习任务 4. 要加强体育锻炼,增强体质,每天运动量不得少于一小时(寒暑假可适当增加运动量),不可偷懒,不可随意,不可只做自己喜欢的运动 5. 要尽可能分担父母的忧愁,不可无视父母的感受,要积极为父母做一些力所能及的事情,不可推辞,不可讲条件 6. 要孝顺父母,懂得感恩,珍惜幸福生活,遵从父母教导,出门进门要和父母打招呼,不可忘恩,不可与父母顶撞、狡辩或者无理取闹 7. 学会感激,感激无私奉献、默默付出的父母,感激一切曾经关心过、爱护过、支持过、帮助过的人,要珍视社会和自然中一切真实的、美好的、善良的事物 8. 要尊敬师长,见到老师、长辈、熟人要主动热情打招呼,不可视而不见,见而避之; 9. 要团结同学,要有爱心,有同情心,不可以大欺小,不可歧视弱者,不可嘲笑残疾人或者成绩差的同学 10. 在影剧院、商场、会场、宴会等公共场合要保持举止文雅,谈吐得体,不可大声喧哗,不可嬉戏打闹	1. 勿以善小而不为,勿以恶小而为之 2. 举止要安和,毋急遽怠缓;言语要诚实,毋欺妄躁率 3. 见人善扬之,见人恶掩之 4. 内外亲族,无论尊长同列,皆当以礼接之 5. 毋博弈嬉戏,虚费时日;毋过求盈余,为世所讥 6. 凡邻里亲故,平昔善良,倘有婚姻丧疾应助者,即量力助之 7. 毋损人利己,暴敛多科 8. 饮酒随量,不可过度,以灭德丧仪 9. 憎恨虚伪、丑恶的不良现象,不可是非不分、善恶不辨 10. 要志存高远,锲而不舍,勇往直前,自强不息,不可胸无大志,不可有丝毫懈怠,不可轻言放弃

(五) 寻找最美真情"故事会"

通过各种宣传形式,宣传各类"最美家庭"的生动故事,能够使家庭活动、家庭美德家喻户晓,促进家长自我教育。

链接 11-2

Q 小学一年级某班昱昱的家庭故事

学会理财，学到了勤俭节约的美德

2013 过年时，昱昱收了些压岁钱，他提出要自己保管，我和他爸爸都非常赞成。

有一天，他说："妈妈，我想把压岁钱存入银行。"我非常开心地说："可以啊！"随后就带着他去离家最近的银行存好。回来的路上，他认真地对我说："妈妈，我要开始学习理财了。"

理财是要从小事学起啊！

不久后的一天，昱昱的课外阅读书有点破了，想扔了，我一看还蛮新的，就对儿子说："你不是要学习理财吗？理财要从勤俭节约开始，你看你的阅读书还蛮新的呢，将坏的地方用胶带粘一下就好了。"他点了点头，找来胶带和剪刀和我一起动手粘起来。

后来，昱昱的奶奶看到他的拖鞋已经很破了，因为已经补过好几次了，就把它扔进了垃圾桶，昱昱看到了大叫："奶奶，这鞋子不要扔掉，补一下还以穿的，不可以浪费！"奶奶听了笑了，马上捡起了那双拖鞋。

现在的昱昱对于理财有点概念了，家里的储蓄罐也用起来了，同时还学到了勤俭节约不浪费的美德。如今的他进步很大，他会在餐桌上督促全家人不可以剩饭，他会说："这是农民伯伯很辛苦地种出来的，不可以浪费。"而且每次出去玩或在外面，他会把喝剩下的空瓶带回家，并且对我说："妈妈，这个不要扔掉，带回家可以卖掉。"我很开心地向他点点头，希望他能保持下去，努力做个德、智、体、美、劳全面发展的优秀少年！

（六）寻找幸福家庭"愿望树"

教师可以指导家长对照自己的家庭活动菜单，和孩子一起创设舒适的生活环境，同时不忘积极健康的文明追求，比如听听音乐、饭后聊聊天，和孩子一起总结各自的优点与不足；也可以通过聚会、走访和成果展示（见图 11-3），在家庭群之间找找差距。很多有此经历的家长发现，家庭教育首先不是输在家庭经济上，而是在于家长是否愿意为孩子成长作出改变。

图 11-3　Q 小学亲子共话幸福家庭"愿望树"作品选

三、举行"家庭活动日"活动,融洽亲子关系

由于家庭层次、文化背景、教育状况等方面的不同,家长在设计活动时的能力差异也相对明显,所以教师就指导班级家委会成员共同设计个性化"家庭活动日",通过开展不同的活动来帮助家长和孩子之间增进感情和交流,如参观各类博物馆等。

链接 11-3

Q 小学二(1)班某同学家庭活动日活动纪实

2014 年 7 月 12 日,我们二(1)班七色花小队(6 位家长和 8 位孩子)早上 9 点准时在地铁 5 号线金平路站集合,换乘 3 辆地铁,去参观上海昆虫博物馆。里面各种各样的昆虫标本令人眼花缭乱,尤其是五彩斑斓的蝴蝶标本,很多都是我们从来没见过的品种,非常美丽。孩子们在展示厅里还看到了很多昆虫的模型,了解了蚂蚁的生态结构。大家在一个个精美的昆虫标本前仔细观察,互相交流。

下午参观上海航宇科普中心,孩子们是一路小跑进入场馆的。我们了解了飞机的种类,看得眼花缭乱。三楼展馆是孩子们最喜欢的地方,里面有许多与飞行相关的互动游戏,孩子们玩得兴奋极啦!

这次小队参观活动,无论家长还是孩子,都很开心。

链接 11-4

Q 小学某家长参与"2014 暑期职业小达人"活动感悟

2014 年的暑期,为了让孩子们过一个快乐有意义的假期,上海市开展了一系列关于青少年的暑期体验活动,丰富孩子们的暑期生活。作为班级小队的家长辅导员,我也积极带着孩子们去开阔眼界,增长知识。

由于全市的中小学生均可参与"2014 暑期职业小达人"活动,报名人员太多,微信报名平台显示名额已满,我就试着打电话,终于 6 月 30 号打通了上海市材料工程学校负责相关活动的苏老师的电话,得知工程学校新增了一部分体验名额,可以通过邮箱进行报名。于是我通过邮箱预约报名,邮件中写明二(1)班机灵鼠小队的 6 位小朋友的姓名、学籍号及联系电话,预约参加 7 月 21 日的体验项目:我的房间我做主——家居模型制作。7 月 18 日,我再次电话确认体验项目的具体信息,再一一联系各位小朋友家长,告知具体时间和地址,以提前作好准备。

7 月 21 日中午 12:30,二(1)班机灵鼠小队的 6 位同学及其家长在 Q 小学门口集合出发。13:10 我们准时来到了位于徐汇区的上海市材料工程学校,参加"我的房间我做主——家居模型制作"体验活动。孩子们每人领到一个"欧洲迷你店铺"模型材料包,既紧张又兴奋,自己动手 DIY,小心翼翼地将一个个小零件组合拼装,最终,精致小巧的迷你蛋糕房、咖啡店、宝宝用品店等作品一一展现在我们眼前。通过此次活动,给孩子们创造了一个锻炼自我的机会,充分发挥了他们的想象力,提高了他们的艺术欣赏水平,陶冶了他们的情操。通过体验,孩子们了解了建筑方面和室内设计的小知识,提高了他们的动手能力和社会实践能力。

除了"暑期职业小达人",我们还组织小队成员一起参观上海科技馆、昆虫馆等社会实践基地,报名参加闵行区青少年活动中心举办的"暑期公益性体验型课程"。孩子们通过丰富多彩的集体活动,实现心中的梦想,共同汲取新知识,让每个活动都成为生动有趣的第二课堂。她们玩得开心,学得用心,度过了一个既充实又有意义的暑假!

家长们通过亲子社会实践活动,诉说了共同的心声:"和孩子一路走来,孩子在不断成长,我们做父母的也在不断成长。我们学会了以身作则,学会了学而不厌,学会了积极面对,也学会了倾听孩子的话语,学会了尊重孩子的想法,学会了理解孩子的世界……"

四、建立表彰评选机制

(一) 以"书香家庭"为主题的亲子共读活动

在"家庭教育现代化"建设过程中,创建"学习型家庭"是不可缺少的部分,学校把提高家庭教育的质量作为增强德育实效性、针对性的有效手段。Q 小学以创建"学习型家庭"为抓手(参见表11-3),推出以"让每个家庭充满阳光,让每个孩子健康成长"为主题的家庭教育活动。我们利用家委会议,明确活动意义,组建领导班子,建立活动机制。各个家委会成员率先制订创建计划书,计划书中拟订申报"学习型家庭"的名称,确定家庭终身学习目标、阶段性学习计划和机制,并作出杜绝"八种不良家教形式"和"十种家庭教育禁语"的承诺。一时间,像蚂蚁一样团结互助的"小蚂蚁学习型家庭",像牵牛花那样手拉手平等合作的"牵牛花学习型家庭",像彩虹般绚丽多彩的"彩虹学习型家庭",像小蓝猫式创设多学、多问、多动脑家庭氛围的"蓝猫学习型家庭",创设浓浓书香气息的"书香浓学习型家庭"等,如雨后春笋般涌现,成为我校第一批通过考核的示范性"学习型家庭"。

在他们的带领下,2014 年寒假,Q 小学根据低、中高两个年龄段孩子的特点,在假期亲子活动中创建"学习型家庭",主题是"我读书,我快乐,我成长",要求假期中将每天饭后半小时的时间定为"读书时间",家长和孩子共同阅读,共同提高,让书籍点亮人生,让书香溢满家庭!

在假期亲子活动中创建"学习型家庭"活动受到全体家长们的欢迎,二(3)班红红家长在活动有感中写道:"我认为此项活动家庭互动,益处有三:第一,帮助纠正错误读音;第二,帮助疏导疑难问题;第三,帮助养成读书习惯。"三(2)班慧慧家长深深感受到,在亲子活动中创建"学习型家庭",主要培养了良好的家庭学习习惯,要养成好习惯,父母自己要身先力行;好习惯要在实践中培养;培养好习惯要用加法,克服坏习惯则用减法。四(3)班琦琦家长在和孩子共同阅读中找到了阅读欣赏的交融点,感悟到应该好好珍惜和女儿一起阅读的机会,应该和女儿一起思考、一起感动、一起伤心、一起欢笑,在阅读欣赏中一起成长。

表11-3　Q小学创建"学习型家庭"达标要求

家长姓名：	孩子姓名：
拟申报"学习型家庭"名称：	
终身学习目标：	
阶段性学习计划：	
互相沟通、平等交流、互相学习的机制：	

备注：自评标准（达到4分的为合格学习型家庭，达到5分的为示范学习型家庭）
1. 家庭成员必须既有共同也有个人终身学习目标和阶段性学习计划(1分)；
2. 家庭成员有共同学习探讨的良好氛围(1分)；
3. 家庭成员有互相沟通、平等交流、互相学习的机制(1分)；
4. 家长基本做到杜绝"八种不良家教形式"(1分)；
5. 家长基本做到杜绝"十种家庭教育禁语"(1分)。

（二）以"学生个人门户网站"、亲子日记等为载体的家庭生活启示录

2013年，闵行区教育主管部门正式启动中小学学生电子成长档案建设工作。学生电子成长档案以"让闵行每个孩子健康快乐成长"为核心，从身心健康、学业水平、个性技能和成长体验四大维度，分别采集学生在校各类活动信息。通过学生个性成长的数据积累，提供各类教育公共服务；深入挖掘数据背后的信息，分析学生总体发展状况，为对学生进行个性化干预指导提供数据支持。

Q小学作为第一批试点学校在实验班推进这项工作，"学生个人门户网站"中设立的"亲子乐园"便是一个增进亲子关系的良好平台，家长和孩子在上面可以写下心中的话，相互吐露心声、相互交流思想，深受实验班家长的欢迎。

链接11-5

Q小学某家长参与"学生门户网站"建设有感
看得见的孩子成长轨迹

自2013学年第二学期开始，应孩子的班主任和学校分管成长门户网站的

老师的邀约,我作为家长志愿者加入了学校先期的成长门户网站实验班。

起先,刚接触学生成长门户网站时感觉一头雾水,根本不知道从哪里着手,需要做什么,该如何去完成,在班主任和分管老师的帮助下,我开始逐步摸索,越来越觉得这是一件非常有意义的事情。

学生的个人成长门户网站是区局依托大数据所进行的数字化校园建设。闵行区学生电子成长档案的内容包括身心健康、学业进步、成长体验、个性技能4个维度,然后围绕这4个维度,又设立了14个一级、38个二级、53个三级数据采集指标。

为了便于搜集数据,学校为每一位学生发了电子学生证,学生日常行为数据将被动态抓取和实时记录,并能在系统内自动生成各种数据统计图表,从而让学生隐性的状态和需求显性化,让家长和老师能够更直接地看到学生的点滴进步或潜在的问题。原先觉得这只是在网站上给自己的孩子写点资料或是像发微博一样记录一下,没想到要学习的东西还真是多呀!

有了这样一个成长门户网站,在多元化的考核体系下,学校不再仅仅注重学生的学业成绩,而是认识到在促进学生全面发展某些方面的管理"缺位",并进行调整,制定适切于学生的一些制度,以便更好地进行管理。

家长是最关心孩子在学校的一切的,例如,我通过查看网站上关于孩子体质体能方面的一些数据,了解到孩子有些偏胖,于是我就会对孩子进行一些体育方面的锻炼,帮助孩子增强体质,并合理进行饮食,而学校也会通过门户网站把每天提供给孩子的午餐录入到网上,这样家长也会清楚孩子在校午餐吃了些什么。

我最感兴趣的是把孩子在日常生活中的点点滴滴通过文字和照片的形式发布在门户网站上,而且网站上还设有班级圈,家长和孩子可以在网上进行互动,家庭之间也可以通过互联网进行交流。最能记录孩子事件的便是亲子乐园,家长和孩子在上面可以写下心中的话,既增进了亲子关系,又能提高孩子的写作水平,一举两得。

尽管只是前期的实验班,但是学校领导非常重视门户网站的建设,经常给家长志愿者提供指导,让家长间进行经验交流,让早期已经会操作的家长帮助那些还未上手的家长,让更多的家长参与进来,共同为孩子的成长门户网站献力。

学生电子成长档案是看得见的成长轨迹,老师和家长可以深入挖掘数据背后的信息,分析孩子每个阶段独特的发展状态,从而有针对性地实施个性化干预指导,帮助孩子走好成长的每一步!

（三）组织学校、年级、班级评选"最美家庭"活动

面向学校各类家庭，我们除了开展各类有益身心的家庭活动外，更要深入挖掘、选出和宣传群众身边的"最美家庭"及感人故事，积极传承夫妻和睦、尊老爱幼、科学教子、勤俭持家、邻里互助的家庭美德。通过家长自荐、群体评议、互相学习等方式，引导家长在参与中接受道德教育，提升文明程度，以实际行动为培育和践行社会主义核心价值观贡献力量。

链接 11-6

Q 小学 2014 年十佳"红鹰家庭"评选细则

一、评选宗旨

为深入学习贯彻党的十八大关于"全面提高公民道德素质"，推进社会主义文化强国建设重要论述，全面落实《公民道德建设实施纲要》，建设和谐文化，培育文明风尚，大力弘扬良好的思想道德风尚，提升每一个家庭成员公民文明素养，以家庭的和睦、稳定促进社会的文明、和谐，进一步加强家校合作管理能力，学校结合实际情况，对 2014 年度"十佳"红鹰好家庭的创建提出方案。

二、基本条件

1. 热爱党，热爱祖国，热爱生活，家庭中、邻里间和睦相处。

2. 参加社会主义精神文明建设，具有集体主义精神，遵纪守法，爱护公物，品德良好，乐于助人，勇于同各种不良行为作斗争。

3. 在单位兢兢业业工作；在家里尽到孩子监护人的责任。

4. 积极报名参加学校"紫马甲·家校合作管理委员会"三级九部，参与"紫马甲"护校行动和轮值督学工作；参加学校组织的其他集体活动和亲子活动。

三、具体分类评选要求

1. "道德"风尚好家庭

（1）在社区遵守社会公德，讲文明，守秩序，爱护公物，能辨别真善美，与不良现象作斗争；

（2）在单位遵守职业道德，爱岗敬业，工作负责，兢兢业业，表现优良；

（3）在家庭注重家庭美德，尊敬长辈，关爱子女，家庭和睦，邻里团结，勤俭持家；

（4）为人正直，友善互助、宽容忍让、明礼守信、热情诚恳。

2."自强"风尚好家庭

（1）在困难和挫折面前，不气馁不退缩，有顽强的意志和克服困难的勇气；

（2）在家庭经济条件困难的情况下，培养孩子良好的心态，阳光大气；

（3）自强不息，刻苦学习，全面发展，表现突出；

（4）有家庭梦想并勇于克服各种困难去实现梦想。

3."公益"风尚好家庭

（1）家庭成员遵纪守法，遵守社会公德，爱国爱家，有文明健康的生活习惯；

（2）家长为学校校级、年级或班级的"紫马甲"志愿者团队成员；

（3）家庭和谐，尊老爱幼、孝敬父母成风尚；

（4）家庭成员具有终身学习理念，科学教育观念；热心奉献，助人为乐，积极参加学校组织的集体活动以及社会公益事业和公益活动。

4."低碳"风尚好家庭

（1）有较强的低碳生活意识和良好的行为规范；

（2）家庭成员自觉养成环保低碳生活习惯，认真践行"低碳生活新理念"；

（3）实行各种家庭"3R"（减量化、再使用、回收利用）措施，做到废水和废物循环利用；

（4）积极挖掘家庭生活中的低碳窍门，并能将经验、方法、技能或作品传授、示范于社区其他家庭；

（5）采用各种有利于节电、节气、节水的产品、装置、设施和改装措施，自觉实施家庭生活垃圾分类投放；

（6）坚持低碳出行，家庭成员（含有车一族）选择步行、自行车、公共交通等出行率高。

四、评选范围及名额

全校学生的所有家庭均可参加评选。

五、评选的程序和时间

1. 初评：各班参照评选条件，原则上一个班级产生一个候选家庭，填写评选表格，并附上由家庭制作的数字故事；

> 2. 复评：根据推荐材料小影像，由教师、家长组成评选团，以公平、公正的态度进行筛选，确定十个正式候选好家庭。
>
> 　　对评选出的"十佳红鹰好家庭"，将于"六一"前夕召开隆重的表彰大会，并由共建单位和学校统一颁发证书、奖品。
>
> Q小学家校合作管理委员会

Q小学坚持数年实施年度"红鹰家庭"评选，不仅积极传承夫妻和睦、尊老爱幼、科学教子、勤俭持家、邻里互助的家庭美德，还通过评选过程对每户家庭实施自我教育，大家自觉接受道德教育，提升了文明程度，明确了后续发展的方向，也促进了学校精神文明建设。

> 【主要障碍】
>   1. 部分教师对家长资源的认识存在误区，认为部分家长文化程度低，没有能力完成活动内容；
>   2. 部分教师从教时间短、经验不足，缺乏指导家长设计活动的能力；
>   3. 家长参与度低，家长因文学素养和才艺的差别决定了活动主题选择的不一，担心参与的质量与其他家庭差异较大；
>   4. 育人的核心在家长，家长对家庭教育的认识、解决家庭教育问题的能力和水平有待提高。
>
> 【相关保障】
>   1. 学校——班主任和学科教师有效介入，给予针对性的指导；
>   2. 家庭教育指导委员会——全程参与，配合促进活动有效开展；
>   3. 大手牵小手——发挥家长对孩子的辅导作用。

拓展阅读

在参与学校活动时，有部分家长由于自身素质的差异性，在教育孩子的过程中存在着不少的偏差和问题，作为教师，应适当地进行一些干预，和家长做一些必要的交流,引导家长进行科学的、合理的、正确的家庭教育。

一、国内某学校以教师为杠杆,给家长布置家庭活动作业[①]

(1) 实践性作业:游山玩水类。例如,"双休日的作业——最近森林公园丹桂飘香,气温适宜,最适合郊游,请各位家长利用双休日带孩子外出观察,感受大自然的美好。相信你们的郊游能发现很多美好的景物,心情好,自然一切都好。预祝大家玩得开心。"当家长接到这样的作业,常常会非常乐意去完成,他们不仅能感受到老师的良苦用心,还能度过愉快的一天。学生每次反馈的时候,都会眉飞色舞,滔滔不绝,生活体验中获得的经验就会积聚在学生的人生之中,家长也能在享受美丽大自然的同时,享受孩子带来的幸福和满足,共同经营快乐的亲子时光。

(2) 人文性作业:亲子共读类。每个学期,我们都会给学生推荐一些书籍,同时也给家长推荐一些教育类的书,从而引导家长理解孩子,尊重孩子,以平常心看待孩子的成长,以慈爱心引领孩子前行。

(3) 展示性作业:参与班级活动。在家庭中,经常沟通,相互信任,是化解亲子矛盾的根本途径,但现状是家长每天工作很忙,无暇顾及孩子,因此,家长会、六一联欢活动是学校向家长展示的最佳时机,家长大部分都会积极参与。通过这样的活动,学生会觉得自己受到了父母的重视,会使学生对父母产生亲切感,从而进一步增进亲子关系。

(4) 操作性作业:小团体互动。学校不是学习的唯一场所,教师不是唯一的教育者。大自然、大社会才是孩子学习的大课堂,家庭、社区中的物质资源、自然资源和人文资源给学生提供了学习的舞台。而要发挥这些资源的价值,光靠教师的力量是无法达到的,只有充分发挥各行各业家长的纽带作用,为我们的活动牵线搭桥,才能更好地利用这些资源。五一小长假中,一位家长的单位组织风筝放飞活动,还有画风筝的比赛,他在 QQ 群中发布了这一消息,引起了部分家长的关注,后来家长自行组织,形成一个个小团队参加了比赛。这样的互动机会,只有家长才能提供,产生的效果也是积极向上的。

(5) 表演性作业:讲故事,演小品。语文课本中有部分课文内容很精彩,有的需要复述,这些也是家庭作业的资源,学生回家后可以给家长讲故事,遇到话剧之类的,还可以一起表演。这样可以营造宽松民主的家庭氛围,构建和睦友爱、充满活动的新型家庭。

[①] 顾惠琴.我给家长布置作业——以教师为杠杆,构建新时代亲子关系[J].小学科学(教师),2013(9).

二、台湾地区家长参与教育的发展趋向及其启示[①]

在我国台湾,家长参与教育是指任何足以让家长加入教育过程的活动形式,这种参与包括在学校内发生的,也包括在校外与家中进行的活动。它一般包括六种类型:(1) 担负基本的教养责任,家长提供儿童健康与安全最基本的需求;(2) 与学校保持基本联系;(3) 参与学校事务;(4) 参与家中的学习活动;(5) 通过家长组织参与校务决策;(6) 与社区团体密切合作。

近年来,随着台湾地区社会经济的发展与公民民主权利意识的觉醒,家长参与的范围已从支持和配合学校工作扩展到直接参与校务决策,其主要途径和形式是通过成立各级家长组织,整合全体家长的力量来影响学校教育政策的制定。在这方面,台湾地区的家长组织由过去的班级和学校家长会层面,发展到现在的县市级家长团体层面,乃至组成全台湾地区的家长联盟,参与更广范围的教育事务,并且它们的作用日益显著。

面对家长参与教育实践的推进,许多台湾地区学者研究指出,家长参与对促进学生成长和改进学校教育工作具有重要的作用。这主要表现为:① 对子女来说,家长参与的程度越高,子女的学业成绩越高。② 对参与的家长而言,对学校一般持有较正面的态度,对学校人员较具信心,学得教育子女的技巧,亲子关系获得改善,提高自尊心和自信心。③ 对实施家长参与的学校及学校人员而言,家长参与能够提高学校的效能,增进家长对学校的信任与满足以及自我的成长。同时,还有学者分析了当前台湾地区教育改革的现状后认为,这些教育改革措施常忽略家庭与社区等重大资源,而让教师在教室内孤军奋斗。因此,鼓励家长参与、善用社区资源以及重整社区,才是教育改革的核心。

本章提到的科学育儿,是一种家庭教育的活动,育儿是关键,再加上科学、合理的方法,使得育儿成为一种高品质的家庭文化活动。父母不仅给予孩子生命,而且在日常生活中对孩子具有引导作用,帮助孩子逐步形成价值观念、各种习惯和道德品质。孩子一旦进入学校学习,教师也势必会和各类家庭教育模式打交道。

---

① 陈如平.台湾地区家长参与教育的发展趋向及其启示[J].河北师范大学学报(教育科学版),2006(4):55—59.

第十一章
家庭活动：科学育儿，其乐融融

一、教师如何指导家长提升家庭教育的文化含量？

作为家庭教育，家长的一言一行对于孩子而言是很重要的，孩子通过自己的眼睛、行为而"复制"家长的行为。家长除了生养孩子，还要走进孩子的精神世界和心灵，和孩子建立良好的亲子关系，这才是家庭教育的核心任务。但作为教师，该如何利用自己的职业身份，帮助家长开展相关活动，指导和提升家庭教育的文化含量，促进亲子关系的融洽，还需要更多的研究。

二、教师如何面对具有个性的家长及其家庭生活方式？

随着八九十年代家长的成长，家长群体的年轻化、个性化也成为教师和家长之间产生矛盾的导火索。这些年轻的家长有自己的教育理解、教育主张和育儿观念，他们的文化水平比六七十年代的家长要高，他们重视孩子的学习，也能起到指导作用；但同样因为年轻，在教育上有时不能持之以恒或是有些急功近利。

作为教师，如何和这些年轻化、个性化的家长群体沟通，主动走进这样的家长群，倾听他们的心声，了解他们在教育上的需求，帮助他们指出在家庭教育上的不足，家校合力，共同为孩子的发展和成长助力，是值得我们去探索的。

三、教师如何引导家长重视营造愉悦、健康的家庭文化氛围？

现在，我们谈起家庭教育，都知道要把关键的位置放在"养"上，而非"教"上。但教师在指导家长进行家庭教育的同时也有很多困惑，即如何在不过多干涉家长的生活、育儿观下，又能到位地引导家长重视对孩子的学习养成教育，营造愉悦的家庭文化氛围，做到科学育儿，是需要教师和家长共同去探索和研究的。

四、教师如何帮助家长利用互联网的大数据时代实现远程协助？

如今，"互联网+时代"的模式已开启，各种多媒体、即时消息等方法帮助人们更加近距离地进行沟通，当家长在家庭教育上出现问题时，可以通过互联网向教师请教，一来可以使问题出现时能及时解决，二来也便于教师在学校教育之外进行家庭教育的指导，同时也简化了家访的形式，最终使家庭教育和社会、学校教育共同合力，促进孩子的茁壮成长！

第十二章

家长社群:家家互动,拓宽时空

马怡平[①] 李 艳[②]

2013学年始,上海市闵行区Q小学一年级1班的师生、家长一起参与了一个基于每一个学生全面发展的个人门户网站项目建设。

刚开始,部分家长由于电脑技术的限制,面露难色,不知该如何下手,纷纷到班主任马老师这里询问:可不可以不做? 实在是不会做。这些都被班级里几位热心的家长看在眼里。在家长志愿者小陈妈妈、小赵爸爸的带领下,他们想出了一套解决问题的办法,就是和这些"技术盲"家长结对:约好时间带着孩子到这些结对的志愿者家里,去完成孩子的个人门户网站。

在完成的过程中,一些家长们又发现了问题:平时自己忙于工作,疏忽了对孩子日常资料的累积,带孩子们参加的活动屈指可数,使得网站里很多过程性材料、照片无法上传;看到其他家长为孩子积累的丰富的资料,如参加活动的照片、孩子的作品和奖状等,很多家长看在眼里、急在心里。

小李的妈妈跟班主任马老师交流道:"仅仅一年,差距就开始显现了,可怎么办?"此时,小徐的爸爸提议:"现在的孩子都是独生子女,在学校里能够和同伴们一起玩耍,可是到了家里没有人陪她们玩,很孤单,就只能天天对着Ipad、电脑、电视,眼睛都要毁掉了。我们几家可以经常利用周末的时间,一起带着孩子们到附近的江川儿童文化城、闵行公园或者社区里多参加活动,也可以让孩子们聚在一起动手做一些手工艺品,这样孩子们也不会觉得孤单,不仅玩得开心,还活动了筋骨、开发了智力,也积累了很多的材料,何乐而不为呢?"听了小徐爸爸的建议,大家一致

---

① 马怡平,上海市闵行区汽轮小学教师,小学高级教师。
② 李艳,华东师范大学教育学系研究生。

第十二章
家长社群：家家互动，拓宽时空

赞同。

开展了一段时间的活动后，家长们发现可以沟通的话题越来越多，孩子们之间建立了深厚的友谊，孩子们和家长们之间的亲子关系也更加和谐。小左的妈妈就是其中一个例子。她之前一直跟班主任说："在教育孩子上面我可能是失败的，孩子不听我的，老是觉得我烦，我实在不知道该怎么教育她了！"看着她迷茫的眼神，班主任一方面给她指出她在教育孩子时的一些问题，同时建议她多向其他家长学习。当局者迷、旁观者清，很多家长给她提出了好的建议以及自己在遇到相同问题时会采取什么样的解决方式，小左妈妈听了恍然大悟，找到了自己在教育孩子的问题上可以改进的地方。

更为可喜的是，家家之间的关系已由原来的任务驱动式变成了联动式，几户家庭经常相约一起去参加社区活动、公益活动等。很多学生和家长写出了自己的心得体会：

> 炎热的暑假，我和小伙伴及爸爸妈妈们一起去了上海市交通学校和上海市商业会计学校，在这两所学校我体验了模拟银行业务和驾驶大轮船。船舱驾驶室真大，我因为个子不够高，有的操作杆都碰不到，所以我以后一定要多吃饭，不挑食，快快长大去驾驶大轮船！暑假小达人体验活动真开心！希望明年再参加！
> ——摘自小陈同学的个人门户网站
>
> 小孩的健康成长完全取决于家长的鼓励与引导，通过一系列的学习和实践，小孩在尊敬长辈、关心他人、行为自律、生活自理上取得了很大的进步，也学会了主动和别人交流。我觉得作为家长，应该利用一切空闲时间陪小孩，去做一切对社会有益且力所能及的事。事情大小不重要，重要的是要有意义。任何一个人的成长完全受周围环境影响，一个良好的生活学习环境能塑造一个品德思想优良的人，对小孩的成长有很大的帮助。作为家长，我们会利用节假日和休息时间经常带小孩参加社区的活动，为小孩的健康成长打下坚实的基础。
> ——摘自一位家长在家长社群活动后的感想

一段时间下来，个人门户网站不仅建成了，一(1)班家长之间还形成了家长社群，大家就相关主题定期定点相互切磋交流，形成了家家联动的一个新格局：它不仅促进了家庭与家庭之间的互相沟通，让家庭教育成功的家庭带动同类其他家庭，互相交换家庭教育信息，而且让更多的孩子得到良好的家庭教育，共同提高家庭教育水平。

项目意义

一、满足家长交往需要,生成家长教育新方式

交往是人得以存在和发展的一个重要前提,交往在人们的生活中具有重要的作用和意义,对人类社会的整个发展也发挥着重要的推动作用。[①] 而家长的本质属性是人,这在根本上决定了家长需要交往。

家长的交往主体多样,而家长主体间的交往具有必然性。首先,孩子的家长这一相同的身份拉近了家长间的心理距离,在一定程度上会产生角色认同效应:从意识、情感、行为上认同所属群体。其次,家长对孩子有很高的教育期待,包括对学业成绩的注重。[②] 这一相同的教育目标会促使家长间进行交流、互动、分享。最后,一般情况下,学校会定期组织家长群体活动,如家长会、家长开放日等,这些家长群体活动为家长建构交往网络提供了桥梁。另外,在互联网盛行的时代,网络为家长之间的交往提供了便利。

本章中所指的家长社群就是广义上的由于家长间的交往而形成的家长社会群体。毫无疑问,家长社群的形成为家长间的交往提供了新的场景,在一定程度上可以满足家长的交往需要。

目前,我国家长教育的方式单一,倾向于采用一对多的讲座形式开展。[③] 讲座形式便于把系统性的知识传输给家长,同时又把实践性极强、特殊性明显的家庭教育局限在一般科学知识的静态水平。在家长社群内部,家长基于个体的家庭教育实践,从他们最为关心的教育问题出发以非正式的组织形式提出问题、分享经验,是极为常见的现象。此种形式为家长教育儿女知识的获得、处理家庭关系技能的分享提供了一条新的路径,同时促使其自身素质得以提高,生成新的家长教育方式。

二、聚焦孩子成长主题,提升家庭教育品质

孩子成长这一主题是每一个家长、每一位教育者都最为关心的领域。"父母是孩子的第一个老师,孩子从幼儿园、小学到中学时期,大部分是生活在家庭里,而这正是孩子们长身体、长知识,培养性格、品德,为形成世界观打基础的时期,父母的

[①] 张文秀. 基于马克思的交往思想探讨网络对现实人际交往的影响[D]. 上海:华东师范大学,2014.
[②] 李家成,王娟,陈忠贤,印婷婷,陈静. 可怜天下父母心——进城务工随迁子女家长教育理解、教育期待与教育参与的调查报告[J]. 教育科学研究,2015(1).
[③] 吴涤. 当前我国家长教育问题研究[D]. 金华:浙江师范大学,2011.

一言一行都给孩子深远的影响。"所以,家长家庭教育品质的提高,对孩子的成长意义重大。

一方面,在家长社群内部,由于家长间的互动、交往,有可能实现家庭与家庭的结对和联动。这样,在优质家庭教育资源的引领下,结对的另一方家长有机会直面并反思自己的家庭教育问题,寻找家庭教育问题症结所在;同时,家长们能从其他家长身上看到其他家教方法的可取之处,从而扬长避短、及时纠正偏差,形成开明、民主的家教风格。家家联动使优质的家庭教育资源得到开发、共享,更总结、升华出了许多家庭教育智慧。

另一方面,实际上,通过家家合作,学生能够更好地参与社区生活,提高生活能力、交往能力、社会适应性。尤其当代的孩子多是独生子女,他们生活视野狭窄,业余生活单调,通过家长社群实现家长间的互动,进而拓宽孩子的空间,使孩子有机会接触其他家庭的生活、教育模式,同时有了更多的学友和玩伴,使孩子在"同龄人社会"中成长,从而加强孩子待人接物、与人相处的社交能力。同时,孩子也在此过程中重新认识家长、改善亲子关系,并学会与其他父母交往。

三、有利于扩大教育影响,促成学校整体变革

通过家长间的互动、家长社群的运作,一批家长会影响甚至改变一些曾经干涉、阻碍学校整体变革的家长。家长也会将教育影响扩大到学校,促成学校整体变革。

最为明显的是,家长素质的提升、家庭教育品质的改善必会影响学校教育。家庭和学校是孩子成长最为关键的主体,二者的合作是时代使然,也是遵循教育规律的结果。家长素质的提升,一方面会对孩子成长产生积极影响,进而会对孩子的学校生活产生连锁反应;另一方面,家长会直接参与到学校的日常运作中,包括教学、安全、评价等领域,促成学校的整体变革。

在一定意义上,家长社群的意义已经超出了家庭教育,延伸至学校教育。这就需要回到原点问题,即重视家长社群的规范、有序、多元发展。

社群①(community)所指的是在某些边界线、地区或领域内发生作用的一切社

---

① 李万全.社群的概念——滕尼斯与贝尔之比较[J].社会科学论坛.2006(6).

会关系。家长社群即广义的家长社会群体,包括特殊孩子的家长自发组织的家长俱乐部、家长互助会等。在现实中,家长小团体通过聚餐、茶会甚至路边的闲谈等形式皆在孕育家长社群的形态。家长社群方式开发家庭教育优质资源,实现资源共享,智慧共启;有利于家长更加客观、公正地了解自己的孩子,使家长在家教方式上取长补短。

基于对家长社群的理解,为了让家长主动参与社群活动,不断提升家庭教育质量,在实施过程中,可从以下几个方面展开:

一、明晰家长社群的多元形态

目前,关于家长社群的研究尚未引起研究者以及实践者的重视。在已有的研究中,多是对一种家长社群的简单介绍,缺乏系统性的整理、评述。而实践者从认知上对家长社群形态的清晰表达,是发挥家长社群积极教育影响的前提。

(一)家长自发组织的社群

交往的日常化,为家长自觉形成家长社群提供了现实条件,同时,这也决定了此种家长社群的日常化、情境性、非正式的特点。

家长的独特性,映射着家长自发组织的社群存在多样性。

最近,一种较适合工薪家庭的家教方式,在北京、上海、成都、武汉等城市被不少家长采用,这就是新型家教——联合家教。[①] 联合家教是家长自发组织的家教联合体,它是让年龄相近的孩子的家庭联合起来,定期去有一方面特长的家庭里去学习知识、技能,并由那位家长担任家教重任。在这个联合体中,父母教的不仅是自己的孩子,同时,自己的孩子也接受其他家长的教育。联合起来做家教,不仅节省了经济开支,而且潜移默化地影响着孩子的学习方式、交往方式。联合家教方式下,各家庭取长补短,尝试不同的家教风格,并反思自己的家教,使家庭教育更顺应孩子的成长规律。

相信大多人儿时都有过这样的经验:几个家庭一起去旅游,周末的时候一起去聚餐,放学后一起在家做作业、娱乐……所有的一切,以教育的视角去审视,家长功不可没。家长为了让孩子有快乐的童年,拥有孩子应该有的一切,不谋而合地建立联系;从一定意义上来说,正是家长沟通、策划、组织着孩子多姿多彩的童年生活。

家长自发组织的社群目的性强,且以家长的志趣相投为成立基础,活动易组织、开展,对孩子影响深远。

(二)学校主导的家长社群

家长委员会在我国并不是一个新生的事物。家长委员会的实然状态是怎样

[①] 德和.联合家教——值得尝试的家教新选择[J].好家长,2006(15).

的? 通过研究可知,①家长委员会的组织机构并没有达到完全覆盖,且存在很大的地区差异,不同层级的家委会之间沟通、联系少,相关的成员培训落实不到位。由于没有制度保障家委会权力,缺乏条例对其职责进行规范,同时学校对教育权力、学校事务的掌控以及家长权力意识的缺乏,家委会处于尴尬的境地:有很大一部分家长对家委会的设立与否并不知情,甚至有的家长没有听说过;家委会委员也不是由全体家长选举产生,很大程度上是学校直接指派,成为学校的附庸,发挥不了应有的作用。

因此,学校要以平等的眼光尊重家长委员会这一组织,并真正发挥家委会该有的作用,让其成为学校发展的好帮手。更有意义的,是通过家委会等组织,促进家长之间的交流、互动。

(三) 以网络空间为平台的虚拟家长社群

虚拟社群是随着信息技术的发展、互联网的普及而出现的。其中,家长们以网络为纽带编织的交际圈日益壮大。② 家长们究竟依附哪些网络虚拟平台交往? 繁荣景象的背后是否"另有隐情"?

此种家长社群形态多样,操作简单、成本低。家长们通过 QQ 群、微信平台、家长论坛、家长社区等渠道沟通、交流,其中还出现了家长圈、家长社区微信公众号如上海家长说社区、智慧妈妈家长社区等,③家长们只需添加公众号,就可以轻松分享其中的内容、交流自己的想法。家长几乎不需要任何物质成本,就可以轻松加入社群。

网络的虚拟特性,决定了寄居于此的家长社群的复杂性。其中,家长社群准入标准不一:有以学校、年级、班级、甚至社区为选择标准;有的则无需认证,任何人都可以进入。家长的目的也错综复杂:交流信息、分享经验,同为家长、发泄压力,抱团取暖、迎战升学。家长社群内部成员交流频率差异很大,表现活跃的家长是很小的一部分,大部分家长处于潜水状态。

上述三类家长社群的形态,不是绝对对立、彼此隔绝、互不影响的,相反,三者是紧密相关的,如 QQ 群可能被同时运用于家委会以及家长自发成立的社群中。家长社群三类形态是按照历史的脉络,以家长、学校、网络出现的时间顺序为参照,梳理出不同时期主要的家长社群形态,同时,在每类家长社群形态的内部,又可以分离出不同的家长社群。尤其是在终身教育的背景下,存在无限的潜在的学习、教

---

① 房倩倩.我国中小学家长委员会的现状分析及改进策略[D].长春:东北师范大学,2011(6).
② 吴刚.家长们的网上"群居"生活[J].妇女生活(现代家长),2013(5).
③ 家长社区微信公众号[DB/OL]. http://weixin.sogou.co/weixin?type=1&query=%E5%AE%B6%E9%95%BF%E7%A4%BE%E5%8C%BA&ie=utf8&_ast=14159 67104&_asf=null&w=01019900&cid=null&sut=2747&sst0=14.

育资源,重要的是主体能否正视自己的未完成性,开启学习自觉、成长自觉。

二、引领家长社群的积极发展

需要说明的是,以学校为主导力量而形成的家长社群形态,如家长委员会、家长学校、家长会等,本书将其归为学校的组织建设方面。本章所指的家长社群包括在学校的引领下以家长为主导所形成的家长非正式组织,也包括家长们自发形成的家长社群。站在教师以及学校管理人员的视角,引领家长社群的积极发展,以下几方面是无法规避的:

(一) 全面了解家长及其家庭

家长是家校合作中的核心力量之一,也是组建家长社群的根基。全面了解家长及其家庭的情况,对于有针对性地开展家校合作、引领家长社群的组建有其必要性。而问卷调查是快速、全面、客观了解家长及其家庭信息的重要渠道。

以上海市 Q 小学一(1)班班主任对班级所实施的家校互动情况进行的调研为例,该次调研采用了北京师范大学认知神经科学与学习国家重点实验室所编制的科学问卷,采用问卷调查的方式,通过对报告中的各种测评结果数据进行横向和纵向解读以及与自身预期结果进行比较,可以了解到班级在家校合作工作中存在的问题,并基于分析结果开展反思改进活动,有针对性地改进家校合作工作并组建家长社群。

调研共包括两个部分:第一部分主要是家长和家庭基本信息调查,包括家长职业、学历、家庭结构、流动留守、家庭教养方式以及所在社区等,由家长作答;第二部分主要是家校合作情况调查,主要为家长卷。家长卷包括家长对家校合作工作的认识、参与家校合作活动的情况和满意度、参与家校合作制度建设的情况、对学校和班主任的期望以及对家校合作工作的总体满意度等。

【主要障碍】

1. 由于家长水平参差不齐,部分家长对问卷中的部分题目不懂或不愿意表明真实情况;如大部分家长在问卷中选择培养孩子的责任心很重要,生活中只要能让他们做的事情,就让他们自己做,让他们努力分担一定的责任。但是从孩子们的实际表现来看,事实并非如此。很多孩子不会整理自己的书包,遇到不能解决的问题依赖性特别强,而这些与家长们所表达的恰恰相反。

第十二章
家长社群：家家互动，拓宽时空

2. 问卷设计广度与深度有待进一步改进。除了对家长和家庭基本信息及家校合作情况进行调查，还可以从家庭教育等方面，如家长觉得最成功的一次教育、最失败的一次教育、最需要的帮助等，再详尽展开。

【相关保障】

1. 班级中比较有威信的家长出面沟通交流，打消其余家长的顾虑；与班级家委会交流，多数家长会放松戒备，更愿意表达真实的想法。
2. 问卷设计可以咨询有关方面的专家，创造有利的外部条件。

通过问卷调查，教师对家长及家庭基本信息有了总体的了解，为动员家长们的互动、沟通，组建家长社群提供了科学依据。如在调研中，教师发现家长知识水平和教育观念相对滞后，初中文化水平占将近一半（47%），大专及本科生所占比例仅为11%，而研究生仅一人。由于家长文化水平参差不齐，对孩子期望也就有差异，主要集中在品德行为、良好习惯、学生成绩三个方面（见表12-1），其中对孩子的学习成绩的期望还是比较高的，48%的家长希望孩子的成绩排在班里前十名，63%的家长希望孩子的学历能达到本科水平。值得注意的是家长对孩子的家庭教养方式由传统的惩罚、放任转为以鼓励主动性为主（见表12-2），说明家长的教育观念在改变。

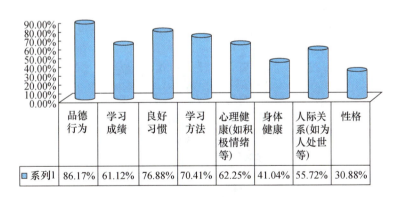

图12-1 家长对学生各方面的关注

图 12-2　家长对学生的家庭教养方式

（二）推动家长社群的建立

通过对班级家长文化水平、家庭教育理念、亲子关系等基本信息以及家庭所在社区的全面了解后，接下来就要思考以何种方式集聚家长的力量。

1. 通过多种活动，提升家长素养

教师不再是主导，而是家长们自发依据孩子的年龄特点组织一些有意义的活动，家家联动，实现资源共享，智慧共启。以 Q 小学为例，一方面，教师鼓励家长积极参与学校的家长会、家长学校、家庭教育座谈会、菜单式家庭教育讲座、亲子活动等各类现代家庭教育活动（见图 12-3、图 12-4）。通过这类家长群体活动，为家长之间的沟通、交流创造机会。另一方面，教师还利用家庭教育论坛、家长培训、家长学校等途径开展个案研讨、困惑研讨、焦点研讨等，从不同角度给予家长有针对性的家庭教育指导，不断改善家庭育人环境，并深刻理解家长间互动的价值。

图 12-3　Q 小学家长社群活动现场

图 12-4　Q 小学家长读书交流会

2. 以网络为依托,初步建立多形式队伍

现在家长以 80 后占主导,文化程度比较高,吸收新的事物快,绝大多数能很好地掌握信息技术。以班级名义组建的 QQ 群、微信群、飞信群,为教师了解家长,家长了解孩子以及家长之间相互了解和学习提供了虚拟平台。Q 小学正是利用了网络平台的特点,先以班级为单位建立起家长社群,进而推广到全校。一开始,教师和家长沟通孩子在校的学习情况,通知家长家庭作业的布置等是主题。随后,教师应提出一些常见的教育问题,激发家长们与教师们展开讨论。通过这些虚拟平台的运行,会发现班级中不乏教子有方的家长,他们提供的建议往往具体实在、切实可行。例如,针对"孩子做作业速度较慢"这一问题,家长们积极参与讨论,许多家长都或多或少地谈了一些做法与体会。有的家长说:"给孩子规定好时间,旁边放个闹钟,闹钟一响就不要再让他写了,如果他没有完成第二天老师会批评也没关系,要让孩子从小明白要为自己的行为负责。"还有的家长说:"给孩子们一个安静的学习环境,桌子上只留一支笔,一块橡皮,其他的东西都不要放,这样孩子不容易分心。"

通过一段时间的交流,家长之间逐渐熟悉,平台的主导权逐渐转移到家长身上。很多热心的家长开始自发组织各种活动,在群里号召大家参与。

> 学校附近成立了一个儿童城,班级小徐的爸爸立即在群里广播,询问有意向的家长:"大家带着孩子一起去,既可以当作一次亲子活动,孩子和同伴们一起也不至于太过无聊。"
>
> 广播一出,得到了很多家长的响应,很多孩子在周一的晨会课上提到周六在儿童城和同伴们一起玩耍,依然很兴奋。

> 其中小陈说到:"我们一起拼乐高的积木,爸爸妈妈一组,小朋友一组,我拼了一个变形金刚,小徐拼了一个喜羊羊,很开心。"
>
> 小赵的爸爸也说到:"仿佛回到童年,孩子们的想象力真的很丰富,大人们都比不过。"
>
> 小陈的妈妈也说到:"参加这个活动后,孩子回去跟我说很开心,我问他为什么,他说因为妈妈陪了我一天,可以和妈妈还有很多小朋友一起玩,所以很开心。我们平时忙于工作,忽略了孩子,有时孩子喜欢什么,在学校里发生什么事情都不知道,真的很惭愧,这样的活动应该多组织,多参加。"
>
> 经过这次活动后,越来越多的家长参与到这种家家联动的活动中来,如端午节,几家住得比较近的家庭在小汪爸爸的组织下一起包粽子;植树节,小苏爸爸组织几个家庭去公园里放风筝等。
>
> ——摘自某教师的记录

值得注意的是,家长委员会是学校的正式组织。班级家委会每学期都会制订相应的计划,使很多活动更有可操作性,使家长们明确了一学期的相关活动及活动的目的和对孩子的教育意义,因此家长参与的积极性更高。家长委员会所开展的系列活动会促进家长社群的发展,形成小规模家长的汇聚。

(三)建立家长社群运行机制

首先,因为孩子所在年级的高低而形成了不同年段的家长,同时现代家庭存在多种类型:单亲家庭、隔代教育家庭、经济困难家庭等。因此,针对不同类型的家庭开展家长社群工作,更具现实性。从学校层面出发,应对不同类型的家庭进行特殊的培训。例如,上海市 Q 小学开展了针对一年级家长与二年级家长、行为习惯养成成功家庭与不成功家庭、隔代教育成功家庭与不成功家庭、单亲家庭之间、特困家庭的培训工作,同类型家庭的培训使家长易产生共鸣,并推动社群的自发建立。同时,在同类型家庭联动活动中,很多共性问题的成功解决的方法得以共享,个性问题得以商讨。

其次,家长的居住地址、生活习惯、兴趣爱好等是有差异的。在初始阶段,教师可促成个案家庭的结队,尤其是居住社区、生活习惯、兴趣爱好等相同的家庭。教师可在成功结对的基础上根据家庭的特点为他们设计或建议他们开展不同形式的联动活动,如开座谈会、打电话、一起参观、一起学习、一起游戏、一起旅游等。当家长们逐渐熟悉,家长社群逐渐稳定后,可依据自己和孩子的需求自发组织和尝试不同的活动,推动家长社群由原先的任务驱动式到最后的主动参与式,促进家长的变化和成长。

例如，某教师在三八妇女节时，组织了"DIY，show 出我的爱"主题活动（见图 12-5），部分学生在爸爸妈妈的带领下到小左家里制作精美的贺卡送给妈妈和老师；再如，在信息网络比较发达的社会，孩子们接触外界新鲜的事物较多，而对于传统文化节日的目的和意义不甚了解，为了加强对孩子们传统文化的教育，家长们聚集在一起，为孩子们举行了"鲁冰花家庭教育庆端午节"的亲子活动。当天，很多孩子与家长比赛包粽子，现场其乐融融。

图 12-5 "DIY，show 出我的爱"学生作品

那么，如何像上面案例中的教师一样，创新家长社群的活动形式，使得活动不仅有教育意义，而且不失趣味性呢？

首先，应选择适合儿童心理年龄特征的主题。如一年级的学生在认知发展方面以形象思维为主，想象力比较丰富，喜欢图画类的刺激的游戏活动以及动手操作实践。

其次，活动形式不能单一，要体现多样化、参与性、趣味性。家长们要借助于现代化的设备和手段，将活动内容具体化，体现多层次、全方位的感官刺激，给孩子们留下直观深刻的印象。

充分利用学校组织的各项活动，活动的内容可以是学校活动的延续。学校活动有时会受到时空的限制，再加上家长对活动内容的不了解，使得很多活动对孩子的教育效果不那么显著。家长们可以通过班级 QQ 群等及时了解学校近期活动，后续跟进，使教育意义最大化。

如 Q 小学 2014 年 9 月份的学生活动主题是"家规、家训、家风尚"，小陈妈妈觉得这个主题很有价值和教育意义，决定组织班级的家长和孩子们一起制定每家的"家规"和"家训"，形式不限。提议一出，班级群里立刻炸开了锅，家长们纷纷响应，其中小徐的爸爸分享了一则小故事：

> 妈妈给我买了一个新水壶，又时髦又可爱。我一看就爱不释手，真想立刻就用。可妈妈一字一句地说："你那个机器猫水壶还很好呢。"
>
> "哎——"
>
> 可我被新水壶迷得神魂颠倒，跟在妈妈后面不停念叨着。妈妈不胜其烦："好好好，如果有人肯用你的旧水壶，你就去用你的新水壶吧！"
>
> 我一听便把头转向爸爸，眨巴着大眼睛，露出一副可怜巴巴的神情。爸爸也朝我眨眨眼睛，一挥手说："我来用旧的，给因因用新的！"我使劲忍住笑，飞快地把旧水壶塞到爸爸手上，然后大笑起来。因为我实在想象不出爸爸用机器猫喝水的模样！
>
> 妈妈呆了几秒，摇摇头说："不行，你不能太宠她。"
>
> 爷爷看我们讨论得激烈，也走过来："你们在说什么？我正好想要一个水壶。"妈妈没好气地说："爸，这是一个吸的水壶。"爷爷一听更来劲了："那更好，我一直想要一个带吸管的水壶！"
>
> 这下妈妈彻底无语了，爷爷"真的"要用旧水壶！我理直气壮地拿出新水壶，洗干净，灌上水。
>
> "吱——"我狠狠地吸了一大口水，啊，好甜！里面还有一股爱的味道……

【主要障碍】

1. 家长群体结构松散，活动的顺利开展更需要靠组织能力强的家长去策划、实施，尤其系列性的教育活动需要能力强的家长。但家长能力有限，许多活动达不到应有的教育效果。

2. 部分家长认为太多活动会对孩子的学习造成很大影响，在家长社群中传染焦虑情绪。不是每个家长都能理解活动背后的教育意义。

3. 家长因社群内存在因私泄露的隐患，参与的积极性不高。如一些活动需要填家庭住址、工作单位、身份证信息等，家长考虑到个人真实信息暴露太多，不愿意参加。

4. 很多家长组织的活动仅停留在"玩乐"层面，对活动本身对孩子的教育意义即孩子们通过活动懂得了什么，在哪些方面得到了成长关注较少。

【相关保障】

1. 就近原则，促成家长之间的交往。先从能力强的家长入手，带动其他家长参与，并使家长在参与中成长。

第十二章
家长社群：家家互动，拓宽时空

> 2. 学校定期组织家长参与家庭教育培训活动等,提升家长们的家庭教育理念及素养;在参与的过程中,可以实现家长的相互影响。
>
> 3. 实行严格的家长社群准入制度,把安全隐患降到最低程度;同时,当涉及较为隐蔽的信息时,教师应及时有效地介入,充分尊重家长的意愿。
>
> 4. 教师可以引导家长社群开展有教育意义的活动,同时引领家长发现活动背后的教育意义。

作为对教育及其结果的认识活动不仅要发现学生在教育中学到了什么东西,而且还要判断这些东西具有什么样的价值,即不仅要进行教育的事实判断,而且还要进行教育的价值判断。"家家联动"亦是如此。

由于家家联动是一个新的提高家长家庭教育素养、提高家庭教育质量的有效途径,没有成功案例可参考,加上原有的家庭教育工作成效不够显著,因此家长对这种提高家庭教育质量的新方法还不认可,表现为参与的热度不高,支持的热情不够,坚持的时间不长;联动的形式单一、联动的内容单一。所以,应重视对"家家联动"的评价,确保评价的适用性和科学性,促进评价工作健康有序发展,并最终促进"家家联动"有序高效运行。

建立多元评价制度,有利于我们对"家家联动"成效评价的全面性。为此,在评价的过程中,应注重评价主体的多元化、评价内容的多元化和评价价值的多元化,通过过程评价使每一对联动家庭在联动的过程中不断地调整策略,不断体验进步与成功,反思不足,从而获得长足的发展。为了促进家庭在评价舞台上充分地认识自我、发展自我、超越自我,促使家庭智慧的生成、情感的涌动、心灵的放飞,为家庭全体成员生命成长奠基,要重视建立基于促进生命质量提高的评价机制。

除此之外,为了激励家长参与家家联动活动的热情和激情,主动参与,提高联动的有效性,激励机制的使用具有必要性。激励的使用可以大大调动一部分想联动但又有种种顾虑的家庭组合,为提高联动质量提供制度上的保证。

> 【主要障碍】
>
> 1. 由于家长水平参差不齐,部分家长由于自身能力有限,或者对活动重视不够,因此参与的效度差异很大。同时,越是积极参与的家长,孩子在个性、知识面、解决问题的能力等方面往往越优秀。

2. 相关机制广度与深度不够。许多活动还是处在不断摸索、尝试阶段,因此在活动中出现了许多没有预设到的问题,这对家长的应变能力提出更高要求,教师和家长们只有在实践中不断地摸索和完善这些机制。

【相关保障】

1. 学校可以根据每个班级所出现的问题进行统筹协调,如进行跨年级家长社群的结对,"哥哥姐姐"带着"弟弟妹妹"参加家长社群活动。

2. 发挥家委会的正面引领作用。在活动过程中出现问题在所难免,当活动没有达到预期效果时,家长们难免会"泄气"。此时需要家委会成员在家长群中积极散播"正能量"。

3. 出现问题后可以咨询有关方面的专家。

三、唤醒家长群体的生命自觉

支撑起家长自发形成社群的核心支点之一,是为了孩子更好地成长。然而,家长群体对于自身权利、主体发展并没有清晰、完整的认知。究其根源,与家长对学习者角色的漠视以及家庭教育对孩子成长的功能定位弱化密切相关;家长对学校教育的认同、跟随以及家长成长自觉的钝化也是其现实原因;也与学校"教育主导者"的传统定位不可分离。

(一)营造氛围,促进家长社群多元化、规范化、有序化

家长社群是家长群体传播生活智慧、分享家教秘诀的平台;是提出成长难题、集思广益的大讲坛;是开阔眼界、融汇多元教育的思想圣地;是交往互动、反思自我的新场景。家长社群是家家合作,探索家校合作新机制的尝试;是孕育教育可能、生成教育资源的源泉;是唤起主体自觉、实现再成长的能量宝库。总之,多元化的家长社群,为家长的发展提供了无限可能。

家长是家长社群中的核心主体,其认知倾向在一定意义上决定了社群内部的交往内容、教育意义。唤起家长自主发展的意识,正视自己的学习者角色,积极开发、孕育、生成家长社群的教育资源,这也是多元形态的家长社群能够促进家长发展的内部前提,是家长社群规范、有序发展的根基。应正视家长社群的实然状态、预设应然状态,实现其转换,创设更多的有利于家长发展的外部条件,最终促进其成长。

在终身教育的背景下,家长社群的规范、有序、多元发展,为形成新的学习共同体提供了可能,为学习型社会的构建提供了一条可行路径;家长社群的规范、有序、

多元发展,会促进家长的主体发展、生命自觉,对孩子的成长产生间接的指导作用,这也是本章的意义之所在。

(二) 充分发挥学校教育力量,促成家长生命自觉

在当代背景下,家长和家长社群之间并不是简单的线性关系,在一定程度上,家长主体间的交往内容、形式、深度以及家长社群的发展形态、内容架构、活动频率都受到学校无形的导向、甚至控制。学校这只"无形的手"在家长社群的发展中、在唤醒家长生命自觉的过程中,如何实现其应有的积极影响,将是影响教师成长走向、家长主体间交往质量、家长社群形态发展的隐性抓手。

首先,从促进儿童发展这一学校教育的终极目标来看,家庭是孩子成长的重要场域,家长素质直接影响孩子的成长状态;家长自身的发展,也是在为孩子发展打好底色;①学校、教师应积极利用家长社群、家校合作的各种平台去引领家长发展,进而才能为孩子的发展集聚外部力量。

其次,教师要以专业性的视角认同、捕捉、利用家长身上所蕴含的"教育专业性",积极引导、促进家长主体间的良性交往,自觉运用信息技术的辅助手段,开发、构建、规范家长社群的建设。

最后,学校要以素质教育为导向,实现学校的变革。这样,家长的视野才能突破分数的牢笼,去发展、提升自身,同时为孩子的成长积累教育智慧;家长才能认识到教育的真谛,才能促成其生命自觉,实现其生命价值。

总之,家长社群的现存状态与家长生命自觉的缺失有一定的相关性,家长社群的发展与家长生命自觉二者之间相互影响、相互作用、互为条件,家长、家长社群在一定程度上是受学校影响的,所以,通过学校利用家长社群,引领家长发展,唤醒其生命自觉,同时为社群的发展提供导向,是极其必要的,唯有如此,家长才能自觉利用家长社群发展自身,最终,为孩子更好地成长提供优质的教育力量。

拓展阅读

在家长研究中,家长多和"孩子成长""家校合作"等关键词有关联;在家校合作研究中,多以家长参与学校教育为视角;在成人教育研究中,家长并没有受到应有的重视。关于家长社群的研究,处于起步阶段,相关研究很少。在实践中,也多是以学校为主导,促进家长社群的建设。

---

① 李艳,李家成.是家长的教育参与,还是家长的教育干涉?——论家校合作中教师与学校专业性的重建[J].班主任之友(中学版),2015(3).

一、国内家长社群发展

2014年4月29日,上海市金山区家长委员会联盟正式成立。其主要功能是完善家庭教育指导服务体系,探索家长参与教育管理的新机制;优化和规范区域学校基层家长委员会工作职能,提升基层家委会效能;整合区域家庭教育资源,发挥参与、指导、监督学校教育等方面的作用。

为拓宽辐射面,联盟还依托中国移动公司创建"我们的孩子"专题网站,作为金山区各校家长的交流平台。通过开设"成长树""亲子园""智慧谷""风采秀"等栏目,记录学生成长历程,同时发布家长关心的教育信息;开设网络专题讲座,提供专家在线咨询,组织开展各类学习型家庭共同体小组活动等,努力构筑家庭、学校、社会三位一体的和谐教育环境。[①]

值得注意的是,社区在家长社群的发展中也发挥着重要作用,如2015年6月28日上海市某社区的家长沙龙,[②]家长们就如何引导孩子良性竞争这一主题在社区管理部门的组织下展开了讨论。家长沙龙这一开放、自由的形式吸引了很多家长的参与。

二、国外家长社群发展

在英国,公益组织推行"学生步行巴士"方案。孩子们在两名以上大人的保护下,步行上下学。这两名"司机"是由家长自发组织的,轮流担负起护送孩子们的责任。"步行巴士"的路程一般不会设计得太长(通常是20分钟左右的行程),每个队伍可根据需要决定人数。"司机"会站在整个队伍的头和尾,和孩子们一样身穿荧光背心,手举信号旗。同时,"步行巴士"也设有"车站"(沿途可以让孩子们加入"步行巴士"的地点)和"接站时刻",方便家长们安排孩子的出行时间。

有了"步行巴士",走路上学就成了孩子们每天的第一堂课。"司机"会在沿途向孩子们介绍自己所在的城市、名胜古迹以及一些生活常识。不仅如此,孩子们还可以在路上讨论感兴趣的话题。长此以往,不仅锻炼了身体,还能认识一些新朋友。最新数据显示,"步行巴士"从上世纪90年代推行至今,每年都有上千名学生加入其中。近年,美国、澳大利亚等国家也在逐渐推行"步行巴士",得到了家长和孩子们的认可。[③]

---

① 聂荣鑫. 上海市金山区成立区域家长委员会联盟[J]. 基础教育参考,2016(16).
② 6.28 江川家长沙龙——引导孩子良性竞争. http://mp.weixin.qq.com/s?__biz=MzAxNTUx-NzQwMw==&mid=207099811&idx=1&sn=37024d4522741fa7ecc2982f8 2ebdb06&3rd=MzA3MDU4NTYzMw==&scene=6#rd.
③ 英国"步行巴士"送孩子上学[J]. 课程教材教学研究(幼教研究),2013(1).

由"步行巴士"方案集聚形成的家长社群为孩子的身体健康问题、出行安全问题提供了保障。在中国,家长社群的功能也需要发展,为现实的教育问题的解决提供帮助。

家家联动、家长社群具有重要的教育意义。从涉及的主体来说,首先,家家联动改变了教师,使教师改变了教育工作的思路与重心;其次,家家联动改变了家长,使家长提高了家庭教育的素养;最后,家家联动改变了学校,使学校的家庭教育指导工作走向新的起点、新的目标。这一切都将构成促进孩子成长的积极的教育力量。

但是,为了深化、拓展家长社群的教育价值,教师、学校以及相关的研究人员仍需继续思考:

一、如何深度理解家长社群与学校教育的关系?

家长社群与学校教育的双向关系问题是教师自发推动家长社群建设的基础性问题。一方面,家长群体是学生群体的重要他人,学校教育的目的之一就是为了学生更好地发展。通常情况下,学校为了促使学生发展,会直接作用于目标对象——学生,忽略最为重要的外部促进力量——家长,因此,学校能否将家长作为重要主体纳入学校教育的规划中,将成为影响学校决策、学生发展的重要问题。另一方面,学校的文化建设问题一般从学校内部环境、人员出发,学校对家长的态度,是否促成家长社群的建设并最终作用于学校,将直接影响学校文化建设的取向。所有这一切,都有赖于学校、教师以及家长从教育学的视角、从系统论出发,去深度思考家长社群与学校教育的关系。

二、家长在日常生活中是如何学习、发展的?

家长社群的发展更多地依赖于家长们在日常生活中去感知、发现并自觉运用无处不在的教育资源,提升自我,创生利于孩子成长的活动资源。而这离不开家长学习意识的觉醒,并积极参与学校培训等正式的学习机会,在日常生活中通过与人的交往自觉学习。学习意识的觉醒、学习行为的发生不仅是自发的,还需要学校教师的启发。当然,人是如何学习以及如何发展自身的等本质性的问题是值得学校教育者以及家长去探索并回答的重要问题。

三、在信息化时代,家长社群有什么作用?

当今时代,虚拟家长社群的发展与时俱增。从发展数量上来看,家长社群依托互联网以及信息技术在各种社交软件中获得了大发展;从家长社群所起到的作用来看,信息传递、个人经验分享、话题讨论成为家长社群的功能。从"量"上来看,家长社群的发展确实做到了与时俱进;然而,从"质"上来说,家长社群的功能需要扩大,并继续开发、规范,如家长社群中的讨论内容能否成为学校决策、国家政策制定的依据来源之一? 当然,这依赖于家长社群讨论内容的真实性、讨论主题的适切性以及家长群体的积极参与。

第十三章

家长学习：意识觉醒，自我更新

孙玉晶[①]　吴　青[②]

家长的自我提高对孩子的学习有很大的激励作用。笔者身边就有这样的一个实例。

学生沈同学的爸爸学历不高，在某学校当图书管理员。沈同学自记事时起，就记得总看到爸爸下班一到家，就坐在桌前叽里咕噜地念书。后来他才知道，爸爸是在学英语。

"爸爸，你到底为啥要学英语啊？"沈同学也不知道这样问过多少次了。

后来，爸爸见沈同学已经有些懂事了，就把他带到图书馆，拿出几本外文书，对他说："你看这本书上写的都是外国字，爸爸如果不认识这些字，就没有办法向读者推荐和介绍外文书刊了。"

沈同学这才明白，爸爸是为了把工作做好。爸爸接着说："你不是想长大了要当科学家吗？当科学家就要学好外语。"从此，沈同学也喜欢起外语来，让爸爸教他。

有一次，他爸爸生病，要住院动手术。沈同学听说后心里很害怕，他猜想爸爸一定会痛得很。可是，当他跟妈妈一起去医院看望爸爸时，出乎他的意料，爸爸半躺在病床上，正捧着一本外文书专心致志地看呢，哪里像是在治病？妈妈见了，直着急，数落、唠叨个不停。

他的爸爸却笑着说："光阴如流水，一去不复回。躺在这里没事，不正是个学习的好机会嘛。"一句话说得沈同学心里很难受，他依偎在爸爸身边哭了起来。他被

[①]　孙玉晶，上海市闵行区育苗小学语文教师，教研组长。
[②]　吴青，上海市闵行区育苗小学英语教师，教研组长。

爸爸这种刻苦学习的精神深深地感动了。

回家后,沈同学就给自己订了个学习计划,一分一秒的时间都要抓紧。

有一次,沈同学身上长了个脂肪瘤,也要住院动手术。经妈妈好说歹说,沈同学才同意住院。去医院前,妈妈从街上买来了罐头、糕点、麦乳精等十多样好吃的东西,装了鼓鼓囊囊一大提包,准备带到医院给沈同学吃。没想到,到了医院,妈妈把沈同学安顿好后,打开提包一看,竟然是一提包的书本。沈同学看着妈妈惊愕的面孔,扭过脸儿,"扑哧"一声笑了起来。原来是沈同学在来医院前,悄悄地把东西换了。

沈同学以他爸爸为榜样,珍惜学习机会和资源,自然成绩非常优秀。不少家长问沈同学的父母是怎样教育孩子的。沈同学的爸爸很为难,怎么也讲不出个所以然来。沈同学的妈妈倒是体会很深。她常对来访的客人说:"要说经验嘛,只有一条:孩子踩着爸爸的脚印走,爸爸是儿子的镜子,儿子是爸爸的影子。"

应该说,这话说得很中肯。不过,总还觉得没有点到实质之处。因为在绝大多数家庭中,爸爸总是儿子的镜子,儿子也总是爸爸的影子。不是有许多儿子跟着爸爸学赌钱、学抽烟、学酗酒吗?这些家庭中,"镜子"不好,所以"影子"也歪了。在沈同学的家庭中,好就好在"镜子"有着明确的目标,是自觉的"镜子",所以"影子"也就目标明确,也就很自觉。

这说明,不论家长是否想过身教,身教总是在发生。做父母的一定要明白,给孩子良好的身教,是给孩子极好的礼物。一个好的家长,应把教育的重心由教育孩子放到教育自己上来。家长的自我教育不仅是对家长知识与能力的提高,而且也是生活质量的提高。家长成功的自我教育的经验和教育子女的经验,还可以跟其他家长交流,这样会让更多的家长受益,从而形成家长间的相互教育。

在此意义上,教师努力发现家长学习与发展的资源,努力唤醒家长的自我教育与相互学习意识,努力成就家长们的学习与发展新境界,就是家校合作工作的重要构成。

项目意义

一、直接促成终身教育思想的实现

"活到老,学到老"是终身教育思想的形象表达。中小学生的父母大都年富力强,远未到"老"的程度。但是,如果不投入学习与发展之中,事实上已经处于"老"的状态。

通过教师的适当介入,可以直接促进家长的学习意识觉醒与能力提高。这将直接体现终身教育的思想。教师可以鼓励家长与孩子一起阅读、一起探究、一起思考、一起努力,使家长在学习方面起表率作用,促进学习型家庭的建设。当一个个家庭发生变化,当更多的家长投入学习之中,也就是家校合作工作融入学习型社会的建设之中了。

二、直接促进家长的发展

家长的知识水平、教育意识和能力越高,越有利于科学地实施家庭教育,培养健康的子女。而对于绝大多数家长来说,都是在做家长的过程中学习做家长的,也更需要通过自我教育,借助当今社会所提供的丰富的教育资源,来提高自己的综合素质。在此意义上,教育工作者鼓励、帮助家长实现自我教育,提高其学习意识和能力,就是在直接帮助家长实现发展。

特别是对于进城务工随迁子女而言,在这方面的困难与问题更多。他们往往因忙于生计而忽略家庭教育,因不利的生存环境而承受较大的心理压力。因此,教育工作者更需要关心他们,并以教育工作者的专业立场与专业技能,为他们提供教育性的支持。

三、直接改进学生的家庭学习生态

家长对于孩子的榜样、示范作用是不用怀疑的。在日常生活中,教育工作者常常看到一些家长在教育子女时,缺乏耐心和方法,斥责和打骂子女的现象时常发生,家庭环境难以达到安全、温馨、积极的状态。而这是非常不利于儿童健康成长的。家长的言行举止,事实上在直接影响儿童的学习质量。

通过促进家长的自我学习,家长会有更多的自我反思和清晰的自我认识,会通过具体的学习改进自己的语言表达、行为方式和思维方式。在此意义上,也就有可能直接更新家庭的氛围,形成有利于孩子健康成长的家庭环境,形成共同学习的亲子新关系。

四、实现更高质量的亲师交往

当家长的学习意识增强、综合素养不断提升后,他们更容易理解教师的教育理念和方式,也更能在理解的基础上参与各类学校活动,如家长会、亲子作业、志愿者活动等。因此,教师不仅需要了解家长的基本信息,更需要了解家长如何在家庭和工作场所学习,清晰其学习资源,促进其学习,乃至实现教师与家长间的相互学习,最终建构教师与家长间的学习共同体关系。

在此意义上,教师帮助家长实现自我教育,既是助人,也是助己。

一、鼓励家长自我学习

学校教育工作者指导家庭教育的当务之急,是激发其学习与发展的愿望。这可以从观念入手,积极向家长宣传现代教育理念,并使之入脑、入心,形成正确的亲子观、人才观、教育观、儿童观,使之成为家庭教育的行动指南。

以对家长人才观的引导为例,教师需要利用身边的资源,促进家长的自我反思,进而形成新的人才观。在笔者任教的班级里,有两个学生家长,同住在一个小区,经常互相攀比,总希望自己的孩子超过"对手",似乎这样自己才有面子。家长常找到教师,不仅询问自己孩子的情况,也很急切地打听"对手"情况,致使两个孩子压力很大。作为教师,在热情接待家长来访的同时,也热情地介绍他们孩子的进步,诚恳地劝他们用平常心对待孩子,赏识孩子的优点,只要孩子有进步,就要鼓励,没有必要总是和别人的孩子比。在这一平等、自然的交流过程中,教师也鼓励家长向教师介绍孩子在家学习和生活的情况,共同商讨教子方法,较好地促进了家长对相关教育方式和方法的自我反思。

鉴于家长类型的多样性,也有家长会对教师说:"我把孩子交给您了,要打要骂您做主。"这看似对教师的绝对信任,但也暴露了家长一系列的观念问题,如没有把孩子视为独立的人,不懂得孩子有依法受保护和得到尊重的权利。有的家长不仅是口头上不尊重孩子,更是在行动上无视孩子的人格和主体性,事事替孩子做主,要求孩子绝对服从成年人的意志;只强调孩子听话,而很少倾听孩子的心声;只约束孩子,却很少约束自己。这时,教师需要更主动、自觉地与家长沟通、对话,促进家长的自我反思,帮助家长获得新的理念、形成新的思维方式和行为方式。

因此,学校教育工作者不仅要为家长排忧解难、指点迷津,而且要利用多种形式,积极鼓励家长以各种方式学习家庭教育的理论和方法,提高家长学习家庭教育知识的积极性,让家长学会"学习",学会教育孩子。

1. 让家长了解自己的家庭教育或亲子沟通困境,促进家长反思

很多家长在教育孩子方面心有余而力不足,往往抱怨自己的孩子不如别人的孩子好。在Y小学的四年级4班有这样一个案例:

陈同学很喜欢看电视,一天放学后,刚写了一会作业,想放松一会,她就对着妈妈说:"妈,能不能给我看一会电视啊?"可怜巴巴的一张脸凑到她妈妈面前,征询着妈妈的意见,眼里满是恳求。"行。"妈妈算是比较爽快地答应了她的请求,"但是你要好好完成今天的学习任务"。瞬间,陈同学那张充满欢颜的脸消失了,嘴里

嘟哝着:"说话又不算话,老拿电视当条件!"很不情愿地走进了自己的房间继续写作业。

电视其实是孩子了解世界的一个窗口,能给孩子带来丰富的体验,增强想像力,使用得当,便具有很好的教育功能。爱看电视是每个孩子的天性,家长老是拿来当作压迫孩子学习的工具,是不科学的表现。为了使家长能在自己的家庭教育中有所收获,教师通过交流,促使家长进行相关反思:

- 正确指导孩子看电视,教会孩子看电视的方法,如时间安排、内容选择,慢慢形成一种习惯后,他们自己就会主动去做。
- 成全孩子的爱好。成长中的孩子有许多爱好,对于这些爱好,家长要深入了解,判断对孩子是否有益,对于健康的爱好要有效地发展。
- 看完电视后引导孩子说一说自己的收获与感受。孩子对看过的内容,是有认识和理解的,家长不能放弃这样一个良好的机会,若利用得好,可以促进孩子的发展。
- 不要有太多的交换条件。在任何事情上都做交易,很可能造成孩子成长过程中的"被动状态"。

就这一案例,其实在每个孩子的身上都出现过,但是家长们的处理方法各不相同,这就需要家长反思,需要家长去学习。

2. 利用教育现场,帮助家长感受学习的必要性

2014年9月2日上午,新西兰教育部首席教育顾问、家校合作研究专家、新西兰奥克兰大学教授Stuart McNaughton来到了Y小学,主要考察Y小学"春雨计划"——家校合作亲子项目的开展情况。

他走进Y小学的二年级4班的课堂。在这里,班主任、部分家长和二(4)班的全体学生正在进行暑期亲子交流活动的展示汇报。他们在暑期,有教爸爸妈妈学习英语的,有和爸爸妈妈一起游泳的。听着这些可爱的孩子们用稚嫩的童音教爸爸妈妈学习英语,Stuart McNaughton教授饶有兴趣,连连点头称赞。

随后,Stuart McNaughton教授分别和老师、家长、学生进行了交流。学生们用英语和贵宾们打招呼。看着一张张天真无邪的笑脸,Stuart McNaughton教授忍不住和孩子们愉快地握手。这个时候的家长显得有些腼腆,他们也用孩子教他们的一些简单的英语和Stuart McNaughton教授相互问好。

这次活动之后,家长们有很大的感触,在班级的QQ群里发表了一些自己的感想,觉得自己的知识还是有点跟不上教育的步伐,作为新时代的家长,有必要多抽时间学习。俗话说,环境的熏陶是必要的,榜样的力量是无穷的。对孩子而言,环境和榜样具有潜移默化的影响力和感召力,而家长往往是孩子的"第一榜样"。一

一般来说,家长重视学习,文化素养高,家庭中充满学习求知的浓厚氛围,孩子耳濡目染,也会从小对学习产生兴趣,学习的成绩就比较好。反之,家长自身不爱学习,拒受教育,空余时间总是做些打牌、游戏之类的活动,又如何能培养孩子的学习情趣?

> 家长自我学习和提升不但会提升家长的素质,也会改善教师的工作质量。想要开展好对家长的学习指导,首先要得到家长们的支持和理解。另外,教师在与家长沟通前,或在对家长学习方法进行指导前,要看大量的资料,充分理解家长的特点,透彻把握成人学习的机制与心理,形成合理的方案去引导家长学习。

3. 挖掘家长教育行为中的资源,从点到面,鼓励家长自我提高

家长资源其实是一片肥沃的、待开发的土壤,这就需要教师机智地去开垦。家长们有着不同的职业,一定有着不同的经验和不一样的技能,教师应主动挖掘这份丰富的家长资源,为学生的教育服务。

例如,我们在开展"家校联合教研"活动前,可以通过家长搜集、整理一些教学所需要的资料、图片等;也可以让家长参与到备课环节中来,家长对孩子所要学习的内容进行仔细研读,然后发表一些自己的看法或者建议。

再如,在主题活动"变废为宝"中,教师鼓励家长和孩子一起收集废旧材料,共同完成一件小制作。家长更是发挥了自己的技能和聪明才智。李同学妈妈是做服装生意的,她便用自己的巧手,与李同学一起利用废旧布料制作了一条又大又可爱的鱼宝宝。郑同学的妈妈是做家具生意的,她与郑同学用废旧的包装盒制作了楼房、桌椅,别具一格。还有张同学,平时不爱动手,但在爸爸的带动下,用牛奶盒、瓶盖做了一辆小汽车。同学们在介绍自己和爸爸妈妈做的"宝贝"时,显得既兴奋又骄傲。

此时,教师可以大力放大这类资源,既鼓励这些家长继续努力,与孩子共同成长,也启发其他家长增强学习意识,通过实际行动提高自己的素养。

【主要障碍】
1. 家长的自我学习是一条漫长的道路,家长能坚持不懈地走下来吗?
2. 家长的自我学习目标是否明确?

> 【相关保障】
>
> 1. 教师要与家长时刻保持沟通联系,了解家长的学习进展,及时给予评价和反馈。
> 2. 提供沟通交流的平台。例如,当家长在学习的过程中,比较难以确定自己的方向,或者遇到某些学习和发展的相关问题时,教师可以通过各类正式与非正式的渠道提供咨询和帮助。

二、提供家长学习的资源和平台

有些家长并不是不想教育好自己的孩子,只是缺乏一定的方法。教师一定要理解与尊重家长。在通过各类途径启发和鼓励家长努力学习,激发其学习动机后,教师就要形成对于不同类型家长的理解,进而有针对性地提供不同的资源和平台,直接促进其学习行为的发生。

对有一定文化知识、有较强家教意识和独立性的家长,教师可以向他们推荐或提供一些专题文章或书籍,鼓励他们阅读,并向其他家长交流阅读体会;鼓励家长去附近的成人学校,如电大等,旁听、参加一些教育讲座。同时,多与家长交流,了解其需求和发展状态。在家长投入这类学习之后,教师要利用 QQ 群、家长会等公开场合予以反馈,帮助这些家长获得自豪感。

对于比较愿意与教师合作的家长,有一部分是懂得教育规律的。老师应和他们一起切磋,包括在家校联合教研活动中,在各类合作策划学生活动的过程中,虚心听取他们的意见和建议,一方面改进自己的工作,另一方面分享自己的学习与发展经验。还有一部分家长,是愿意与老师合作的,但因个人文化知识水平有限,往往不知如何去做。对于这类家长,教师更要主动帮助他们,向他们介绍科学的家庭教育知识和方法,直接提供指导和帮助。对于这类家长来说,具体的学习和发展平台就在各类合作之中,教师要主动与这些家长合作,推动这些家长在做中学。

针对在家庭教育中采取放任方式的家长,教师应认真分析家长"放任"的原因。对由于工作忙而顾不上孩子的家长,教师要主动抽空家访,创造家长自我反思和自我改进的契机。对于那些对孩子失去信心的家长,教师要及时将学生的点滴进步反映给家长,激发他们对孩子的信心。对一些具有特殊家庭结构的家长,教师更应注意方式方法。例如针对离异家庭,要劝导家长不要将仇视对方的情感传染给孩子,可推荐一些同主题的影视作品、新闻报道给家长。

针对不同的家长,教师一定要注意方式方法,要加强与家长交流时的前期准备工作和后期反思工作。例如,当教师与"护短型"家长交换意见时,要注意选择不会使他们难堪的环境,斟酌他们容易接受的语言,忌用刺激性语言;在谈学生缺点之前,先肯定学生的优点和进步,给家长留有面子,然后再指出存在的问题,研究解决的办法。这样分类交流的方式和有针对性的指导,往往更能激发家长的学习热情和积极性。

【主要障碍】

家长如果采纳相关学习建议,努力提升自我,总是会有进步的。但这个过程也是艰巨的,会出现很多困难和障碍。

1. 家长在时间安排上,可能会因为工作繁忙,而没时间、没精力再去开展专门的学习活动。

2. 经济上,有些家庭的经济条件并不是很好。即便是在上海这样的城市,也有相当多的外来务工随迁子女学校。这些家长们经济拮据,挣钱真的不易。他们觉得能支持孩子上学就可以了,不会想着再投资于自己的学习和提高了。

3. 家长的自我学习意识不足,对自己的要求不高,甚至大大低于对孩子的要求。

4. 教师在指导的方法上有点欠缺。特别是年轻教师,在和家长的沟通、联系上缺乏经验,可能指导的目的不够明确、方法不够合理,容易导致家长的误解,甚至对抗。

【相关保障】

1. 增强家长在工作中、在生活中学习的意识,使其转变学习观。

2. 合理安排时间。对于经济条件较差的家长,教师可以鼓励他们在生活和工作中学习,或买些书本自学。

3. 通过家长会,借助相关宣传手段,增强家长的学习意识,提高家长的学习自信心。

4. 教师也需要不断自我学习,提高自己家校合作及指导家长学习的能力。

三、树立家长学习的榜样

2014年暑假,笔者曾布置一份"亲子作业",要求学生与家长共同完成"钢笔字书写"这项作业。这是一个试图促进家长与学生共同学习的教育设计,但有许多家长不理解,甚至打电话质问:"这样的作业跟学习有什么关系,能提高孩子成绩吗?再说我们每天那么多事情,哪有时间陪你们'玩'?"

面对这种情况,笔者请几位家长做了一回"老师",让他们直接参与到班级活动中来,倾听学生对这类活动的体验和认识,并在班级QQ群里分享给其他的家长。这些家长们的参与,直接为其他家长提供了榜样;通过家长的信息分享,也直接改变了其他家长的认识与理解。

这样的榜样学习是必要的。

1. 直接利用学生资源,让发展水平高的家长成为教育其他家长的资源

例如,笔者在一次家长会上,特地请向同学的家长介绍自己的学习与发展经验。因为向同学是班里成绩非常好的学生,家长们几乎都知道这个孩子。当听到是向同学的家长要介绍,每个家长都很认真地听。向同学家长分享道,他很注重跟孩子待在一起的时间,会抽时间去陪女儿;女儿知道他也报了学习班后,学习更认真了,把他当作榜样了;平时父女二人互相学习、互相考,他自己的知识水平提高了,跟女儿的关系更好了。这样的分享,直接提供给所有家长,家长们更有触动。

2. 在各类正式与非正式交往中,推荐家长向榜样学习

以家访为例,教师在家访前要做好准备工作,遵循互补的原则,将全班内向的、乖巧的、淘气的等不同特点的孩子所在家庭组合成家访小组,每组约六七人;同一小组的家长将带着孩子跟着老师一同开展家访活动。活动小组每到一家,首先都要围坐在一起,听被访者家长夸夸自己孩子的优点、说说孩子的缺点,然后大家以此为引题,谈想法,说经验,进行互动交流。因为事先的科学组合,被访孩子的优点往往是一些来访孩子的缺点,这时候,来访家长就会鼓励自己的孩子要向小伙伴好好学习;而针对被访孩子的缺点,又会有来访的家长根据自己的教育心得,给予相应的指引和帮助。带队教师全程参与,针对家访中的不同现象,或肯定,或矫正,或指引;孩子们则通过相互参观小房间、共同合作给家长表演小节目等活动,进一步增进了友谊,锻炼了能力。

通过正式的家长会等形式,同样可以促成家长的相互学习。通过家长会的变革,可以根据学生的特点,将家长分为若干综合小组,这样家长间的面对面的交流,

就具有了相互学习的可能性。教师还可以给出某些引导性话题或主题,请有经验的家长多作分享,也会形成家长间的互动。

教师还可以利用各类非正式交往,促成家长与家长间的多元交流。例如,在笔者班级的家长中,夏同学的家长曾抱怨:"我家孩子太调皮了,说他根本没用。"这时笔者想到班内同样调皮的孩子李某,在教师上次与他爸爸谈过之后,李同学进步很大,也懂事很多。于是就建议夏同学的爸爸去向李同学的爸爸取取经。这样,就促进了家长间的非正式交流,也促进了家长榜样的形成。

更方便的一种家长间的相互学习,可以发生在同一小区内的家长之间。教师可以鼓励住在一起的家长共同去旅游,可以聚在某一家进行交流、讨论等,可以更多参与到孩子们组织的社区活动中。这样,社区内的家长资源就会被激活,家长间也能建构起更高质量的学习关系。

> 家长之间的交流,往往能更有力地促进家长去学习、改变和自我提高——因为都是做父母的,这种体验更能达到心灵的沟通。同时,家长数量较多,十几名家长在一起交流,一人说一条,就有十几条经验了。这样的交流,会快速拓展家长的视野,丰富家长的经验。

3. 通过班级 QQ 群等新媒体,促进榜样的形成,拓展其影响力

随着新时代的发展,电脑和手机也成为大家相互交流的一种通讯工具,使家长和家长之间、家长和教师之间的交流变得更频繁、更便捷了。

借助这些工具,教师可以不断推荐相关学习榜样,无论是本班级家长,还是其他班级、学校的家长。同时,密切关注家长群体的发展变化,努力开发家长学习与发展的资源,充分分享信息。这些工作将很好地传递教师的教育期待,也为家长们提供真实的学习榜样。

四、让孩子成为家长学习的陪伴者和促进者

最能促进家长学习与发展的人,往往是孩子。在和孩子共同的学习中,来自孩子的反哺,往往会成为家长学习的重要动力。

2014 年 6 月,在笔者曾主持的一次亲子作业交流会上,教师把孩子跟家长的亲子作业制作成 ppt,在所有家长面前播放。虽然其中有写得好的和写得不够好的作业,但都比平时的作业认真了百倍。家长看到这些亲子作业,都感触很深。

第十三章
家长学习：意识觉醒，自我更新

印象最深的是班级内成绩最好的向同学。她写了一份毛笔字作业和一份钢笔字作业。她爸爸在交流时说,跟孩子一起练习写字,感到很快乐;在写作业的过程中,父女可以交流各自的看法;她也能更深地理解女儿、了解女儿的想法;同时,他的一举一动都影响着女儿——现在女儿的学习比以前更认真,每次放学回家也喜欢拉着他一起读书、学英语。他说:"以前总觉得陪孩子学习很累,还占用时间,现在觉得在和孩子的共同学习中,不是我在教孩子,而是孩子在教我,让我学到了很多知识。在工作中,我还能跟同事说一说英语,整个人都轻松了很多。这虽是一份简单的亲子作业,举手之劳,但里面却包含了很大的学问。"他的这番话,引起其他家长的羡慕和赞美。而在这个过程中,正是孩子的陪伴、孩子的鼓励、孩子的学习、孩子的发展本身,成为促进家长学习的极大动力。

基于上述体验和认识,教师可以更自觉地介入学习型家庭建设之中,推动孩子成为家长发展的新关键人。

教师可以明确向家长提出创建学习性家庭的倡议,例如,一是确立终身学习的理念,家长带头读书,为孩子作出学习的表率;二是每天合理安排一定的休闲时间,使它成为全家共同讨论、交流、分享学习成果的时间;三是建立家庭成员之间民主平等、相互尊重、共同进步的亲子关系,家长应成为孩子的良师益友;四是从自己孩子的实际出发,在家庭生活中创造适合的教育方法;五是尊重孩子的天性,并为孩子创造适合发展的环境,让孩子有自己的发展空间、思考空间,顺应孩子的个性进行引导教育。

教师要用心了解每个家庭和家长的发展状态。可以定期进行电话或 QQ 沟通、家访,了解学生在家的学习、思想状况,发现学生一些进步或退步的苗头,从而有利于调整教学方法。

教师要通过各种渠道给家长以积极的反馈和具体的指导,比如家长会或家校活动等方式,让家长对学校教育提出自己的看法和意见,全面了解学生的学习状态,并有针对性地帮助学生改正缺点。

教师要积极将优秀的家长推荐给学校,让本班级家长获得更大的发展平台。首先要让家长明白自我学习的重要性,让其明白只有家庭与学校紧密配合,才能促使儿童健康成长。家长与教师在施育上拧成一股绳,形成教育合力,教育才能达到预期的效果。再通过家长会、家校联合教研课、亲子作业等活动,挑选出积极优秀的家长推荐给学校。

一、主题论坛:父母自我学习对孩子成长的影响①

图 13-1　家庭论坛:如何做学习型家长,和孩子一起成长

在家庭论坛"如何做学习型家长,和孩子一起成长"的访谈中有如下一段嘉宾发言:

> 我的女儿上小学六年级。作为家长,你是不是问过这样一句话,你的孩子幸福吗?就是说我们要给孩子的是一个完整、幸福的过程。那么想请大家互动一下,就是由"Family"这个英语单词你会想到什么?给大家一个提示,你拼一下,F 代表 father、A 代表 and,M 代表 mother,I 代表 Love,Y 代表 You,这样你才知道家庭真正的意义。刚才很多家长和专家都提到了,跟孩子的沟通比较难。难在哪里呢?就是你们之间没有共同语言,就是你自己喜欢的东西他不喜欢,他喜欢的东西你不喜欢。比如说我星期六要抽出时间跟他共读英语,星期天也要抽出时间跟他共读语文。在共读英语的时候除了可以帮助他学语法,还可以交流。如针对老人跌倒了不会有人扶的情况,其实英语课文里就有这样的事情。星期天,我跟他共读的篇目是于丹老师的论语心得。对于一个小学六年级的孩子来说,古文对她而言是非常难的,但是通过反复读,可以了解一些做人的道理,如其身正不令而行,其身不正虽令不从。

---

① http://www.xdf.cn/redian/201111/951072.html.

二、教育孩子的过程即家长自我再教育的过程[①]

孩子只有认识自己才能战胜自己,但他们通常只能依据他人的反馈来认识自己,这时父母的"反馈"作用即"镜子"的作用就很重要了。不做"驯兽师",学做"镜子",才能帮助孩子提高自我意识,才能让孩子不害怕父母的"权威",转而和父母沟通。

教育是三分教,七分等。"等一等"是很有用的。停下来,等一等,给孩子倾诉的机会,和孩子有效地沟通,有时不用教育就能解决问题。家长的习惯直接影响孩子的习惯——要求孩子做到的事,家长自己首先要做到。

三、培养孩子树立良好的品格[②]

"贝贝熊系列丛书"灌输给读者的教育方式是不动声色的身教、不讲太绝对的道理,用暗示的、幽默的、正面鼓励的、换位思考的、润物无声的方法,这些方式中蕴藏着教育的智慧和人类的爱心。

书中除了教读者解决困扰孩子们的问题,还有许多针对成人的真实写照,让人读了好像看到自己,不禁哑然失笑,比如熊爸爸不让孩子们说粗话,可自己着急的时候却一句句冒出来;不让孩子乱吃零食,自己看见却忍不住吃个不停;带孩子去检查身体,可声称自己从不生病,用不着检查身体,最后却躺在了病床上……这些现象提醒我们,家长们在教育孩子的过程中也需要自我教育。所以我们给这套书的读者的建议是:父母和孩子一起阅读,家长和子女共同成长。

孩子的学习与成长,与家长的示范和引导密不可分。当家长意识到自我学习不仅能够提高自身的素养,还能促进孩子的学习,就更愿意去改变自己。而教师在其中的鼓励、指导和帮助,也是非常必要的。在当前社会变迁与教育发展的背景下,还有诸多问题需要研究。

一、不同类型家长的学习意识与学习能力现状如何?

家长的文化层次参差不齐,对学习的认识程度也不一样。不同地区、学校的家

---

① http://siluhuayu1999.blog.hexun.com/72787206_d.html.
② http://new.060s.com/article/2013/12/18/834591.htm.

长,对学习的理解、愿望和行为,也有诸多差异。而了解家长的学习意识与学习能力,又是教师指导家长学习和发展的基本前提。

因此,无论是针对具体的班级和学校,还是就全国状态而言,都需要通过更系统的调查研究,真切了解家长的学习意识与能力状态。

二、如何调动家长作为成人的学习意识?

成人学习具有很大的特殊性,其学习资源、学习过程、学习方法都不同于在校学生。教师在指导家长学习的过程中,务必要有区分度,不能简单地用指导学生的方式去指导家长。

在当前家校合作研究背景下,教师如何帮助家长形成终身学习的意识,建立学习和发展的理念,进而形成有效的学习机制,迫切需要研究。

三、如何让家长在孩子面前感受到学习的快乐与自豪?

孩子的学习与发展深受家长的影响;反之,家长也同样会受到学生的影响。在家校合作实践中,不仅仅教师和家长是主体,学生也是主体。特别是家长的学习,大量发生在家庭和工作场所。此时,孩子就是家长学习与发展的重要见证人、影响人。

当家长形成相关学习意识,开展相关学习实践之后,教师需要研究如何借助学生的力量给家长以积极的反馈。在本领域中,相关策略和方法,还有待进一步探索。

附录一

国际经验:他山之石,可以攻玉

陈忠贤[①]

儿童的学习不仅发生在学校环境中,还发生在儿童所接触到的所有环境之中。[②] 家庭和学校作为儿童早期生活的两个主要场所,对儿童的学习和社会化具有决定性影响。越来越多的研究表明,家庭和学校如果能建立良好的合作伙伴关系,将有效提高儿童的学习成绩,促进儿童的社会化。在布朗看来,家庭与社区全面参与学校教育已成为英美等发达国家在教育领域内继"二战后,基础教育大量扩张"和"20世纪七八十年代,政府进行权力下放,使学校拥有更多权利、在教育成果上也承担更多责任"之后,掀起的第三次改革浪潮。[③] 学校与家庭、社区之间进行密切合作,不再被看成是可有可无或锦上添花之举,而是学校为完成其教育任务必须采取的措施。

西方发达国家,特别是美国,在开展家校合作方面具有相当长的历史,在理论探索和实践推广方面都取得了丰硕的成果。这些理论和实践经验的获得,还积极推动了世界其他国家和地区家校合作工作的发展。如日本的家长教师联合会,就是参照美国的家长教师联合会而设立和运作的。[④] 我国港澳台地区在家校合作方面,也进行了广泛探索,在借鉴国际经验的同时,注意结合和分析当地实际情况,通过颁布法律法规、建立家校合作组织、开发具有本土特色的家校合作项目等措施,有力推动了当地家校合作的发展。[⑤]

[①] 陈忠贤,上海市长宁区教育学院德育教研员,教育学硕士。
[②] Berns, R. (2012). *Child, Family, School, Community: Socialization and Support*. Cengage Learning, pp.1—33.
[③] Brown, D. J. (1990). The Third Wave: Education and the Ideology of Parent Ocracy. *British Journal of Sociology of Education*, pp.65—85.
[④] 黄河清. 家校合作导论[M]. 上海:华东师范大学出版社,2010:63.
[⑤] Ho, E. S. C., & Kwong, W. M. (2013). *Parental Involvement on Children's Education: What Works in Hong Kong*. Springer Science & Business Media.

他山之石，可以攻玉。尽管发达国家和地区与我国大陆地区在文化传统、学校系统、学生生活等众多领域存在明显的差异，但他们的经验可以为我国家校合作发展提供有益的借鉴和参照。本章着重从学校的角度出发，对其他国家和地区一些家校合作经验和教训进行总结。

第一节　合理看待政策的作用

自 20 世纪 60 年代以来，西方主要发达国家的家庭结构和家庭功能发生了巨大变化。在对家庭结构和功能的研究过程中，家庭对于儿童学习和成长的重要作用引起了人们的注意，加之学校的持续改革并没有取得料想中的成效，[①]家庭与学校进行合作、共同参与儿童学习，越来越受到教育政策制定者的重视。同时，许多专业性组织也纷纷发表宣言，支持家校合作。

以美国为例，自 1965 年《早期开端计划》(Head Start)以来，就颁布了一系列联邦和地方法律法规，如 1974 年的《家庭教育权和隐私法》(Family Education Rights and Privacy)、1994 年的《目标 2000》(Goals 2000: Educate America Act)、2001 年的《不让一个孩子掉队》(No Child Left Behind)等，以保障家长参与儿童学校教育的权利。1994 年，全美学校心理教师联盟(NASP)大会就家校合作主题，修改并通过了一个宣言，号召学校与家庭建立伙伴关系，以巩固和促进儿童的学业成果；1998 年，美国全国家长、教师联合会(National PTA)制定了指导美国家校合作项目发展的国家标准，并根据实践的发展不断加以修订完善。

> **美国家校合作项目的国家标准(National PTA, 2009)**
> （部分摘录）
>
> ◆ 欢迎所有的家庭来到学校——家庭成员是学校生活的重要参与者，学校应让每一个来到学校的家庭成员感到他们是受欢迎的、他们与学校的教师和工作人员以及学生的学习是紧密相连的。
>
> ◆ 有效地沟通——家庭成员就儿童的学习与学校工作人员进行定期的、双向的以及有意义的沟通和交流。

---

① Jeynes, W. (2010). *Parental Involvement and Academic Success.* Routledge, pp. 13—15.

♦ 支持学生成功——家长和教师就学生的学习和健康成长进行密切合作,在家庭和学校中为儿童创造增强知识和技能的机会。

♦ 为每一位儿童发声——家庭成员应积极为他们自己的孩子以及其他孩子的利益发声,确保每一位儿童得到公平的对待,获得促进其发展的学习机会。

♦ 分享权力——在制定对儿童及其家庭有影响的决策时,家庭和学校应是平等的伙伴,共同享有决策权。

♦ 与社区合作——家庭、学校和社区携手合作,有利于扩大儿童的学习机会、社区服务和公民参与。

更多详细情况,请见:http://www.pta.org/nationalstandards。

除美国之外,欧洲各国、澳大利亚、新西兰、日本、新加坡和我国港澳台地区等,都纷纷出台各项政策,成立相关组织,以保障和促进家校合作的发展。这些政策的颁布和专业机构的倡导,一方面提高了人们对于家校合作重要性的认识,为家校合作的开展创造了一个良好的社会氛围;另一方面也为教师和家长如何开展合作提供了一个框架。美国西南教育发展研究实验室的一项调查显示,决定一项家校合作项目是否能够取得成功,有两个最关键的要素,一个是要有明确的政策规定,另一个就是要有政府的行政支持。[1]

制定和颁布相关的政策,对于开展家校合作具有重要的作用,但仅有政策也是远远不够的。Hornby 通过对新西兰43所中小学的家校合作现状进行调查发现,尽管新西兰政府早在2005年颁布的《教育策略》中就将"促进家校合作""提高教学质量""增加以实证为基础的实践"作为发展教育的三个"优先领域",[2]但在调查的43所学校中,只有一所学校将家校合作当成一项政策写进学校的工作章程;绝大多数学校的家校合作都是临时拼凑而成的,没有一个完整的计划;家校合作是否开展、开展到什么程度,都取决于校长和老师的个人价值判断和经验。[3] 在我国台湾,台东县早在2000年就制定了《台东县各级各类学校学生家长会设置办法》,规定每个班级均需成立班级家长会。但台东县国小各班级已成立班级家长会的,不足一半。另外,在家长委员会成员的遴选方式、人员数量、日常运转等诸多方面,都

---

[1] Chavkin, N. F., & Williams, D. L. (1988). Critical Issues in Teacher Training for Parent Involvement. *Educational Horizons*, pp. 87—89.

[2] Ministry of Education. (2005). *The Schooling Strategy 2005—2010*. New Zealand.

[3] Hornby, G. (2011). *Parental Involvement in Childhood Education: Building Effective School-family Partnerships*. Springer Science & Business Media, p. 68.

存在违背规定的情况。① 因此,许多学者主张不仅要制定和颁布有关家校合作的专门法律法规,还要加强对家校合作政策实施的监控和管理,并提供技术援助。

对学校及教育工作者来说,除保证各项政策得到切实落实外,还需要注意的是:尽管法律法规支持家庭与学校开展合作,但这并不能保证家庭一定会和学校开展合作;或者说,学校和教育工作者不能强迫或命令家长与其开展合作。"当你试图规定某些事情时,如技能、态度、行为、信念等,你所希望要达到的改变就已经开始破碎了。如果改变是由政策规定产生的,那改变最多是表面肤浅的应付"②。因此,当学校在设计和实施家校合作项目、为家长提供参与儿童教育的机会时,不能让家长产生"为了完成学校布置的任务而被迫参加"的错误感觉,而是要让家长觉得这是为了更好地促进孩子学习和发展的应有之举,是自己应该肩负的教育责任。

制定和颁布有关家校合作的专门政策,既有助于培养学校和家庭双方的合作意识,更有助于家校合作工作有章可循,从而实现制度化、系统化和组织化。因此,出台和完善有关家校合作的各项政策是推动家校合作发展的重要举措。但教育工作者若将全部希望寄托于政策,指望有了各项政策之后,家校合作中的种种问题便可迎刃而解,这也是不现实的。对政策的作用必须要有一个理性而适切的认识:首先,政策能否取得成果、取得多大的成果,在根本上取决于实践场景中对政策的忠实度和执行力;其次,家校双方的内心若没有对合作的强烈渴望和真诚期待,各项政策是难以强制双方进行合作的。即使是勉强促成了双方的合作,合作的效果也会大打折扣。因此,家校合作的顺利开展,不仅需要有完善的政策保障,学校和家庭在儿童的教育问题上达成"责任共担"的意识,也是十分必要和紧迫的。

第二节 达成"责任共担"的认识

家庭因儿童进入学校学习而与学校发生关联,形成一种关系。不管这种关系的质量是好还是坏、影响是积极还是消极,它都是客观存在的。积极的家校关系能够有效地促进儿童的学习和发展,而建立积极家校关系的第一步,就是家庭和学校双方增加合作的意识,理解家庭和学校之间就儿童的学习和发展进行合作的必要性和重要性。③

---

① 吴重涵,王梅雾,张俊. 国际视野与本土行动:家校合作的经验和行动指南[M]. 南昌:江西教育出版社,2012:72—74.

② Fullan, M. (1996). *Professional Culture and Educational Change.* School Psychology Review, 25(4):496.

③ Christenson, S., & Sheridan, S. (2001). *Schools and Families: Creating Essential Connections for Learning.* Guilford Press, 2001, p.69.

然而,这并不是一个简单的任务!从历史上来看,对于家庭和学校在儿童教育中所承担的责任,主要有三种观点:家校责任分离理论、家校责任交接理论和家校责任共担理论。[1]

传统的社会学理论认为,家庭和学校是两个不同的组织,它们之间存在着竞争,甚至还会产生冲突。因此,当这两个组织互不干涉,拥有各自独立的发展目标和发展任务时,它们的效率就会达到最高。[2] 家校责任分离理论深受经典社会学理论的影响,认为教师应该在学校里积极履行教学义务,对儿童施以统一的要求和教导,家长则应该在家庭中给予儿童关爱和个性发展指导。当学校和家庭都能各司其职而不干涉对方时,儿童就会得到最大的发展。因此,学校和家庭各司其职、互不干涉,即是对彼此的支持和合作。[3]

与家校责任分离理论相类似,责任交接理论也认为家庭和学校拥有各自不同的发展目标和任务,但它更强调家庭和学校在儿童不同发展阶段各自所发挥的关键性作用。责任交接理论的信奉者相信,儿童幼年的经历对于儿童日后的成功具有决定性作用,当儿童长到五六岁,达到上学年龄时,他们的个性和对学习的态度就已经形成了。因此,在学龄前,家长应该交给孩子必要的学习技能和态度,为他们入学作好充分的准备。而当儿童进入学校之后,教育儿童的主要责任就从家长身上转移到教师的身上了。[4]

1979年,布朗芬布伦纳(Bronfenbrenner)提出了关于人类发展的"生态系统论"(Ecological Systems Theory),认为儿童的成长和发展处于一个小型的社会生态系统中。在这个小型的社会生态系统中,儿童居于核心地位,除了儿童之外,这个小型的社会生态系统还包括众多影响儿童发展的关键性环境因素,如家庭、学校、社区、同伴、文化等,且这些环境因素之间相互影响,形成交叉,共同对儿童的学习和发展产生影响。[5]

责任共担理论深受生态系统论的影响,认为家庭和学校共同承担着教育儿童,促进儿童顺利实现社会化的任务,并且只有当家庭和学校双方目标一致,互相密切

---

[1] Epstein, J. L. (2001). *School, Family, and Community Partnerships: Preparing Educators and Improving Schools.* Westview Press, 5500 Central Avenue, Boulder, CO 80301, pp. 26—27.

[2] Weber, M. (2009). *The Theory of Social and Economic Organization.* Simon and Schuster.

[3] Waller, W. (1932). *The Sociology of Teaching.* New York: Wiley.

[4] Bloom, B. S. (1964). *Stability and Change in Human Characteristics.* New York: Wiley; Piaget, J., & Inhelder, B. (1969). *The Psychology of the Child.* New York: Basic Books.

[5] Bronfenbrenner, U. (1979). *The Ecology of Human Development.* Cambrige, MA: Harvard University Press; Christenson, S. & Sheridan, S. (2001). *Schools and Families: Creating Essential Connections for Learning.* Guilford Press, 2001; Berns, R. (2012). *Child, Family, School, Community: Socialization and Support.* Cengage Learning.

配合时,这一任务才能高效顺利地达成。

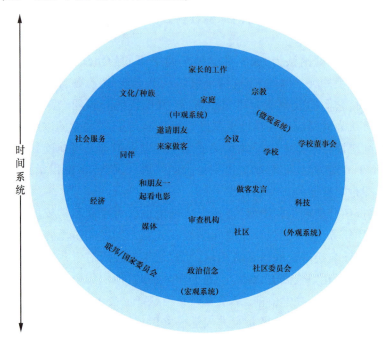

图1 布朗芬布伦纳的人类发展"生态系统"

资料来源:Berns, R. (2012). *Child, Family, School, Community: Socialization and Support*. Cengage Learning, p.18.

以上所提到的三种观点,在历史上的不同时期,各有其信奉者和追随者。然而,随着时代的发展,在当代,传统的家庭与学校的角色定位——"家庭负责养大孩子,学校负责教育孩子"或"家庭负责道德、个性教育,学校负责文化知识教育"等早已经过时,[①]家庭和学校的角色已不再有明确清晰的界线,变得模糊起来,抚养儿童和教育儿童已变成家庭和学校一项共同的事业。[②] 儿童的校内经历和校外经历以及这两种经历之间的关系对于儿童能否达成教育目标都具有举足轻重的地位。尽管家庭和学校在教育儿童、促进儿童社会化方面各有其独特的、不可替代的作用,但家庭和学校着力建设一种建设性的"合作伙伴关系",相互咨询、相互帮助,将更有利于促进儿童的健康成长与发展。

对于学校和教育工作者来说,树立"责任共担"意识,一方面要求学校和教育

[①] Fan, X., & Chen, M. (2001). Parental Involvement and Students' Academic Achievement: A Meta-analysis. *Educational Psychology Review*, 13(1): 1—22.

[②] Oostdam, R., & Hooge, E. (2013). Making the Difference with Active Parenting: Forming Educational Partnerships between Parents and Schools. *European Journal of Psychology of Education*, 28(2): 337—351.

工作者加大对家长的教育和宣传,帮助家长树立与学校合作的意识;另一方面也要求学校和教育工作者自身要摒弃"家长不懂教育""家长是教育的门外汉""家长只要协助完成老师布置的任务就可以了"等传统思想,坚信"家庭的参与对于儿童的学习和成长不仅是重要的,而且是必须的"①。

第三节　正确理解家校合作的内涵

传统上,家校合作主要是指家长在家协助儿童完成作业、参加学校的志愿工作、参与家长会等活动,但现代家校合作的内涵正在不断地扩大,已远远超过了传统上所说的家校合作。Patrikakou 等人认为,家校合作之所以没能形成一个普遍的框架或定义,主要是因为家长和教师对儿童的影响具有多维度的本质以及家校合作的复杂性。②

从合作的目的来看,家校合作的最终目的是为了促进儿童的学习和发展,帮助儿童在校取得成功。这一点无论是传统家校合作观还是现代家校合作观,都没有发生改变。但现代家校合作观对"什么是儿童在校成功"的理解更加宽泛,不仅包括学业成就,还包括良好的课堂表现和参与、积极的学习态度、高出勤率、高毕业率、更少的课堂违纪行为、更少的课后留堂等一系列指标。

从合作的主体来看,传统上主要是指家庭和学校,家庭也主要指儿童的家长,而现代家校合作的参与主体不仅有家庭和学校,还有社区居民、商业组织、公共服务机构等社会组织。对家庭的定义也从儿童的父母扩展为"在家庭内,对儿童有重要影响的所有人",包括儿童的父母、兄弟、亲戚甚至是邻居。③

祖父母或特殊亲友日

每年,Meridian 学校都会组织好多次"家长开放日",邀请学生的家长来学校进行参观。在某些特殊的"家长开放日"中,Meridian 学校要求每个学生除了要带自己的父母来学校外,还必须邀请自己的祖父母、亲戚、朋友以及邻居一同前来学

---

① Hoover-Dempsey, K. V.; Walker, J. M. T., & Sandler, H. M. (2005). Parents' Motivations for Involvement in Their Children's Education. *School-family Partnerships for Children's Success*, pp.0—56.

② Patrikakou, E. N., Weissberg, R. P. & Redding, S., et al. (2005). School-family Partnerships: Enhancing the Academic, Social, and Emotional Learning of Children. *School-family partnerships for children's success*, pp.1—17.

③ Davies, D. (1991). Schools Reaching out: Family, School, and Community Partnerships for Student Success. *Phi Delta Kappan*, 72(5): 376—382.

家校合作指导手册
The Manual for School-Family Partnerships

校参观,学校将这一天称为"祖父母或特殊亲友日"。

在"祖父母或特殊亲友日",学生们将作为学校的主人为前来参观的亲友们举办招待活动,还会为他们精心准备各式各样的表演。同时,学生们还会带领亲友们参观学校校园、学校的各项设施,走进学生课堂等。

通过"祖父母或特殊亲友日",学校让那些平日里不大会主动走进校园的人进入学校,切身体验学生的学校生活,增加他们对学校的了解,扩大学校在社会上的影响力。

资料来源:http://www.meridianschool.edu/wp-content/uploads/2014/03/2014—2015-Parent-Handbook1.pdf.

从家庭在合作中所扮演的角色来看,家庭已经从传统的"学校协助者""学校支持者"发展成为与学校具有平等地位的合作者,家庭与学校之间既是相互交流的对象,也是相互学习的对象,既是儿童学习的共同支持者,也是儿童学习的共同施教者。

从合作的范围来看,尽管传统的家校合作也有发生在家庭和社区范围内的,如家长在家协助儿童完成作业和在社区开展义卖为学校募集资金,但主要的活动还是发生在校园内。现代家校合作则加强了对家长在家庭内和社区内与学校合作的重视。事实上,由于家长工作和家庭条件的限制,在家庭内参与儿童学习对很多家长来说更加具有可实现性。[1]

爸爸,请读给我听(Las for Mej, Pappa)

在瑞典,读写能力不仅被看成是提高个人生活品质的重要保障条件,也是增强公民政治参与能力、提高社会凝聚力的重要途径。瑞典人将提高公民的读写能力看成是包括政府、企业、公民个人等在内的全社会的责任,而不仅仅是教育系统的责任。

上世纪90年代,瑞典的调查发现工作中的父亲,特别是劳工阶层和移民群体中的父亲,在日常生活中并没有读足够多的书,也很少帮助他们的子女读书。针对这一情况,瑞典的IF Metall贸易工会联合其他三个工会于1999年发起了Las

---

[1] Lau, E. Y. H., Li, H., & Rao, N. (2001). Parental Involvement and Children's Readiness for School in China. *Educational Research*, 53(1): 95—113; LeFevre, A. L., & Shaw, T. V. (2011). Latino Parent Involvement and School Success: Longitudinal Effects of Formal and Informal Support. *Education and Urban Society*, 44(6): 707—723.

for Mej, Pappa（爸爸,请读给我听）项目,得到了许多家庭、学校和社会公益团体的积极响应。

该项目通过当地的工会与各位父亲取得联系,在父亲们的工作场所推行,通过亲子阅读的方式,旨在提高父亲和儿童双方的读写能力。当地的工会负责传递活动的具体信息,为父亲和儿童准备他们感兴趣的图书,有的工会还成立了小型图书馆。为了帮助父亲们解决在活动中遇到的困难,每一个地区工会都会组织"爸爸日"——邀请一些儿童图书作家、儿童发展专家、学校的教师等人员与父亲们一起讨论阅读的重要性,并指导父亲们如何帮助子女培养良好的阅读习惯。

截至2008年6月,瑞典所有的工会都已开展了Las for Mej, Pappa项目,参与的人员已达1500多人。

资料来源:Wright, A., Bouchart, M., Bosdotter, K. and Granberg, R. (2010). Las for Mej, Pappa: A Swedish Model for Addressing Family Literacy. *Childhood Education*, p.399—403.

从合作的类型和层次来看,现代家校合作已经从传统的"老三样"[①]（辅导作业、志愿服务、募捐资金）发展为包括家长教育、家长充当教师、家长参与决策、社区活动等在内的多层次、多水平的合作。[②]

正确理解家校合作的内涵对于学校来说,有着特别重要的意义。与传统的家校合作相比,现代家校合作一方面为学校提供了更多的资源,但另一方面,也对学校提出了更高的要求,为学校带来了更大的挑战和风险。

在与家庭合作时,学校不再只是像过去那样,单向地接受家庭的援助和支持。一方面,学校要积极调动自身资源,支持家庭,满足家庭的需求,如动用部分师资力量,对家长进行家长教育,提高家长育儿技能等。另一方面,随着民主化管理的潮流,学校要接受家庭的监督,甚至要向家庭让渡部分管理权利,如家长参与学校发展规划的制订和学校的人事考评等。同样,社区的加入,不仅要求学校积极"引进来"——与外界沟通联系,展示自我,吸收社区资源,以更好地满足儿童和家长的需求;还要求学校大胆"走出去",向社区开放学校资源,打破过去学校自成一统的封闭状态。

[①] Christenson, S., & Sheridan, S. (2001). *Schools and Families: Creating Essential Connections for Learning*. Guilford Press, p.76.

[②] Epstein, J. L. (2001). *School, Family, and Community Partnerships: Preparing Educators and Improving Schools*[M]. Boulder, CO: Westview Press.

第四节　增强有效的沟通与交流

　　Williams 和 Chavkin 对美国一些成功的家校合作项目进行分析后发现,在那些成功的家校合作项目中,家庭和学校之间形成了固定的交流机制和渠道,双方之间的交流频繁且开放。[①] 家长可以放心地向教师及其他教育工作者表达他们真实的想法和担忧;教师也不会因为家长的介入而感到受威胁,相反,他们非常欢迎家长的反馈,并将家长的反馈作为其改善日常教学和管理活动的重要资源。

　　家校之间有效的沟通和交流对形成良好的家校合作局面具有重要作用。通过有效的沟通和交流,家庭与学校可以增加相互之间的了解,化解家校之间的误会,减少不必要的矛盾,为双方之间的合作奠定良好的基础。同时,在频繁和开放交流的基础上,家庭和学校之间相互依赖的关系日益加深,相互间的信任关系也会逐步建立。家庭和学校会逐步认识到这样一个事实:不管是学校还是家庭,都会从维护儿童利益、促进儿童发展的立场出发,采取各种措施促进儿童的学习和成长。家校之间这种互信关系的建立,对于家校合作的有效开展具有至关重要的作用。在互信程度高的家校关系中,家长与教师对家校合作抱有更积极的态度,愿意花更多的时间和精力投入到各项家校合作项目中去,[②]对于偶尔发生的负面事件,双方也更加倾向于淡化事件的影响,显示出更大的包容性,更愿意原谅对方。[③]

　　对于学校和教育工作者来说,要想与家长进行积极有效的沟通和交流,有几点是需要特别注意的:

　　首先,学校和教育工作者要确保家校之间沟通交流的渠道和机制是开放、畅通的。目前,家庭与学校之间的沟通渠道有许多种,例如书面的通知、电话交谈、面对面交谈、正式或非正式的会议、各种网络互动平台等,但这些沟通渠道的有效性会受到多方面因素的影响,比如在文化层次较低的家长群体中,网络互动平台的有效性会大打折扣;与经常出差的家长保持高频次的见面交流则是一种奢望。因此,在众多的沟通渠道中,学校应根据自身和学生家长的实际情况,选择或创造出符合学校实际情况的沟通方式。

　　其次,家校双方的地位是平等的。在与家长的沟通交流中,学校和教育工作者必须充分尊重家长,保障家长有机会充分表达其想法和意见,不能将交流变成

[①] Williams, D., & Chavkin, N. F. (1989). Essential Elements of Strong Parent Involvement Programs. Center for Early Adolescence, 304: 347—400.

[②] Dunsmuir, S., Frederickson, N., & Lang, J. (2004). Building Home-school Trust. *Educational and Child Psychology*, 21(4): 110—128.

[③] Lake, J. F., & Billingsley, B. S. (2000). An Analysis of Factors That Contribute to Parent—School Conflict in Special Education. *Remedial and Special Education*, 21(4): 240—251.

单方面的信息传输或指令下达。此外,当家校双方因学生出现问题而见面交流时,家校双方应牢记,沟通和交流的目的是为了解决问题,而不是归咎责任。因此,家校双方,特别是学校方面,不能将双方的见面会、交流会,变成一场批评会和问责会。①

最后,在与家长的交流过程中,学校和教育工作者必须要有高度的敏感性,特别是在今天的社会和校园变得日益多元化的背景下。当家长与教师进行交流时,家长也将他们的文化传统、语言习惯、社会地位、过往的经验等众多因素带入了交流过程之中。这些因素会在不同程度上影响家校之间沟通的有效性。因此,学校和教师对于家长的这种差异性应保持高度的敏感性。

教师如何与家长交流——一个10分钟的样本

早上好,史密斯先生和史密斯太太。很高兴今天你们能来。约翰是一个非常可爱的孩子。

让我们看看约翰的成绩报告册。约翰的进步很显著。他广交朋友,跟班里的男孩、女孩相处得很融洽。你们看他的作业,书写很工整,这是他在社会课上提交的关于胡佛大水坝的研究论文,他把材料组织得很好。

约翰的阅读成绩是B。他的口头阅读能力很好,但在对所读内容的记忆上,还有些问题。为了帮助他解决这个问题,我会给你们一些建议。

数学是约翰的弱科。这次约你们来,就是要详细讨论怎样解决这个问题。他很勤奋,数学成绩有了很大的进步。可惜,他还没有掌握乘除法、加减法中的进位,借位也让他感到比较困难。我会尽力帮助他,家长在这方面如果能够给他提供一些帮助,那肯定效果更好……

你们还有什么问题要问吗?……

这里有一个单子,上面列有一些你们可以在家帮助约翰的事情。我刚才提到他在记忆阅读内容方面存在一些问题,你们可以让他大声给你们念一段文章,然后向他提一个跟所读内容相关的问题。如果他迟迟答不上来,让他自己再默读一遍,在文中寻找答案,并提醒他答案就在他读的那段文字里。

再次感谢你们的到来。如果你们有什么问题,请给我打电话!

资料来源:李茂编译. 西方教师学生管理策略精选(主题六:与家长沟通(10))[N] 中国教师报,2009-01-21(4).

---

① Sandra, L. Christenson., & Amy, L. Reschly. (2010). *Handbook of School-Family Partnerships.* New York and London: Routledge, p.38.

除了家庭和学校要加强沟通和交流外,家长和子女之间的亲子沟通和交流对于家校合作能否取得良好成果具有重要意义。家校合作的最终目的是为了促进儿童的成长和发展,但家校合作本身并不会直接给儿童带来成功,学生自己对学习的投入才是最重要的。家校合作只是为儿童投入学习创造一个健康的家校氛围和学习环境,但儿童本身才是他们学习、发展和成功的主要实践者。

Hoover-Dempsey 和 Sandler 认为,家长在与学校的合作过程中,通过四种机制对儿童的学习产生影响,分别是:鼓励儿童、为儿童树立榜样、巩固儿童在校所学知识、指导儿童学习,但对儿童学习究竟产生多大的影响则取决于儿童对这四种方式的感知程度:儿童感知深刻,则影响大;儿童感知浅显,则影响小。[1] 香港的研究也显示,父母与子女保持良好的沟通,特别是与子女谈论学校生活、与子女一起吃晚饭、与子女闲谈,能够有效地向子女传达家长对他们的教育期望,不但可以使子女在教育期待上与家长保持一致,更能够带动子女拥有较高的教育期望。父母与子女的期望一致,都很高,则子女在 PISA 测验中所获得的成绩最好,且子女会有更高的自我效能感、自信心和最少的学业焦虑感。[2] 良好的亲子沟通不仅能够减少亲子矛盾,还能够促进儿童的学业发展和健康成长。因此,学校在进行家长教育时,应在这方面加以考虑和设计。

第五节 理解影响家长参与合作的因素

困扰学校和教师的一个重要难题是:家长,特别是弱势群体家长,参与学校活动、与学校开展合作的热情不高且难以维持。学校和教师经常抱怨,为了准备家校间的互动活动,他们辛苦了好久,但来参加活动的家长总是那么几个。同时,那些在校表现好的孩子的家长,参与的积极性也更高;那些在校表现不是很好的孩子的家长,往往很少参加此类活动,而借机与这些家长沟通交流他们孩子的近况,共同商讨可能的解决办法正是学校和教师举办此类活动的重要目的。

学校要想鼓励家长与学校合作,提高家长的参与度和参与的有效性,就必须要了解家长参与儿童教育背后的心理和社会因素,即家长在决定是否与学校合作时或决定采取何种方式与学校进行合作时,会受到哪些因素的影响,以及家长参与儿童教育是如何为儿童带来积极影响的。为了回答这些问题,Hoover-Dempsey 和

---

[1] Hoover-Dempsey, K. V., Whitaker, M. C., & Ice, C. L. (2010). Motivation and Commitment to Family School Partnerships. *Handbook of School-family Partnerships*, pp. 30—60.

[2] 学生能力国际评估计划香港中心. http://www.fed.cuhk.edu.hk/~hkpisa/output/output_c.htm#report.

Sandler 提出了家校合作的过程模型。根据这一模型,影响家长是否与学校合作以及如何合作的主要因素可分为三大类:①

(1) 家长的个人心理动机,包括家长角色的塑造和家长的自我效能感。认为教育孩子是自己责任的家长会比那些认为教育孩子是学校责任的家长更加积极地参与孩子的学校生活;而那些对自身教育能力信心满满的家长也比那些信心不足的家长更加主动地与教师联系。

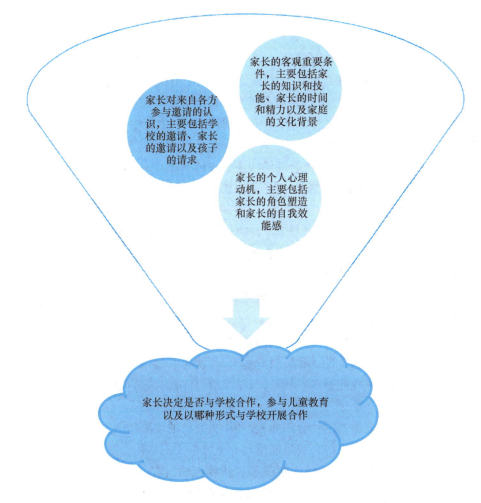

图 2　影响家长是否与学校合作以及如何合作的主要因素

资料来源:Sandra L. Christenson, Amy L. Reschly. (2010). *Handbook of School-Family Partnerships*. New York and London:Routledge, p. 38.

---

① Hoover, K. V., Dempsey, M. C. W & Ice, C. L. (2010). Motivation and Commitment to Family School Partnerships. *Handbook of School-family Partnerships*, pp. 30—60.

(2) 家长对那些来自于学校、教师和儿童的参与邀请的认识。一些家长可能认为学校或教师对家长参与学校活动的邀请只是走走形式或只是想利用家长获取资源,而另一些家长则把学校或教师的邀请看成是了解学生在校生活和学习的机会。与前者相比,后者会更为积极地回应学校或教师的邀请。

(3) 家长的客观条件和生活环境,主要包括家长的知识和能力、家长的工作等等。一般来说,家长受教育水平不高或工作时间比较固定,往往会限制家长参与儿童的教育。比如,学校的家长会如果在工作日召开,夫妻双方都要工作的家庭就很有可能无法出席,即使他们内心很想参加。因此,学校可以从这些方面入手,采取必要的措施,促进家长与学校合作。

个体对"家长"这一角色的塑造主要受以下三个方面因素的影响:(1) 个体对这一角色的认识和期待;(2) 重要他人对个体作为家长所应有角色的期待;(3) 其他重要团体对个体作为家长所应有角色的期待。[①] 个体将根据这些期待,不断地调整自己的行为,以符合这些期待。可见,家长角色的塑造虽然是个体的心理因素,但实际在很大程度上是受社会环境塑造而成的。

家长的自我效能感也同样容易受到外部重要他人的影响。根据班杜拉的理论,个体获得自我效能感的途径主要有四种:[②](1) 个体自身行为的成败经验。成功的经验可提高个体的自我效能感,失败的经验则会降低个体的自我效能感。(2) 间接经验和模仿,指个体通过观察他人的成败经验,进而通过与被观察者的比较来评价自己。比如 A 学生看见与自己水平差不多的 B 学生顺利完成作业,就会认为自己也有能力完成作业,自我效能感升高;反之,如果 A 学生目睹 B 学生失败,他就会觉得自己也很有可能失败,自我效能感降低。(3) 言语劝说,指凭借外部说服性的建议、劝告、解释、引导等,通过改变人们的知识与态度来改变人们自我效能的一种方法。(4) 个性、情绪、自尊水平、环境等其他因素。一般来说,充满自信与自尊的人的自我效能感水平较高;气氛融洽、环境愉悦也可促进个体自我效能感的建立与发挥。

学校作为社会上重要的社会团体,教师作为家长的重要他人,对于家长树立正确的家长角色和提高家长的自我效能感具有十分重要的作用。学校和教师可以通过多种途径来影响家长的"角色"塑造和自我效能感,例如学校可以向家长说明:学校和教师重视并期待家长的参与,他们的参与对于学校和儿童的发展具有重要作用(言语劝说);为家长参与尽可能提供帮助和机会,如开放校园,让家长走进学

---

① Christenson, S. L. & Reschly, A. L. (2010). *Handbook of School-Family Partnerships*, New York and London: Routledge. p.39.

② Bandura, A. (1997). *Self-efficacy: The Exercise of Control*. New York: W. H. Freeman.

校（直接经验）；创造机会，让家长观摩其他家长如何成功地与学校展开合作（间接经验）等。

家长对那些来自于学校、教师和儿童的参与邀请的认识，主要是指家长是否相信学校、教师或儿童真的需要他们的参与。如果家长在接到参与邀请时，发现这些参与邀请太过含糊不清或可供选择的范围极其狭窄，他们就可能会觉得学校或教师只是在象征性地询求他们的参与，而不是真心地邀请他们参与，或觉得自身能力有限，没办法完成学校邀请参与的项目，从而放弃参与。

学校要避免让家长产生这样的想法，就要为家长参与学校教育创造出一个欢迎友好的参与环境，尊重并信赖家长。同时，学校应丰富家庭和学校之间的合作方式，既要有家长走进学校的项目，也要有家长在家可以完成的项目。对家长的邀请，应尽量具体明确，让家长清楚了解到学校对他们的具体期望和行为是什么。在这一过程中，学生对家长的参与邀请至关重要。因为家长在自然天性上，会对孩子的邀请作出积极的回应。教师可布置一些容易实施但却需要家长参与才能完成的互动性作业，来提高家长的参与度，如要求学生每周找出三个晚上的时间，给家长读十分钟的书，家长只需负责监督完成并在作业本上签字即可。

不管是家长的角色塑造、家长的自我效能感还是家长对邀请的认识，学校和教师都可以通过自身一系列的努力和改变而加以影响。然而，家长的客观条件和生活环境，单独依赖学校和教师的力量，是很难加以改变的，但这并不意味着学校和教师面对这方面的阻碍无计可施。学校和教师在与家长展开合作时，必须要对这一影响因素加以考虑，尽可能降低这方面因素带来的不良影响，比如教师在给学生布置互动作业时，就要充分考虑学生家长的文化知识水平、工作情况等；再如学校是否可以改变传统习惯，将家长会安排在周末或晚上召开，以保证家长有时间出席等。

第六节　加强对教师和家长的培训

现代意义上的家校合作对教师和家长都提出了很高的要求：教师不仅要有良好的沟通技巧以便与来自不同文化背景的家长进行有效的交流，还要主持家校之间会议、设计家校互动活动、实施家访等一系列与家长打交道的事宜；家长面临的任务也不轻松，他们既要掌握正确教导子女的方法以便在家支持孩子学业，也要了解学校日常运转机制，以便能有效地参加学校各项活动，合理使用手中的权利。

哈佛大学家庭研究计划（HFRP）小组认为，为了有效地开展家校合作，教师需要掌握七方面的专业知识,这七项知识分别是:①(1)关于家校合作的基本知识,如合作的目标、价值、障碍等;(2)关于家庭的基本知识,如不同家庭的文化、生活方式和对儿童的教养方式等;(3)关于家校沟通的知识,如一些促进双向交流的技巧和策略;(4)家长参与儿童学习活动的知识;(5)家庭如何支持学校的知识;(6)学校如何支持家庭的知识;(7)关于家长角色的知识,家长可作为决策者、宣传者、研究者等。教师不仅需要有知识和技能上的储备,还需要情感态度上的转换。教师必须在情感上接受这种伙伴式的工作方式,在与不同文化、层次的家长群体打交道时不会感到不舒服,并且对自身的个性和特征有一个清晰的把握。②

对于教师来说,这些知识、技能、态度的储备和转化是有效开展家校合作所必需的,然而目前的师范教育并没有提供相关方面的专业指导。以家校合作开展最为成熟的美国为例,Hiatt-Michael 对来自美国 50 个州的 147 位教育学院院长的调查显示,只有约 23% 的受访院长表示他们开设了有关家校合作的专门课程,但这些课程并不是必修课程,并且这些课程的开设对象主要是早期教育和特殊教育的学习者。同时,尽管有 93% 的受访院长表示,他们在其他课程中融入了家校合作内容,但谈论最多的只是家长教师见面会,对于家校合作的其他方面,则很少涉及。③

鉴于职前教育的不足,教师入职后,学校对教师开展家校合作方面的专项培训就显得尤为迫切。同样,作为家校合作重要另一方的家长也需要学校给予指导和培训,因为这不仅能够增加家长对学校、教师工作的了解,减少不必要的矛盾,还能够提高家长与学校合作的能力,提高合作的有效性。Comer 等人在开展"学校发展计划"(SDP)时,特别强调对教师和家长的培训。④ 当一个学校开始 SDP 项目时,所有的教师和家委会成员都要接受培训以熟悉学校各个部门、各个委员会的职能和运作方式以及学校的整个发展计划。对教师和家长的培训并不是一蹴而就的工作,而是一个持续不断的过程,因为不断地有新的教师和新的家长进入学校之中。培训的形式则可根据培训的内容和需要来设定,既可以对家长和教师分开培训,也可以一起培训。根据 Comer 等人的经验,当教师与家长一起接受培训时,培训的效果将更佳,并且不管是对教师的培训还是对家长的培训,都应该尽可能地吸收家长

---

① Shartrand, A. M., Weiss, H. B., Kreider, H. M., et al. (1997). *New Skills for New Schools: Preparing Teachers in Family Involvement.* Cambridge, MA: Harvard Family Research.

② Kirschenbaum, H. (2001). Educating Professionals for School, Family, and Community Partnerships. *Promising Practices for Family Involvement in Schools*, 1, pp.185—208.

③ Chavkin, N. (2005). Preparing Educators for School-family Partnerships: Challenges and Opportunities. *School-Family Partnerships for Children's Success*, pp.164—180.

④ Comer, J. P., Haynes, N. M., Joyner, E. T., & Ben-Avie, M. (1996). *Rallying the Whole Village: The Comer Process for Reforming Education.* New York: Teachers College Press. p.109.

参与到培训的指导队伍中去。

下面的"帽子游戏"是 SDP 小组在培训教师和家长时,经常使用的一个游戏,对于激发大家的讨论热情、培养合作意识很有效果;"避免拉锯战"的案例则显示了家长委员会在讨论家校合作的阻碍因素时,如何以"问题解决"而非互相责难为指导原则开展讨论。

帽 子 游 戏

这个游戏主要用于家校合作的培训中,目的是为了向参加培训的教师和家长展示家校双方的沟通以及沟通过程中双方所持的态度对合作效果的影响。

1. 主持人事先准备好几个帽子,每个帽子上都贴上一张纸,每张纸上写着一句短语。注意:纸上的字要足够大,使得所有参加培训的人都能看到;纸上的短语可根据实际情况加以调整,这里有一些例子:

- 嘲笑我。
- 只用西班牙语和我交谈。
- 向我微笑,但并不是真心的。
- 把你的椅子搬到离我很远的地方。
- 像对待一个家长领袖那样对待我。
- 征询我的意见。
- 非常认真地倾听我说话。
- 和我交谈时,盯着我的脚看。
- 嫌弃我出的主意。

2. 主持人在参加培训的人员中挑选出志愿者,将帽子分别戴在志愿者的头上,确保每个志愿者看不到自己头上的短语。同时,其他培训者也不能读出或说出这些短语。

3. 那些没有做志愿者的参加培训的人员是整个活动的观察者,不能发出声响。

4. 主持人给志愿者队伍一个话题供他们之间进行讨论,比如:"你觉得,理想的家校合作是什么样子的?"在讨论过程中,志愿者要根据帽子上的短语,作出相应的举措。

5. 主持人鼓励每位志愿者尽可能地多与其他志愿者交谈。

6. 主持人计时(10 分钟),时间到了之后,鼓掌并向志愿者致谢。

7. 在志愿者摘下帽子之前,主持人让每一位志愿者根据刚刚谈话的情形,猜一猜自己头上的短语是什么。

8. 主持人请每一位志愿者谈一谈在步骤4—6当中,他们的感受如何。

9. 主持人请每一位志愿者将今天的游戏与平常的家校合作做一些联系。

10. 在所有的志愿者讲述完了之后,主持人邀请非志愿者说一说他们的感受。

资料来源:Comer, J. P., Haynes, N. M., Joyner, E. T., & Ben-Avie, M. (1996). *Rallying the Whole Village: The Comer Process for Reforming Education*. New York: Teachers College Press. p.114.

避免拉锯战——以"问题解决"为原则指导"家长小队"

步骤1:列出一个家校合作方面存在的问题/挑战;

步骤2:找个人和你组成一队,讨论你们所列出的问题/挑战;

步骤3:和会议桌上的其他人分享你们的讨论,选出一个问题/挑战;

步骤4:在记录纸上写下你们选出的问题/挑战;

步骤5:会议桌上所有的人就这一问题/挑战发表看法,给出他们的解决措施,记录下提出的所有解决措施;

步骤6:整理你的记录,加以分析和归纳;

步骤7:选出你最认可的三项解决措施;

步骤8:与其他人交流看法,找到一个与你看法不一样的人,与之组成一队,共同商讨决策出一个你们都认可接受的解决措施;

步骤9:让所有的人看你们的最终决定,向他们征询意见;

步骤10:其他小组的最终决策是否与你们的最终决策相类似,如果类似,是否可以将其合并;

步骤11:汇集会议桌上所有小组的最终决策;

步骤12:在汇聚所有信息的基础上,作出最终决策,选出一个最佳的解决措施。

资料来源:Comer, J. P., Haynes, N. M., Joyner, E. T., & Ben-Avie, M. (1996). *Rallying the Whole Village: The Comer Process for Reforming Education*. New York: Teachers College Press. p.120.

附录一
国际经验：他山之石，可以攻玉

对教师和家长的培训是一个需要大量人力和物力投入的过程，仅靠学校难以满足教师和家长对培训和指导的需求。因此，积极寻求外部资源的帮助，是解决这一问题的重要途径。对于学校来说，除了家长之外，最重要的外部资源莫过于社区资源了。学校与社区展开积极合作，对于加强教师和家长的培训，特别是家长的培训，具有重要意义。

在这方面，我国澳门地区作了积极探索。[①] 澳门教育暨青年局是一个领导和管理澳门义务教育以及青少年相关问题的澳门特别行政区政府部门，主要提供教育与青年范畴的资源和政策。教育暨青年局会为家长提供全面而多样的家长教育和家长服务，内容涵盖各项教育法令、政府各项教育政策、学校日常运行机制、家长如何与学校进行沟通、儿童青春期心理指导、青少年性教育、儿童学业指导、亲子关系沟通、特殊儿童教育、困难家庭援助等。

除了专门的讲座之外，教育暨青年局还会组织多种多样的亲子活动。这些讲座、活动的信息都会刊登在教育暨青年局的网站上，任何感兴趣的人都可以报名参加。在活动结束之后，教育暨青年局也会把相关的视频、音频、文字材料公布在网上，供市民去下载、查阅。同时，教育暨青年局自身下辖的各种场地、设备、人员等资源，也优先向学校开放，以帮助学校解决资源不足的问题。

在澳门，除了教育暨青年局之外，还有其他许多专业的家庭服务机构，像澳门明爱青少年、社区及学校辅导服务、凼仔教育活动中心、街总家庭服务中心等，这些机构虽有各自工作的重点，但都致力于为澳门家长提供最新教育资讯，提高家庭教育质量，高效利用社区资源。这些社区资源的融入，对于提高家长素质、促进家校合作起到了积极的作用。

---

① 更多信息详见：http://portal.dsej.gov.mo/webdsejspace/internet/Inter_main_page.jsp#。

附录二

中国情境：扎根本土，实现自觉

陈忠贤[①]

我国虽早在民国时期就有了家校合作思想的萌芽，在新中国成立之初，家校合作工作也初露端倪，但直到20世纪80年代，我国的家校合作工作才算步入正轨。[②] 进入21世纪，人们对家校合作工作的重视程度提高，家校合作加快了发展步伐，取得了诸多进展。但由于我国教育体制和教育观念等诸多方面的影响，家校合作的水平仍然比较低，实践中存在着诸多问题。

第一节　新世纪我国家校合作工作的进展

一、政策法规日趋完善

新中国成立以来，出台了一系列教育政策法规，其中许多都关注到了家校合作的重要意义和作用。进入21世纪后，为了进一步促进家庭与学校之间的合作，国家出台了一系列相关的政策法规。与之前的政策法规相比，新出台的政策法规具有以下两个最明显的特点：

1. 加强核心事务的合作，推动家校合作全面深入发展

我国以往的政策法规在提到家庭与学校合作时，关注的内容多限于学生健康、学生入学资格、学校的物质设施、外部环境等事务上，如1952年教育部颁发的《幼儿园暂行规程（草案）》希望家长"协助园长进行园舍修建、充实设备以及其他改进园务的工作"；同年颁布的《小学暂行规程（草案）》第38条规定："小学应成立家长委员会，由家长代表、教育委员、校长组成，定时举行会议、反映家长对学校的意见，

[①] 陈忠贤，上海市长宁区教育学院德育教研员，教育学硕士。
[②] 黄河清. 家校合作导论[M]. 上海：华东师范大学出版社，2008.

听取学校的工作报告,以密切家庭和学校的联系并协助学校解决困难";1986年4月颁布的《义务教育法》第4条明确规定:"国家、社会、学校和家庭依法保障适龄儿童、少年接受义务教育的权利";1988年12月颁布的《中共中央关于改革和加强中小学德育工作的通知》强调:"关心和保护中小学生健康成长,不仅是教育部门和学校的职责,而且是全社会的责任和义务。要把社会和家庭教育同学校教育密切结合起来,形成全社会关心中小学生健康成长的舆论和风气"。家庭与学校在这些方面开展合作对学生发展固然很重要,但这都是一些服务性和辅助性的工作,而不是学校的核心事务。对于学校的教学、管理、师生评价、人事考核等核心事务,之前的政策法规则很少提及。

新世纪出台的一系列政策,要求学校在教师考核、教材选用、课程改革、学生评价等学校核心事务上加强与家长的合作。如2003年10月教育部《关于进一步加强中小学教师队伍管理和职业道德教育的通知》提出:"完善在个人自评的基础上,学校领导、校长、家长、学生共同参与,促进教师职业道德、法律素养和业务水平不断提高的评价和考核办法,探索建立教师业务水平定期考试制度。"2005年2月,教育部办公厅《关于做好义务教育课程标准实验教材选用工作的通知》规定:"教材选用委员会应由骨干教师、校长、学生家长代表及教育行政、教研人员组成。"2010年7月,国务院颁布《国家中长期教育改革和发展规划纲要 2010—2020》,其中明确要求"建立中小学家长委员会","开展由政府、学校、家长及社会各方面参与的教育质量评价活动"。

2. 鼓励家长参与,发挥家长在现代学校制度建设中的作用

在过去很长一段时间内,我国的人口素质偏低,家长在科学抚养和教育儿童方面都需要来自学校教育工作者的指导和帮助,因而各项政策法规也着重于提高家庭教育质量,要求学校对家长进行家庭教育的指导。如1988年8月国家教委发布的《小学德育纲要(试行)》要求"学校要指导家庭教育,帮助家长端正教育思想,改进教育方法,提高家庭教育水平"。同年12月发布的《中共中央关于改革和加强中小学德育工作的通知》指出"要转变陈旧落后的家庭教育观念和方法,提高家庭教育水平。教育部门和学校要积极主动地指导家庭教育"。1995年3月《教育法》颁布,其中第49条规定:"学校、教师可以对学生家长提供家庭教育指导"。

随着经济和社会的发展,我国的人口素质也在进一步提高。2010年,我国进行了第六次全国人口普查,与2000年第五次全国人口普查相比,具有大专文化程度的人口由2898.54万人上升为6861.05万人,上升比率为136.71%;具有大学本科文化程度的人口由1415.07万人上升为4562.60万人,上升比率为222.43%,具

有大学研究生文化程度的人口由 88.39 万人上升为 413.86 万人,上升比率为 368.22%。① 可以看出,我国人口的受教育层次在不断提高,接受过高等教育的人口越来越多。随着家长受教育程度的不断提高,家长在科学育儿方面的知识和能力也有了很大的提高,已不再满足于完全被动地接受学校的教育和指导。与此同时,随着学校管理民主化程度的不断提高,家长对于其参与学校管理的权利意识和要求也在不断加强。

新出台的各项政策法规在继续强调家长教育的同时,也积极鼓励家长参与,切实保障家长的知情权、参与权和监督权,家长已经成为建设现代学校制度的重要力量。2001 年 6 月,教育部《基础教育课程改革纲要(试行)》规定"建立教育部门、家长以及社会各界有效参与课程建设和学校管理的制度";2012 年 2 月,教育部发布了《关于建立中小学幼儿园家长委员会的指导意见》,这是我国第一部规范家校合作的专门文件,该文件对家长委员会的重要意义、基本职责、组建原则、工作内容等各方面作了明确的要求和规定;为了推进现代学校制度建设,2012 年 6 月,教育部发布了《依法治校——建设现代学校制度实施纲要(征求意见稿)》,要求"中小学应当逐步建立健全班级和学校两级家长委员会。家长委员会承担参与教育工作、参与和监督学校管理、促进学校与家庭沟通、合作等职责,其成员由家长民主选举产生……有条件的地方,可以设置区域的家长委员会联合会,扩大家长对学校办学活动和管理行为的知情权、参与权和监督权"。可见,家长参与学校管理,成为现代学校制度建设的重要力量,已是历史发展的趋势。

二、理论研究逐步深化

人们普遍认识到,教育改革与发展的诸多问题和挑战,光靠学校是无法独立克服的,必须借助家庭和社会的力量。在此背景下,越来越多的研究者开始关注并研究家校合作。

1. 论文的数量迅速增加

进入 21 世纪以来,有关家校合作的专著、论文、课题报告等研究成果不断涌现。其中,以家校合作为主题的论文发展最为迅速。

在中国优秀硕士学位论文全文数据库(中国知网)中,以"家校合作"或"家长参与"为主题进行搜索,可以发现(见图 1):2000 年前,没有一篇硕士论文是以"家校合作"或"家长参与"为主题的;2000 年之后,开始出现相关的硕士论文,并且呈逐年增长的趋势。

---

① 赵均. 产业结构升级与人口素质问题研究 [D]. 中共中央党校,2011.

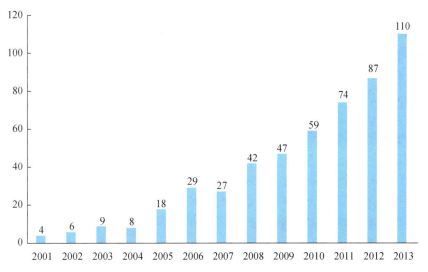

图1 以"家校合作"或"家长参与"为主题的硕士论文数

同时,在中国知网上以"家校合作"或"家长参与"为主题进行搜索,可以发现(见图2):以2003年为分界线,2003年之前,有关家校合作或家长参与的论文只会偶尔出现在核心期刊上,数量十分地少;从2003年开始,有关家校合作或家长参与的论文更加频繁地出现在核心期刊上。虽然从总体上看,出现在核心期刊上的论文数量仍不算多,但与之前相比,已经有了较大幅度的增长,仅2003、2004、2005这三年的论文数量,就超过了之前11年的论文总和。

图2 以"家校合作"或"家长参与"为主题的核心期刊论文数

虽然量大并不代表质优,但量的不断增加是实现质变的必要积累。论文数量的增加,说明有更多的研究者加入到家校合作研究的领域当中,这也必然会促进这一领域研究质量的提高。

2. 研究的主体逐渐多样

进入21世纪以来,家校合作的研究队伍越来越壮大,越来越多的一线校长和教师参与到这一领域的研究中,为这一领域的研究带来了丰富的一线经验。[①] 随着一线教师的加入,许多专业的研究工作者开始尝试与一线教师进行合作开展研究,实现优势互补。

从学科分布看,现有的有关家校合作的论文主要分布在教育领域,特别是教育学原理[②]和教育经济与管理[③]方向。同时,心理学[④]、社会学[⑤]、医学[⑥]等学科也都以各自不同的视角对这一主题开展研究。

3. 研究内容不断深化

随着家校合作研究队伍的不断壮大,研究内容也越来越深化,这突出表现在以下三个方面:

首先,家校合作的研究越来越聚焦。起初,大多将家校合作视为一个整体进行研究,对其内容、方式、途径、价值、影响因素等进行笼统的概括。[⑦] 随着研究的发展,研究者开始深入家校合作内部,比如研究家校合作作为学生、教师、家长等不同群体所带来的不同影响、影响城乡家校合作的不同因素等。[⑧]

其次,家校合作的研究越来越本土化。最初有关家校合作的论文许多都是国外特别是西方国家成功经验的介绍和推广,[⑨]随着我国本土家校合作实践的开展,研究者开始尝试总结具有我国本土特色的实践经验并积极向外宣传。[⑩]

最后,研究者在积极推动家校合作向前发展时,也开始对家校合作进行反思。

[①] 例如:育苗小学.以专业的力量创生家校合作新局面[J].现代教学,2014(Z4).
[②] 例如:林杰.家校合作构建学习共同体的策略研究[D].西南大学,2009.
[③] 例如:王帅.我国城市小学生家长参与学校管理现状及对策研究[D].华东师范大学,2010.
[④] 例如:臧原.家校合作培养初一学生自我适应性的研究[D].西南师范大学,2005.
[⑤] 例如:李国强.家庭社会资本:家校合作的重要影响因素[J].中国教育学刊,2009(11).
[⑥] 例如:李历彩.学校背景下自闭症谱系障碍儿童的综合干预研究[D].华东师范大学,2010.
[⑦] 例如:马忠虎.对家校合作中几个问题的认识[J].教育理论与实践,1999(3);岳瑛.我国家校合作的现状及影响因素[J].天津市教科院学报,2002(3).
[⑧] 例如:潘振娅.影响家校合作的家长因素研究[D].华东师范大学,2008;左东芳.农村初中家校合作问题研究[D].西南大学,2008.
[⑨] 例如:杨敏.美国中小学家校合作的实践探析及启示[D].西南大学,2007;苏丽萍.日本小学家校合作研究[D].辽宁师范大学,2012.
[⑩] 例如:Li J, Wang P, Chen Z. (2013). Student Developmental Needs Based Parent Partnership: A Case Study of Qilun Elementary School in Minhang District, Shanghai. International Journal about Parents in Education, 7(2).

一些研究者在看到家校合作带来积极利益的同时,也注意到家校合作可能带来的消极影响,并开始进行研究,以促进家校合作以一种更加健康的方式发展。[1]

4. 研究方法越来越丰富

家校合作研究方法越来越丰富,除了有传统的理论思辨外,还有文献分析法[2]、比较分析法[3]、个案研究法[4]等。同时,运用量化手段的实证研究[5]、行动研究[6]也越来越多。

三、实践改革广泛开展

从实践层面来说,家校合作总是存在的,诸如家长会、教师与家长的日常交流,也一直是学校家校合作的内容。随着社会的发展,特别是在各项家校合作政策的推动下,我国家校合作的实践有了进一步的发展,这主要体现在三个方面:

1. 革新传统家校合作形式

由于社会的不断发展,许多传统的家校合作形式都面临一系列亟待破解的问题。因此,各个学校结合自身实际,积极探索新的开展形式,使传统的合作形式焕发出新的生命力。

家长会是最为普遍的家校沟通的方式之一,但近年来,家长会形式单一,内容空泛,一直为人们所批评。[7] 此外,家长会也被一些家长视为"告状会"和"挨批会",从而不愿参加家长会。[8] 为了解决这些问题,各个学校根据实际情况,展开积极探索,不断创新家长会形式。为了使家长会更加具有针对性,山东省海阳市第一中学一改传统全体家长统一开会的家长会模式,而是结合具体情况召开小型家长会,如根据家长的知识水平和职业特点召开专题家长会,根据学生的发展水平召开分层次家长会等等;[9]为了改变家长对家长会的负面印象,洛阳市宜阳县三乡中心校不断创新家长会形式,将家长会开成培训会、摸底会、辩论会、观摩会、体验会、感恩会等众多形式,获得了家长的好评。[10]

---

[1] 例如:林玲. 家校合作关系的检视——一种批判的视角[J]. 教育科学研究,2013(6).
[2] 例如:叶晓璐. 国外及港台地区家校合作实践研究综述[J]. 世界教育信息,2011(4).
[3] 例如:李飞,张桂春. 中美两国家校合作机制差异之比较[J]. 教育探索,2006(3).
[4] 例如:陈武. 亲子沟通方式与儿童行为问题的相关研究——以佛山市南海区恒大小学为例[J]. 教育信息技术,2015(6).
[5] 例如:杨晓琳. 家校沟通合力在哪?[N]. 中国教育报,2013-07-08(3).
[6] 例如:郝若平,郝翌钧. 亲师互动对学生心理健康和学习品质影响的实验研究[J]. 山西师范大学学报(社会科学版),2012(3).
[7] 李小红,刘嫄嫄. 学校家长会:问题与改进策略[J]. 中国教育学刊,2011(12).
[8] 曲红霞. 大连市小学家长会存在的问题及对策研究[D]. 辽宁师范大学,2008.
[9] 程显龙. 家长会,拿什么吸引家长[J]. 现代教学:思想理论教育,2014(3B).
[10] 王红顺,夏书芳. 学生家长会,还可这样开[J]. 教书育人,2015(5).

家访曾是教师了解学生家庭背景、与家长沟通学生情况的有效途径,但随着生活节奏的加快、人际关系的变化,一些学校和教师不再提倡和重视家访工作。一项对上海市松江区某学校的调查显示,尽管该校83.1%的教师认为对学生进行家访很有必要,但只有46.2%的教师表示愿意家访,而在实际工作中,只有9.2%的教师表示在过去一个学年内对学生进行过家访。[1] 家长和学生也对教师的家访产生了一些误解,一些家长认为教师家访只是走形式,有的甚至认为教师家访是为了向家长要好处。[2] 这一切,使得家访工作遇到了前所未有的阻力。[3]

为了避免家访工作流于形式,使家访切实产生效果,一些学校要求教师对家访进行备课,精心准备家访计划;[4]教师在实践中,也改变以往家访工作由班主任"独自作战"的局面,转而与学生[5]、任课教师[6]甚至是校长[7]组成团体,进行团体家访。为了使家访工作规范化,厦门市教育局还专门出台了《厦门市中小学教师家访工作规范》,对教师家访的次数、重点对象、家访内容等都作了具体明确的规定。[8]

除了家长会、家访,许多学校也在积极尝试以新的方式对家长学校[9]、家校联系手册[10]等传统模式进行革新,使这些传统合作模式焕发出新的生命力,更好地促进家庭与学校之间的紧密合作。

2. 尝试新的家校合作形式

除了革新已有的传统合作形式以外,各个学校还积极尝试新的家校合作方式。

家长志愿者是目前中小学中比较常见的一种家校合作形式。家长往往会根据活动内容的不同组成不同的志愿者小组,如护学组,专门负责维持上学、放学时学校门口的交通秩序;[11]午餐组,通过巡查学校食堂、试吃等活动帮助学校发现午餐

---

[1] 王伶俐. 家访工作的现状调查与对策研究——以上海市松江区T校为例[D]. 华东师范大学,2008.
[2] 王丹. 成都地区部分初中教师家访的研究——基于教师专业化发展的思考[D]. 华东师范大学,2011.
[3] 胡文敏. 浅谈家访形式的变革[J]. 南昌教育学院学报,2009(3).
[4] 徐桂林. 像上公开课一样去家访[J]. 教师教育,2015(4).
[5] 张萍. 同学和我一起去家访[J]. 思想理论教育,2002(5).
[6] 胡文敏. 浅谈家访形式的变革[J]. 南昌教育学院学报,2009(3).
[7] 鲍成中. 为"校长家访"叫好[J]. 学校管理,2010(4).
[8] 谭南周. 厦门颁布教师家访工作规范——班主任科任教师均要进行家访 七类学生家庭必须访问[N]. 中国教育报,2007-6-21.
[9] 何海燕. 小学家长学校课程设计研究——基于L小学家长学校的个案研究[D]. 华中科技大学,2011.
[10] 杨华. 家校联系手册——架起学校、家庭沟通的桥梁[A]. 全国教育科研"十五"成果论文集(第五卷),2005(11).
[11] 孟庆川,冯玉婷. 多方联动配合守护孩子安全——徐州市云龙区解放路小学把好学生安全入校关[J]. 平安校园,2015(10).

中可能存在的问题;①活动组,帮助学校组织大型活动或自发地组织一些活动等。②家长来学校担当志愿者,不仅可以增加学校的教育资源,减轻一些管理工作给教师带来的负担,还可以促进家校之间的交流,鼓励家长行使自己的权利,督促学校改进教学和管理,提高学校的办学质量。

家长开放日也是一种较为普遍的新型合作方式。在家长开放日,学校会向家长开放校园及图书馆、实验室、体育馆等场所供家长参观、使用,还会开放教师的课堂,让家长去听课、参加主题班会,部分学校还会举办诸如学校发展状况介绍、学生作品展览、教师作品展览等在内的各项活动,尽可能地让家长更深入地了解学生的在校生活。家长开放日不仅是展示学生在校生活、展示学校风采的机会,也是更新家长观念的好机会。家长开放日活动中,教师们以丰富多彩的活动形式,让家长参与活动,亲身体验愉悦和成功,展现并传递了新的教育观念。③

通讯技术的迅猛发展,也为家校之间的沟通和合作带来了巨大的便捷。有的学校利用通讯技术,建立"家校通""校讯通"等通讯系统,及时将学生的各项信息如进出校门的时间、每天的家庭作业等,通过短信传送给家长,减轻了教师的工作压力。④ 信息技术的发展,不仅可以使学校快速地向家长发布信息,也是学校增加与家长的互动,收集家长信息,挖掘家长需求的重要渠道。一些学校在学校网页上搭设家校互动平台,听取家长意见,对家长的意见及时给予答复,提高了学校的管理水平,密切了家校之间的联系。⑤

此外,家长督学、亲子作业等新的家校合作形式也为许多学校加以吸收和利用,极大地丰富了家校之间的合作内容。

3. 逐步提升家校合作的层次

学校的教学和管理是学校重要的核心领域,在传统的家校合作中,家长几乎不会参与到这两类事务中去。近年来,学校逐渐向家长开放了这些核心领域。

许多学校已经意识到,家长不仅能够为学校提供物质资源和人力资源,家长本身也是珍贵的教育资源,能够有效地弥补学校师资缺乏、教师知识结构相对老化等不足,促进教学质量的提升。山东省安丘市凌河小学每学期开学初,都会召开家长课程开发意向会,邀请家长根据自己的特长,开设课程,为学生上课。⑥ 像这样由

---

① 吕星宇. 上海市家校合作推进学校发展的成功之道[J]. 教育科学研究,2015(1).
② 徐凤娇. 家长志愿者服务队:荷塘中的雅致风景[J]. 中小学德育,2014(12).
③ 吕丽芳. 家长开放日活动的意义及方法探究[J]. 甘肃教育,2013(12).
④ 黄善顺. 关爱无微不至,沟通随时随地——校讯通为家校沟通插上翅膀[J]. 中国教育信息化,2012(4).
⑤ 黄浦区北京东路小学. 在家校互动平台上信相通、心相连[J]. 上海教育,2013(7).
⑥ 王维信,郭德强. 山东安丘市凌河小学:请家长进课堂当"老师"[N]. 中国教育报,2013-02-21.

学校邀请有特长的家长走进教室为学生上课,在不少学校已不再是一件新鲜的事。据统计,仅在山东省莱芜市,就有 3000 余名家长义务为学生举行心理健康、文明礼仪、道德法制、手工制作、生命安全、生活理财、机器制造等讲座,被小学生亲切地称为"家长教师"。①

家长参与学校管理是建立现代学校制度的重要标志之一。尽管目前并不是所有的教师都能接受家长直接参与学校决策,但多数教师都承认参与学校决策是家长的一项基本权利。② 家长委员会、家长管理委员会、家长咨询委员会、家长联合会等一系列家长参与学校管理的组织也正在逐步建立,家长参与师生评价、课程开发、教材选定、学校发展规划制订等传统学校核心事物的事例也越来越多,如上海市协和双语学校每年都会组织家长和学生投票选举十大优秀教师;世界外国语小学邀请家长对教师批改的作业进行监督等。③ 教育部于 2012 年颁布的《关于建立中小学幼儿园家长委员会的指导意见》和《依法治校——建设现代学校制度实施纲要(征求意见稿)》,更是大大加快了这一进程。家长参与学校管理是家校合作的一个质的飞跃,使得家长的主体性得到彰显和保障,家长不再被动地等着学校邀请而参加合作,而是作为独立的主体主动开展合作,实现自身的权利。

第二节 目前我国家校合作实践存在的问题

虽然我国家校合作有了较大的发展,但就整体而言,水平仍比较低,实践中存在着诸多问题。

一、家校合作缺乏系统性和连贯性

尽管家庭和学校都十分重视儿童的教育,但很多家长和教师、校长还没有将家校合作放在一个很重要的位置,对家校合作都没有一个系统、长程的规划。这致使家校合作基本上处于无序化状态,合作活动存在着较大的偶然性和随意性,还没有达到常规化、系统化和规范化的状态。④

从家庭的角度来说,家长虽然关心重视自己孩子的教育,但很少会主动去了解学校的各项政策信息,更别提会主动走进学校与学校教职工进行沟通,系统地规划

---

① 李文军,张兴华,吴茂明. 山东莱芜 3000 名"家长教师"活跃在中小学校园[N]. 中国教育报,2013-07-10.
② 陈忠贤. 小学教师对家校合作的态度及其影响因素研究——以上海市虹口区为例[D]. 华东师范大学,2015.
③ 吕星宇. 上海市家校合作推进学校发展的成功之道[J]. 教育科学研究,2015(1).
④ 赵城. 家校合作的阻滞因素及消解途径[J]. 安庆师范学院学报(社会科学版),2011(5).

家校合作更是少之又少了。潘振亚对上海市688名家长的调查显示,只有19.5%的家长"十分了解"其子女所在学校的办学理念和课程设置,而选择"完全不了解"的家长比例高达30.6%;在回答"是否会主动向学校寻求指导或咨询"时,19.4%的家长表示"经常",33.4%的家长表示"偶尔",近一半(47.2%)的家长表示"从来没有"。① 对于许多家长,在儿童入学前,他们肩上担负的最大教育责任就是让孩子进入一所理想的学校。因此,每当孩子即将面临升学或转学时,家长才会积极地关注各个学校的政策,尽一切可能搜罗学校的信息,比较不同学校之间的差异,以便作出最佳选择。一旦孩子顺利入学了,这些家长便觉得自己身上的教育责任已经转移到学校身上了,接下来他们只要满足孩子的物质需求,为孩子提供必要的学习条件就可以了。

从学校的角度来说,学校虽然知道家校合作有助于学生发展,但与学科教学、德育等其他工作相比,家校合作仍没有占据很重要的位置。目前,绝大多数学校都缺乏家校合作的长效工作机制,没有将它作为重要事务纳入学校的整体教育工作计划当中。② 活动的开展在时间上时断时续,在内容上零零散散,缺乏系统性和连贯性。学校、年级层面上的大型家校活动只有很少的几次,多集中在开学、期中、学期末或重要节日等几个大的时间节点,其他时候则偃旗息鼓。③ 而班级层面上的家校联系则多是临时性和应急性的,往往是在学生发生问题之后,班主任或任课老师觉得不得不请家长了,才会请家长到学校与之沟通。高枝国等人对黑龙江省916名中小学教师的调查显示,高达62.2%的教师只有在学生思想或学习遇到问题时,才会与家长联系。④

学校、年级和班级层面上的家校活动在内容上多是相互独立的,缺乏相关性,没有长程意识。以对家长的教育指导为例,学校会请教育专家来为家长召开教育讲座,年级或班级也会开展类似的教育活动,但这类活动的主题往往都是相互独立的,东一榔头西一棒,今天讲"如何帮助孩子改掉胆小的毛病",明天讲"如何与孩子展开亲子阅读",后天讲"青春期的孩子在想些什么"等等。家长接收的信息,也是零零碎碎的,难以形成一个完整的家庭教育知识和方法系统。

---

① 潘振亚. 影响家校合作的家长因素研究——基于对上海市YH中学的调查分析[D]. 华东师范大学,2008.
② 马恒懿. 家校合作新探——基于问题重建的实践反思[D]. 华东师范大学,2011.
③ 刘力. 天津市区高中家校合作的问题与对策[D]. 天津师范大学,2007.
④ 高枝国,杨晓琳,冯林. 黑龙江中小学家校沟通的现状与改进策略[J]. 黑龙江教育,2013(12).

图 3　某九年一贯制学校家长课堂活动记录

上图为温州市某九年一贯制学校家长课堂的活动记录。从图中可以看出,从 2013 年 10 月至 2015 年 5 月的一年半时间里,家长课堂只有 11 篇文章,说明学校对家长的指导存在不足;而在这 11 篇文章中,有 8 篇文章是在 2014 年的 11 月和 12 月两个月内上传到网上的,剩余的 16 个月中,只上传了 3 篇文章,说明学校对家长的指导具有明显的临时性和突击性;从家长课堂的内容来看,11 篇文章涉及了包括安全教育、家庭作业、习惯养成等在内的多个内容,主题比较分散,说明学校对家长教育没有一个整体系统的规划;最后,结合该校九年一贯制的特点来看,学生的年龄差异较大,不同年龄段学生的家长对家长教育的需求应该也存在较大差异,但家长课堂中的材料缺乏年龄段的区分,忽略了家长的不同需求。

二、家校合作的水平低、效果差

就整体而言,我国家校合作仍处于较低水平,突出表现为家长参与学校内部事务的程度低、家校合作的形式单一和内容狭隘,导致家校合作的效果差强人意,远未达到理想中的效果。

目前,我国家校之间开展最为普遍的合作多是一些低层次、临时性的合作,如家校联系手册、家长与教师电话沟通或接送孩子时见面沟通、家长在家辅导孩子作业等。家长参与学校活动的情况逐渐增多,如家长开放日、家长志愿者、家长充当客座教师等,但只有部分学校开展了此类活动,并且这类活动的开展频率也比较低,家长对此感触不深。

上海市教科院曾对上海市 146 所公办中小学的 4492 位家长和 146 位校长进行问卷调查,结果显示,校长和家长在对家校合作方式的认知方面存在较大差异。校长认为某些形式在学校使用不多,而家长则感觉使用较多,如"家长园地(布告栏、橱窗)""校报、校刊(家长小报)""市家校互动平台";而校长认为某些形式是学校主要的家校合作方式,家长则感觉学校运用较少,如"家长委员会""家长参与学生事务的管理决策"。合作的效果也不尽如人意,学校经常使用的"家长讲座(家长学校)""家长开放日"等形式并没有得到大多数家长的喜欢,而大多数家长喜欢的"家长参与学生事务"却不是中小学普遍采用的形式。①

让家长参与管理和决策的学校仍是少数,许多学校虽名义上成立了家长委员会,但却并没有赋予其实权或者只赋予其知情权和部分咨询权,真正的决策权利仍把持在学校的手中。孙媛媛对山东省十所小学的1000名家长的调查显示,54.8%的家长认为家委会"几乎没有发挥作用",35.5%的家长认为家委会形同虚设。②

教师对家长参与学校内部事务也抱有疑虑,特别是在人事和教学方面。陈忠贤对上海市虹口区120名小学教师的调查表明,在教师考核和课堂教学评价方面,约66%的教师表示"完全不需要"家长参与,约25%的教师认为可以"咨询家长意见",但没有一位教师赞成"家长直接参与决策"的做法。他们认为家长并不具备这方面的专业素养,另外这也是对教师职业权威和职业形象的威胁和挑战。③

虽然家庭和学校在实践中创造出了多种多样的合作形式,但目前我国家校合作的主要形式仍比较传统和单一。表1是一项对江苏省小学家校合作现状的调查,可以看出,家长会、电话联系、家访仍然是家校合作最主要的合作方式,新的合作方式在家校合作中只占很小的比例。即使采用了部分新的合作形式,如家长开放日、家长沙龙等,往往也多以集体活动为主,缺乏与个别家长的具体交流与指导,使得整个活动容易流于形式。

表1 家校合作方式的情况统计④

家长会	电话联系	家访	便条联系	其他	没有联系
41.5%	23.7%	14.3%	6.9%	6.3%	7.1%

理论上,与儿童发展息息相关的各个方面,包括文化学习、思想品德、身心健康、审美情趣、劳动技能等,都应是家校合作的具体内容。现实的情况却是:家长和教师的交流主要集中在学生的学习成绩方面,其他方面则很少关注。张瑜的调查显示,家长在与教师进行联系的时候最关注的是孩子的学习情况,占到33.5%,其

---

① 郁琴芳. 家校合作中校长与家长的认知差异——基于上海市146所公办学校的调查[J]. 上海教育科研,2014(5).
② 孙媛媛. 山东省小学家长委员会建设问题与对策研究[D]. 曲阜师范大学,2012.
③ 陈忠贤. 小学教师对家校合作的态度及其影响因素研究——以上海市虹口区为例[D]. 华东师范大学,2015.
④ 杨俊. 关于小学家校合作现状的调查研究[J]. 教学与管理,2006(9).

次是孩子的行为、纪律方面的问题,占到19.8%,然后是孩子的品德问题,占到17.9%。[1] 尽管教师和家长也会就学生的行为习惯和品德问题进行交流,但这种对话大多是收集和了解孩子听课是否认真、是否听话、是否调皮等信息。正如有的研究者指出的那样,这种关于学生行为习惯和品德方面的交流,其实质仍然在于为学生学业情况寻找原因,并不是作为独立品德培养活动来考虑的。[2]

三、家长主体性的缺失

在理想的家校关系中,家庭和学校应该是互相平等、互相协助、共同努力,采取各项措施,积极推动教育质量提升的合作伙伴关系。学校因其自身所肩负的教育责任和固有的优势,在家校关系中起着主导作用,而家庭是家校关系的主体。[3] 然而,在目前的家校合作中,家校双方的地位却是不平等的,学校的主导地位得到突显,而家庭的主体地位严重缺失。家长主体性的缺失,既有家长自身的原因,也有学校的原因。

在当前的家校合作中,绝大多数的活动都是在学校的主导下发起并展开的,家庭往往缺乏主动与学校展开合作的意识和愿望,即使偶尔有这种意识和愿望,也很少积极采取主动措施。一项调查显示,68.9%的家长表示,他们只有在受到学校的邀请时,才会到学校与教师进行沟通;[4]另一项针对大连市市区内小学的调查也显示,尽管有45.5%的家长认为家长应该定期和老师取得联系,主动与教师交流,但有近90%的家长坦承他们大多在孩子发生问题时,才会主动联系老师,寻求帮助。[5]

由于活动绝大多数是在学校的主导下开展的,学校很容易会从自身便利的角度出发去设计和安排各项活动,出现忽略家长主体性需求的现象。以各个学校普遍开展的家长教育讲座为例,家长教育讲座的时间、地点、内容、形式等这些问题,学校很少会在事先征询家长的意见,往往是学校规定好了时间、地点、内容、形式等,然后发一份通知给家长,邀请家长来学校参加。家长只需要按照通知单上的时间,来到指定的地点,参加讲座就可以了。至于讲座的内容是不是家长需要的、讲座的形式是不是家长喜欢的、讲座的实际效果如何,这些问题学校都很少考虑。

---

[1] 张瑜. 我国基础教育阶段家校合作的问题及对策研究[D]. 华东师范大学,2008.
[2] 赵城. 家校合作的阻滞因素及消解途径[J]. 安庆师范学院学报(社会科学版),2011(5).
[3] 黄河清. 家校合作导论[M]. 上海:华东师范大学出版社,2008.
[4] 田贵辰,刘学军,魏喜凤. 中小学家校合作现状与对策[J]. 石家庄学院学报,2010(6).
[5] 杨雪梅. 城市小学家校合作的问题及策略研究[D]. 云南师范大学,2007.

附录二
中国情境：扎根本土，实现自觉

第三节　家校合作问题的归因

为了解决我国家校合作实践中存在的这些问题，本节尝试分析问题发生的原因。引起这些问题的原因众多且复杂，因此，对原因的归类并不是绝对的，只是相对突出某些方面而已。

一、文化传统的负面影响

我国素来有尊师重教的文化传统，这使得我国家长十分重视自己孩子的教育、关注孩子的在校表现，对教师也十分地尊重，为创造一个良好和谐的家校关系奠定了良好的基础，但我国的文化传统也为家校合作带来一些负面影响。

首先，我国的家长虽然普遍都比较重视儿童的教育，但对教育的理解却也有其狭隘性。在许多家长的眼中，儿童来到学校的唯一目的就是学习文化知识，学习成绩好坏成了衡量学生学习成果的唯一标准。他们对教育的重视，往往转化成对学习成绩的关注。因此，当他们与教师沟通时，交流最多的便是孩子的学习成绩，其他方面只要不是特别严重，便不会提及。教师本来与每位家长接触的机会和时间就有限，为了提高沟通效率，往往也会挑家长最关心在意的内容聊，这样就形成了家校交流内容主要围绕学生学习成绩的单一局面。

上海市静安区对区内680多名家长和教师的调查显示，超过八成的中小学家长和教师表示，学习仍然是家校沟通的焦点，而学习的表达方式就是成绩；"孩子的身心健康"是家长和教师最少谈及的话题，从小学到高中，至少有五成以上的家长和教师在家校沟通的过程中会忽略"身心健康"话题。[1] 另一项调查显示，全国中小学生每天平均睡眠时间不到八小时，近八成的中小学生存在睡眠不足问题；[2]而与此形成鲜明对比的是，全国六成左右的中小学生每天平均做家庭作业的时间会超出国家规定的最高时间，其中有相当一部分作业是由家长布置的。[3]

其次，由于强调对教师的尊重，许多家长都把学校看成是教师的专属领地，不敢对学校事务特别是学校的核心事务进行评论。他们认为涉足学校事务，特别是学校的管理和教学事务，便是对学校和教师权威的挑战，是不尊重教师的做法，会

---

[1] 中国青少年研究中心. 调查显示家访不受家长欢迎[EB/OL]. http://www.cycs.org/kycg/jtjyyj/201504/t20150423_65652.html, 2014-06-08.

[2] 中国青少年研究中心. 中国少年儿童10年发展状况研究(6)：中小学生睡眠时间持续减少，近八成中小学生睡眠不足[EB/OL]. http://www.cycs.org/kycg/seyj/201504/t20150423_64664.html, 2011-10-30.

[3] 中国青少年研究中心. 中国少年儿童10年发展状况研究(5)：半数左右中小学生在校时间和家庭作业时间超标[EB/OL]. http://www.cycs.org/kycg/seyj/201504/t20150423_64665.html, 2011-10-30.

招致学校和教师的不满,破坏家校之间的和谐。因此,他们更愿意留在家中对子女进行教育,至于学校里的教育事情,最好全权交给教师等专业教育工作者。① 这样的心理,也存在于许多教师的身上。这些教师认为自己是专业的教育工作者,具有教育自主权,家长既没有权利也没有能力参与学校的事务特别是核心事务,过多的参与便会威胁到学校的正常运转,是对学校和谐的破坏。②

这既是造成家校合作中家长主体性缺失的重要原因,也是造成我国家校合作层次低的重要原因。更重要的是,在"尊师"的旗号下,家校双方对当前这种"家校双方,各管一方"的状态感到心安理得,合作意识变得愈加淡薄。目前,总体而言,无论城镇还是乡村,家庭和学校对家校合作的认识还不到位,双方都缺乏这方面的意识和要求。③

二、具体政策和组织的缺失

从我国教育政策的现状来看,直到2012年2月,教育部发布《关于建立中小学幼儿园家长委员会的指导意见》,我国才有了第一部规范家校合作的专门性文件。之前虽然许多教育法规、政策都提及家校合作,但往往都是宏观的、倡导性的,难以具体落实。由于缺乏具体的法律规范和指导意见,家校合作工作目前完全属于学校和家庭自主管理的事务,不属于教育行政部门的管辖。家校合作是否开展、以何种形式开展、开展到什么程度等,都由家庭和学校根据自己的理解和好恶来安排。整个家校合作活动处于自发、松散状态,缺乏系统性和连贯性:学校和教师重视,则多搞几次活动;不重视,则少搞甚至不搞;学生出现问题了,教师便与家长多沟通沟通;学生没出问题,家校双方则各司其职,互不沟通。同时,有关家校合作具体政策法规的缺失,也是造成我国家长民主参与学校教育意识淡薄的重要原因之一。

除了缺少具体政策外,我国也缺少专门性的家校合作组织。专门性的家校合作组织,不仅能够更加有力地聚集家长资源,更好地设计和组织家校合作活动,同时,它还是家长表达自身诉求和对学校意见的一个平台。因此,专门性的家校合作组织是保障家校合作活动的质量和家长主体性的重要条件。

目前,我国在国家、省市、区县等各个行政级别上,都没有设立专门负责家校合作的部门,虽有妇联、共青团等组织、团体参与到家庭、学校以及社区的合作中去,但各部门职能边界模糊,互有交叉。学校层面也很少设置专门负责家校合作的组

---

① 潘振亚.影响家校合作的家长因素研究——基于对上海市YH中学的调查分析[D].华东师范大学,2008.
② 陈忠贤.小学教师对家校合作的态度及其影响因素研究——以上海市虹口区为例[D].华东师范大学,2015.
③ 谭虎,蔡建兴,邓芬芳.努力构建家校合作的教育机制[J].中国家庭教育,2005(2).

织或部门,导致家校合作工作被各部门相互推诿,时而由德育室出面组织,时而由科研室具体负责,造成家校合作活动即零散又随意,毫无计划性。一项调查发现,只有约16.7%的学校设有家校合作机构,多数学校没有设立专门的组织机构来对家校合作活动进行设计、指导和执行。[1]

随着教育部《关于建立中小学幼儿园家长委员会的指导意见》的发布,越来越多的学校建立了家长委员会,家长委员会也被许多学校视为负责家校合作的专门组织。然而,家长委员会能否切实承担起家校合作的各项工作仍有待观察和研究。[2] 一些学校虽成立了家长委员会,但缺乏明确的目标、宗旨和工作方案,其工作只是停留在传达学校的意见和要求,维护学校的外在形象,应付上级检查等,甚至成了学校的"后勤部门"。[3] 随着家委会的不断发展,社会对其质疑的声音也不断出现,摆设、傀儡、拼爹会、收钱会等诸多戏称先后与家委会沾上了边,更有人直指家委会"名存实亡"。[4] 专门性组织的缺失及其职能得不到充分发挥,不仅降低了学校家校合作的质量,还严重抑制了家长主体性的发挥。

三、学校管理体制的封闭性和资源的不足

现代学校发展的一个显著特点就是学校管理的开放化、民主化和管理主体的多元化,社会、家庭参与学校管理是学校发展的必然趋势。然而,长期以来由于学校在很大程度上独自承担教育和培养人的职责,造成学校逐渐成为一个独立且封闭的系统,在很大程度上与家庭和社会相脱节,包括家庭在内的其他社会单位很难涉足学校。[5]

封闭的教育体制使得学校在与家长合作时,显得畏首畏尾,一方面既想顺应时代发展要求,对家长开放;另一方面,又担心家长参与过多,干涉自己的专业自主。因此,中小学的校长和教师都积极欢迎家长在家辅导孩子学业或来学校参加学校大型活动、充当学校志愿者等层次相对较低的家校合作活动,而对家长参与课程改革、教师评价、学校规划制订等较高层次的合作活动则抱怀疑和拒绝的态度。[6]

良好家校合作局面的开创不仅需要学校主观上的认可,也需要依赖一定的物质资源,包括师资、经费、时间、场地设备等,但从目前的情况来看,许多学校都无法

---

[1] 田贵辰,刘学军,魏喜凤. 中小学家校合作现状与对策[J]. 石家庄学院学报,2010(6).
[2] 李家成. 家委会建设的当代意义与实践过程[J]. 教育督导与执法,2013(10).
[3] 吴铎思. 家委会岂该是学校的"后勤部门"?[N]. 工人日报,2015-03-27.
[4] 王强. 家委会缘何遭遇信任危机[J]. 辽宁教育,2015(4).
[5] 杨雄刘程等. 教育合作论:学校、家庭、社会"三位一体"育人体系研究[M]. 上海:上海人民出版社,2012.
[6] 陈忠贤. 小学教师对家校合作的态度及其影响因素研究——以上海市虹口区为例[D]. 华东师范大学,2015.

在这些方面提供持久稳定的供应。

首先,开展家校活动,特别是大型的家校活动,需要有大量的财力保障,如活动的场地、设备等,而目前中小学的财政计划中并没有家校合作这一块,搞活动的经费只能东挪西凑,甚至靠打政策的擦边球来获得部分经费。

其次,与家长开展合作和交流,需要学校和教师付出大量的时间和精力,而目前我国中小学教师的工作量普遍较大,工作时间长,加上班级规模较大,与所有学生的家长进行深入的交流和工作,是极具挑战性的。一项对来自全国东、中、西部11个省、市、自治区7680名高中教师的调查显示,我国高中教师平均每周工作时间高达55小时左右;平均每周休息只有1天左右,法定休息时间尚不能保证。[1]

最后,要实施有效的家校合作对教师各方面的素质有着严格的要求,教师要有良好的语言表达能力和沟通技能、设计和协调组织活动的能力,还要有强烈的文化敏感性,这些技能和能力的获得,都需要靠精心的培养。而目前我国教师的培养制度中,不管在职前的师范教育,还是入职后的继续教育,都没有安排有关家校合作的专门性课程或项目,这也是造成家校合作质量不高的重要原因。

四、家庭资源和合作能力的欠缺

在当前市场经济改革和社会大变革的背景下,家长身上肩负着巨大的压力,工作、学习、家庭、人际交往、社会环境等各方面的问题,都在困扰着家长,使家长无暇顾及子女的教育,更不愿意花时间走进学校,参与学校管理。在一项对五省市中小学家校沟通情况的调查中,62.6%的家长将"工作太忙,没有时间"视为影响家校沟通的首要因素。[2]

家庭资源欠缺对家校合作的影响最突出地体现在留守儿童和流动儿童身上。留守儿童和流动儿童是我国当前快速城市化背景下伴随农民工问题出现的一个特殊社会群体。随着农民工规模的不断扩大,留守儿童数量也在随之逐渐增加。根据全国妇联2013年的推算,全国有农村留守儿童6102.55万,与2005年全国1%抽样调查估算数据相比,五年间全国农村留守儿童增加约242万;全国0—17岁城乡流动儿童规模为3581万,在2005年基础上增加了41.37%,且有增长的趋势。[3]

对于那些留守儿童的家长来说,由于时空的相隔,与学校的合作基本上就是偶尔和老师通电话,并且考虑到经济成本,这样的通话次数也不会很多。而流动儿童

---

[1] 王建军,陈寅等. 我国普通高中教师专业生活状态调查[J]. 基础教育,2010(8).
[2] 杨晓林. 家校沟通合力在哪?——五省市中小学家校沟通情况调查报告[N]. 中国教育报,2013-07-08(3).
[3] 全国妇联课题组. 我国农村留守儿童、城乡流动儿童状况研究报告[R]. 北京,2013.

的家长虽在身边，但他们往往没有多少空暇时间。与工厂的职工不同，农民工往往都是按日计薪，没有双休日，请假一天便意味着失去收入，对许多家长来说，是很不划算的。此外，语言上的隔阂、文化上的差异以及心理上的自卑等因素，也都阻碍了流动儿童家长走进儿童所就读的本地学校，与学校展开合作。

虽然今天的家长在文化素质和学历水平上都比过去提高了许多，部分家长的学历水平甚至高过一些教师，但接受过系统家长教育的人却寥寥无几。李亚杰对上海地区家长教育现状的调查显示，在被调查的家长中，仅有3.83%的家长回答"接受过系统培训"；有23.83%回答"接受过偶尔的专题教育"；有14.47%的家长回答"通过媒体等其他途径了解过"；还有57.87%的家长回答"没有参加过"。[1]此外，我国虽在上世纪80年代就出现了家长学校，并发展迅猛，[2]但很多是流于形式，并且家长教育一直没有系统的教材，家长学到的也只是一些零星的教育知识和教育方法，操作性不强，对家长教育能力的全面提升所起到的作用有限。

由于家长教育事业发展的滞后，许多家长缺乏与学校沟通合作的能力。有的家长在听到教师反映其孩子存在的问题后，便简单粗暴地教训甚至痛打孩子一顿。教师的本意是想与家长沟通，找到解决问题的办法，这样一来，反而让教师心怀愧疚。还有的家长，则将孩子身上出现的问题全部归咎到学校头上，责怪学校没有将孩子教育好，结果造成家校双方相互指责、关系紧张，合作更是无从谈起了。

第四节　家校合作的未来发展方向

一、完善政策，健全组织

完善或健全有关家校合作的政策法规，成立专门负责家校合作工作的各级组织，是保证家校合作有效运转，建立理想家校合作机制的根本保障。这既是国外家校合作发展经验给我们的启示，也是我国社会民主进程加快，家长权利意识和参与意识不断增强的必然要求，更是解决目前家校合作实践中存在诸多问题的有效良方。

相关立法和教育行政部门应高度重视家校合作，从建立和完善现代学校教育制度的角度出发，制定具体的指导意见、全面的评估内容和系统的考评机制，使家校合作的各项工作法制化、常规化。同时，学校也应根据具体情况，制定本校的家校合作规划，使学校的家校合作形成一项稳定而系统的具体政策，既为学校教师也

---

[1] 李亚杰.当代家长教育[D].华东师范大学,2010.
[2] 黄河清.家校合作导论[M].上海：华东师范大学出版社,2008.

为广大家长,提供展开家校合作的有效依据。

同时,教育行政部门应积极会同妇联、共青团等部门机构,成立专门的组织,合理统筹和安排各部门的工作,对家校合作进行科学有效的指导和考核,以促进家校合作有序、健康地发展。学校层面,要明确家校合作工作的领导权,确立家校合作的管理部门。条件允许的情况下,可以设立专门的家校协调机构,由专门的行政领导统一指挥,全面负责家校合作的方针制定、方案落实、评估检查等各项工作,以保证家校合作计划的具体落实。

二、科研与实践相结合

提高实践的有效性和科学性,少不了必要的理论指引;同样,理论的突破和发展也离不开实践的土壤和检验。目前,我国家校合作在理论研究方面不够深入,还没有提出符合我国国情、具有我国特色的家校合作理论,迫切需要深入实践,在实践中取得突破,部分有所突破的实践改革成果,需要借助各类力量实现成果的推介、推广和深化;在实践层面,我国的家校合作也面临着诸多问题,急需必要的理论支持和指导。

教研结合是我国教师专业发展的一项重要途径。教师在日常家校合作中,积极观察,主动思考,及时总结经验教训,是提高学校家校合作工作有效性的重要途径。然而,完全依靠一线教师自身做科研仍存在较大的不足。首先,工作在家校合作第一线的中小学教师们常常被淹没在琐碎的学校事务中,没有足够的时间和精力去研究家校合作。其次,中小学教师自身理论素养及独立从事科研的水平有限,开展教育研究对他们而言面临诸多困难。最后,家校合作在教师的师范教育和在职培训中,一直都是空白,绝大多数教师都在凭借经验开展工作,让他们在自身没有深厚家校合作理论积淀的情况下,跳出经验的圈子,研究家校合作,存在较大的困难。

因此,我们主张密切高校理论工作者与中小学一线教师间的协作,由高校的专业研究人员与学校相关领导、一线教师共同组成研究团队,对家校合作的实践进行理论指导,同时也在实践中不断调整和完善理论,对提高家校合作的效果具有重要的意义。通过这种合作关系,既能够提高学校实践的科学性和实效性,为一线教师更好地开展家校活动提供智力支持和方法指引,也为家校合作的理论发展提供实践土壤和检测平台,提高理论的可靠性,促进理论的发展和飞跃。

三、家、校、社携手,资源共享

良好的家校合作需要大量的资源投入,无论是家庭和学校,都感受到了教育资源的缺乏给家校合作带来的种种束缚。社区,作为儿童成长和发展的一个重要微观系统,对儿童的成长和发展具有重要的潜移默化作用。将家校合作拓展为家、校、社三方合作不仅能够有效地弥补资源不足,提高资源的利用率,社区的参加也是提高家校合作质量,完善现代学校制度的重要举措。

社区本身所拥有的教育资源,如图书馆、博物馆、体育场馆、青少年活动中心等,可以为家校合作活动的展开提供必要的场所和设备,以弥补学校和家庭在这方面的不足。同时,社区所拥有的各种社会组织,也会为家校合作的不断发展,提供各种专业性的智力支持,如社区的妇女、儿童权益组织,家庭服务中心等社会机构会经常举办各类主题讲座,如果学校能够与这些机构展开合作,开展系统的家长教育和教师培训活动,一方面可以提高家校双方的合作意识,另一方面也必然会对家长教育素质的改善、教师家校合作能力的提高产生积极的效果。

此外,社区的介入,也会增加学校的开放性和民主性,促进现代学校制度的早日形成。一方面,学校的资源要对外开放,学校的场地、设备、人员,要有计划地向社区开放,如社区的青少年活动中心可能缺少专业的教师,这时学校就可以为其提供帮助;另一方面,社区和家庭一道,共同参与到学校的各项工作中去,对学校的各项工作给出建议并进行监督,也能有效地推动学校管理的民主化和科学化。

附录三

创生学校、家庭、社区合作的中国经验

李家成[①]　吕珂漪[②]

基于学生成长需要的家长教育参与模型(2013 年)

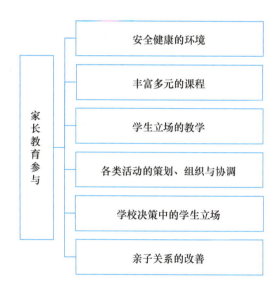

理解与信念

> 1. 家校合作合理性的根基在于学生发展;也只有家校双方都为了孩子、基于孩子,才可能真正建立家校合作关系。
> 2. 对学生成长需要的完整理解,直接决定家校合作的内容结构。

---

① 李家成,华东师范大学教授,博士生导师。
② 吕珂漪,华东师范大学教育学系研究生。

3. 对基于学生成长需要的家校合作的探索,能直接融入学校质量提升之中,对于学校发展有着举足轻重的意义。

4. 只有家校合作建立在学生成长需要基础之上,家长才会真心诚意、全力以赴地参与,也将在教育参与中实现家长素养的提升和生活质量的提高。

合作与形成

上海市闵行区汽轮小学与华东师范大学学校、家庭、社区合作研究项目组合作完成,形成性学术会议发言与作品为:

1. 李家成,李艳,印婷婷. 让家长的参与成就学生的发展——基于外来务工随迁子女学校"亲子作业"项目的实验[C]. 第十届上海"为了孩子"国际论坛,2015年10月29—30日.

2. Li, J.; Li, Y. & Yin, T. Does Parents' Involvement Contribute to Student's Development? The Parent-Child Homework Experiment at a Shanghai Migrant School. International Journal about Parents in Education, 2015, Vol. 9, No. 1, 1-9. 47-65.

3. Li, J.; Wang, P. & Chen, Z. Student Developmental Needs Based Parent Partnership: A Case Study of Qilun Elementary School in Minhang District, Shanghai [J]. International Journal About Parents in Education, 2013, 7(2):31—41.

4. Li, J.; Wang, P.; & Chen, Z. Student Developmental Needs Based Parent Partnership: A Case Study of Qilun Elementary School in Minhang District, Shanghai [C]. 9th International Conference of European Research Network about Parents in Education, 4—6 September 2013.

5. 李家成,王培颖,陈忠贤. 基于学生成长需要的家长参与——对上海市闵行区汽轮小学的个案研究[C]. CESHK Annual Conference 2013, Chinese University of Hong Kong, Feb. 23, 2013.

有待深化的研究

1. 当前家校合作的问题诊断。
2. 不同类型学生的成长需要。

3. 家校合作中的学生发展。
4. 家校合作实践与研究中教育工作者的思维品质提升。

基于专业性的双向互动家校合作模型(2014年)

理解与信念

1. 家校合作是一个双向互动、动态生成的过程。
2. 家校合作的双方,特别是孩子,都会在合作中获得发展。
3. 家校合作需要以教育的专业力量为基础。
4. 家校合作是家长和教师在多领域内的相互合作。
5. 家校合作能促成家庭的健康发育。
6. 教育工作者是家校合作的专业推动者,也将由此获得专业发展资源。

合作与形成

华东师范大学学校、家庭、社区合作研究项目组与上海市闵行区汽轮小学、国际救助儿童会、上海市闵行区育苗小学合作完成,形成性学术会议发言与作品为:

1. 李家成,王培颖.家校合作指导手册[M].北京:北京大学出版社,2016.

2. Chen, X.; Ding, Y.; Wu, Q. & Sun, Y. Parental involvement on QQ Platform in Migrant Children's School: A Case Study of Yumiao Elementary School in Minhang District, Shanghai[C]. 18th International Roundtable on School, Family, and Community Partnerships. Washington D.C., Friday, April 8, 2016.

3. Li, J.; Li, Y.; Yao, T. & Guo, Y. Does Parental Involvement Contribute to Teacher Development? Based on the Experiment of Parents-Teacher Synergic Lesson Study at a Migrant School in Shanghai. In Gonçalves, E., & Batista, S. (Eds.) (2016)[C]. Conference Proceedings of First ESCXEL Project International Conference-Networks, Communities and Partnerships in Education: actors, goals and results. Lisbon: ESCXEL Project-School Network for Excellence, 2016. ISBN: 978-989-97702-6-3.

4. 李家成.论班主任与家长沟通的生命性[J].班主任,2015(7):51—53.

5. 李艳,李家成.是家长的教育参与,还是家长的教育干涉?——论家校合作中教师与学校专业性的重建[J].班主任之友,2015(3):4—6.

6. Li, Y. & Li, J. Home-School Partnership as A New Chapter for School Revolution: a survey to parents in the home-school synergic teaching study in Y primary school in Shanghai[C]. The 2015 Annual Conference of the Comparative Education Society of Hong Kong (CESHK), the University of Hong Kong, 6 and 7 February 2015.

7. 吴青,李家成.以专业性教研活动助推家长的发展[J].思想理论教育,2014(9B):26—29.

8. 李家成.在家校互动中实现教师的文化引领[J].班主任,2014(7):52—55.

9. 李家成,敬畏家校合作的力量——基于促进学生成长的立场[J].人民教育,2014(6):33—37.

10. 李家成,姚涛,郭毓.让家长成为教师专业成长的新关系人——基于进城务工随迁子女家长参与教师教研活动的案例研究[C].华东师范大学基础教育改革与发展研究所和广西师范大学教育科学学院:"社会变迁中的教育革新与经验分享"国际研讨会,桂林,2014年5月25日至27日.

11. Li, J.; Qin, Y.; Ruan, X. & Guo, Y. Making Impossible into Possible: A Case Study on Parent Participation in One Migrant Student School at Shanghai[C]. 17th Roundtable of the International Network on School, Family, and Community Partnerships (INET), Philadelphia, PA, USA, 3 April 2014.

12. Yin, T. & LI, J. An Interpretation of Migrant Workers Expectations on Their Children Education: A Survey in Seven Specialized Primary Schools for Migrant Children in M District, Shanghai（解讀外來務工人員對子女的教育期望——基於上海市M區7所隨遷子女學校的系列調研報告）[C].香港比较教育年会,2014年.

13. 李家成.家校合作的问题反思与发展可能[J].班主任之友(中学版),2013(1—2):113—115.

14. 李家成.傲慢与偏见,抑或尊重与合作——走进班主任研究的异域空间·之五[J].班主任之友(中学版),2012(9):12—15.

有待深化的研究

1. 家校合作中教师、家长的前理解及其改变或发展过程。
2. 家校合作的实现机制与过程特征。
3. 家校合作中教师的专业发展。
4. 家校合作中的家长发展。
5. 全球化、信息化、城市化等新背景下家校合作的开展。

三力驱动、三环交融式家校合作模型(2014年)

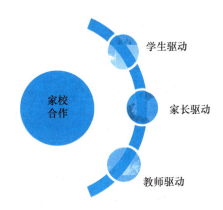

理解与信念

> 1. 学生不仅仅是家校合作的受益者,更可以成为家校合作的推动者。
> 2. 学生可以参与到家校合作的活动策划与系统形成中,成为家长和教师的合作者。
> 3. 学生可以成为家校合作的评价者,进而促成家长和教师的发展。
> 4. 学生在参与家校合作的过程中,会生成新的生活方式,进而促成学校和家庭生活的更新。

合作与形成

> 华东师范大学学校、家庭、社区合作研究项目组与常州市新北区龙虎塘实验小学合作完成,形成性学术会议发言与作品为:
> 1. 李家成.学生暑期生活与学期初生活可以怎样过?[J].教育视界,2016(9).

2. 顾惠芬,李家成.学生主导,三力共驱,综合融通——常州市某小学暑假作业重建研究报告[C]."班级、学校、社会与学生发展"国际研讨会暨第四届"中国班主任研究"圆桌论坛论文集.上海:华东师范大学基础教育改革与发展研究所,2016:52—69.

3. 顾惠芬,钱丽美.作业重建生活,教育聚通社会——学生驱动的暑假与期初生活重建研究报告[C]."学生暑假生活与期初生活重建"研究暨"学校日常生活中的学生发展"第二次全国现场研讨会论文集,2016:72—115.

4. Gu, H.; Qian, L. & Li, J. Student-Driven Learning in Summer Break: A Pilot Experiment of Happy Homework at a Case-Study School in China[C]. 18th International Roundtable on School, Family, and Community Partnerships. Washington D. C., Friday, April 8, 2016.

5. Gu, H.; Yin, L. & Li, J. Making Homework a Catalyst of Teacher-Parents-Children's Collaboration: A Teacher Research Study from an Elementary School in China[J]. International Journal about Parents in Education, 2015, Vol. 9, No. 1, 47—65.

6. Gu, H., Yin, L. & Li, J. Making Homework a Catalyst of Teacher-Parents-Children's Collaboration: A Teacher Research Study from an Elementary School in China[C]. The 10th biannual ERNAPE conference, the ERNAPE-ARCTIC, Tromsø, Norway, 26—28 August 2015.

7. Gu, H. & Li, J. On the Class-Based Curriculum Led by Students: A Case Study of Noon Curriculum in Longhutang Experimental Elementary School[C]. CESA2014 conference: May 16—18, 2014. Hangzhou Normal University, P. R. of China, 2014.

8. 顾惠芬,李家成.论学生领导下的班本课程合作开发——以某小学"班级午间项目课程"为例[J].现代教学.思想理论教育,2015(4B):53—57.

有待深化的研究

1. 当前教师、家长对于学生驱动的家校合作的理解及其更新过程。
2. 不同发展状态的学生,如何参与到家校合作的策划、组织与评价中。

3. 学生驱动的家校合作如何影响家长和教师。
4. 教师与家长如何培养学生的策划能力、组织能力、评价能力。
5. 三方主体合作驱动的家校合作的多元形态与运作机制。

基于学生社区生活的学校与社区合作模型(2014 年)

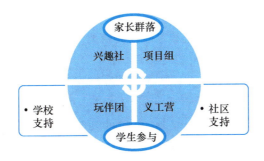

理解与信念

1. 社区是学生成长不可缺失的资源和环境。
2. 儿童友好型社区是终身教育发展和儿童健康成长的需要。
3. 儿童参与的社区生活需要基于当代儿童的成长需要。
4. 儿童要成为多元丰富的社区生活的创生者和享用者。
5. 家长是儿童社区生活的核心支持力量,家庭生活也将在此过程中提升品质。
6. 学校和社区作为专业组织,需要为儿童社区生活的更新提供支持,并由此建立起新型合作关系。

合作与形成

华东师范大学学校、家庭、社区合作研究项目组与常州市新北区新桥实验小学、常州市新北区新桥镇道乡社区等合作开展研究,形成性学术会议发言与作品为:

1. Li, Y.; Morgan, L.; Li, Y. & Li, J. Calling for Children Friendly Community Life: Voices of Children and Parents from China. Crosby, C., & Brockmeier, F. Community Engagement Program Implementation and Teacher Preparation for 21st Century Education (pp. 209—236). Hershey, PA: IGI Global, 2016.

2. 李家成. 协同教育:实现教育的当代转型[J]. 现代教学. 思想理论教育, 2016(1—2AB).

3. Li, J.; Han, Y.; Chen, J. & Li, Y. Creating Child Friendly Community Lives by the Collaboration Among School, Family, Community and University: The Expectation of Children and Parents From a Suburb Area of Changzhou City, China. The 10th biannual ERNAPE conference, the ERNAPE-ARCTIC, Tromsø, Norway, 26—28 August 2015.

4. 周瑾亮,谈超,姚俊岐. 华东师范大学在我市展开一项目——建设儿童参与式社区新生活[N]. 常州日报, 2015-2-9(A4).

有待深化的研究

1. 当前儿童的社区生活状态及其问题。
2. 儿童参与社区生活的困难与障碍。
3. 儿童参与社区生活的内容领域与过程。
4. 社区生活重建中的学生发展。
5. 学校、社区、家庭合作的机制与过程。

学校、家庭、社区合作中的学生融通学习研究(2015年)

华东师范大学学校、家庭、社区合作研究项目组与常州市钟楼区花园小学、花二社区合作提出并实验,形成了学校、家庭、社区合作的新结构,并聚焦学生学习主题。研究正在进行中,参阅:Li, Y.; Jiang, Y.; Chen, X. & Li, J. Strengthening Family-School-Community Collaboration to Develop Children: Voices of Children, Parents, and Teachers. 18th International Roundtable on School, Family, and Community Partnerships. Washington D. C., Friday, April 8, 2016.

家校合作开展学生安全与健康教育研究(2015年)

华东师范大学学校、家庭、社区合作研究项目组与国际救助儿童会合作研发,聚焦城市化背景与人的现代化主题,针对外来务工随迁子女及其家长、学校,力求形成专题研究成果。

互联网+家校合作研究(2016年)

华东师范大学学校、家庭、社区合作研究项目组与浙江省海宁市桃园小学合作研发,聚焦现代信息技术与家校合作的关系,力图形成具有信息时代特征的家校合作研究新经验。

第一届中国学校、家庭、社区合作研究圆桌论坛(2016年)

华东师范大学"生命·实践"教育学研究院与北京大学出版社合作,建立研究成果的分享平台,建立研究共同体,力求共同促进中国学校、家庭、社区合作研究。第一届会议于2016年12月20日在华东师范大学召开。